중국 고대 경계와 그 출입

서울대학교 아시아연구소총서
모노그래프시리즈 9

중국 고대 경계와 그 출입

초판 1쇄 발행 2020년 12월 15일
초판 2쇄 발행 2021년 10월 10일

지은이 송 진

펴낸곳 서울대학교출판문화원
주소 08826 서울 관악구 관악로 1
도서주문 02-889-4424, 02-880-7995
홈페이지 www.snupress.com
페이스북 @snupress1947
인스타그램 @snupress
이메일 snubook@snu.ac.kr
출판등록 제15-3호

ISBN 978-89-521-2932-1 94910
978-89-521-1413-6 (세트)

이 연구는 서울대학교 아시아연구소 신진학자저술지원사업연구비에 의해
수행되었음.

서울대학교 아시아연구소총서
모노그래프시리즈 9

중국 고대 경계와 그 출입

송 진 지음

서울대학교출판문화원

Characteristics of Boundaries and Crossing Boundaries in Ancient China

Song, Jin

Seoul National University Press

여는 글

농경사회와 유목사회의 큰 차이 중 하나는 정주(定住) 여부다. 정주사회에 형성된 국가의 군주는 유목군주와 달리 자신의 권력 기반인 토지와 인민의 효과적인 지배를 위해 일정한 지리 공간을 장악하여 배타적 지배 범위로 삼기 마련이다. 고대 중국의 국가 성립 과정에서도 토지와 인민의 효과적인 지배를 위한 지배 공간의 재편은 제왕 통치를 위한 기본 조건이었다.

지배 공간의 범위는 어떤 형태든 경계를 기준으로 정해진다. 경계는 상이한 집단이나 지역을 구분하는 한계를 의미하며, 문화·언어·인종·종교 등의 기준에 따라 그 형태가 다양하다. 전통시대 중국에는 '중화'와 '사이(四夷)'의 세계를 구분하는 문화적 경계가 있었고, 이를 바탕으로 '화하(華夏)'와 '이민족'을 구분 짓는 종족적 경계 역시 존재했다. 이러한 문화·종족 관념에 따른 경계는 때로 구체적 지리 공간에 그 범위가 정해지기도 하지만, 역대 '중국'에 '화하'의 세계로만 이루어진 지리적 공간은 존재하지 않았고 그 내부에 수많은 '내경(內境)'이 포함되어 있었다.[1] 문화 및 종족적 경계는 경계를 형성하는 요소에 따라 매우 다양한 성격을 띠게 될 뿐만 아니라, 시대적 환경에 따라 가변

1 李成珪, 「中華帝國의 팽창과 축소: 그 이념과 실제」, 『歷史學報』 186, 2005, pp.92-102 참조.

적일 수밖에 없다. 반면 지리 공간에 형성된 정치적 경계는 각 왕조의 지배 영역 변화에 따라 결정된다. 정치적 경계는 때로 문화적 혹은 종족적 경계와 일치하기도 하지만, 이들 경계가 중국 역사상 항상 동일한 지리 공간에 형성되지는 않았다. 중국 왕조의 지배 공간은 사실상 정치적 지배 공간으로서, 정치적 경계로 구분된 지리상의 공간을 의미한다.

국경을 연구하는 연구자 중 일부는 '중화문명권'에서 국경은 중국을 중심으로 하는 '중화'의 세계와 그 밖의 '사이(四夷)'의 세계를 구분하는 관념적인 형태로 존재했고, 이른바 '자연국경' 사상이나 관념·이론이 형성·발전하지는 않았다고 생각한다. 즉, 중국의 전통적 국경 관념은 '선으로서의 국경(linear frontier)'이 아닌 중화의 범위를 의미하는 '계역(界域)으로서의 국경(the trans-frontier)'을 의미했을 뿐이었다는 것이다.[2] 이런 논리는 '중화문명권'의 독자성을 설명할 때는 유용하나, 중국의 각 시대별 구체적인 사실을 확인할 때는 간혹 난관에 부딪친다. 각 시대 중국 왕조의 영역에 따라 중국 내부에 다양한 형태의 내부 경계(inner borders)가 존재했는데도 불구하고, '중화세계'에 역사상 내부 지역을 구분하는 '선'으로서의 경계가 없었다고 보기는 어렵기 때문이다. 최근 중국 역사 각 시대에 나타난 경계의 형태 혹은 실제를 다양한 방식으로 접근한 연구는 바로 종래 중국의 경계에 대한 이러한 잘못된 인식을 바로잡기 위한 의도에서 시작되었다.[3]

본 연구는 중국 고대 국가 형성 과정에 나타난 공간 지배의 원리

2 김홍철, 「전통적 중화문명권을 중심으로 본 아시아적 세계관 및 국경관의 유형적 특징」, 『국경론』, 민음사, 1997, pp.156-170.

3 Nicola di Cosmo and Don J. Wyatt, eds., *Political Frontiers, Ethnic Boundaries, and Human Geographies in Chinese History*, Routledge Curzon, 2003, pp.1-6.

와 그 특징을 이해하기 위해, 정치적 영향력의 한계인 경계와 그 경계를 출입하는 사람의 이동에 주목했다. 그 이유는 경계의 중요한 특징 중 하나가 '열림[開]'·'닫힘[塞]'이 공존하는 지점이기 때문이다. 경계는 외부 세계로부터 내부 질서를 지키기 위한 폐쇄적인 공간이기도 하지만, 외부 세계와 소통하고 교류하기 위한 통로이기도 하다. 이러한 경계의 양면성은 한 사회에 존재하는 다른 세계[他界]와 '타자'에 대한 인식과 공간을 지배하는 정치권력의 성격에 따라 그 '열림[開]'과 '닫힘[塞]'의 정도가 결정된다. 이 때문에 정치적 경계의 성격을 살펴보면, 해당 사회의 공간 인식이나 공간 지배의 원리를 확인할 수 있다.

경계가 갖는 폐쇄성과 개방성의 정도나 지배 공간의 구체적 운영 원리를 살펴보기 위해 특별히 경계를 출입하는 사람의 이동 문제를 주목할 필요가 있다. 경계를 넘나드는 교류 중 물자·정보는 '침묵의 교역'과[4] 같이 실질적인 인적 접촉이나 경계 출입 없이도 가능하다.[5] 반면 인적 교류는 경계를 둘러싼 두 집단, 혹은 두 세계가 실질적으로 만나야 한다. 이런 점에서 경계를 출입하는 사람의 이동 관리는 실질적인 공간 인식이나 공간 지배 원리를 확인할 수 있는 중요한 단서가 된다.

필자는 중국 고대 국가의 발전 단계에 따른 공간 지배의 성격 변화와 그 실제적 운영 원리를 확인하기 위해, 상주(商周)시대부터 진한(秦漢)시대까지 경계의 형태와 경계를 출입하는 사람의 이동 문제를 검토했다. 결론은 매우 간단히 정리할 수 있다. 즉, 중국 고대 공간 지배의 성격이 변하면서, 경계 출입의 절차와 형식은 전국시대를 기점으로 크게 변했다는 것이다. 춘추시대까지의 공간 지배는 궁묘(宮廟)를

4 相田 洋, 『異人と市: 境界の中國古代史』, 研文出版, 1997, pp.11-42.

5 金秉駿, 「古代中國의 西方 전래문물과 崑崙山 神話」, 『古代中國의 理解』 5, 2001.

중심으로 형성된 주술적 권위에 근거했고, 주술적 지배의 한계로 인식되었던 경계를 출입하기 위해서는 제의(祭儀)의 성격을 띤 통과제의(通過祭儀)가 필요했다. 반면 전국시대 이후 세속 군주에 의한 군현지배가 등장하면서, 군주의 지배 영역은 관할 범위를 의미하는 다중(多重)의 경계로 획정되었고, 경계를 출입하기 위해서는 군주의 명령이나 관부의 허가를 상징하는 증빙이 필요하게 되었다. 이는 중국에서 전국시대 이후 법제에 근거한 공간 지배가 시작되어, 지리상에 형성된 배타적 성격의 정치적 경계가 등장했음을 의미하기도 한다.

본 연구는 고대 동아시아에서 서로 다른 집단, 혹은 사회에 속한 이들은 어떤 형태로 교류하고 왕래했을까에 대한 의문에서 시작되었다. 박사과정 동안 오랜 탐구의 결실을 미숙하게나마 한 권의 책으로 정리하게 되어 개인적으로 기쁘다. 그리고 연구자의 길을 시작하면서부터 지금까지 학자의 본을 보여주신 이성규(李成珪) 선생님과 박사논문을 지도해주신 김병준(金秉駿) 선생님께 작은 보답이 될 수 있기를 바란다. 박사논문을 작성하고 본서를 준비하는 과정에서 아시아연구소의 물질적 지원이 큰 힘이 되었다. 연구지원 프로그램을 기획하고 운영해주신 관계자분들께 심심한 감사를 전한다. 끝으로 본 연구가 경계와 경계를 둘러싼 여러 현상에 대한 이해에 작은 보탬이 될 수 있기를 기대한다.

2020년 11월
송 진

차례

제3장 춘추·전국시대 경계 출입과 그 성격 변화 67

| 일러두기 |

- 본문의 한자는 한글 병기 또는 우리말 번역문을 싣는 것을 원칙으로 했으나, 출토 자료에 포함된 글자 중 한자음을 알 수 없거나 우리말 번역이 어려운 경우에는 해당 글자만을 제시했으며, 각주의 한자는 한글 병기를 하지 않았다.
- 본문의 내용은 저자가 학술지 및 학술서에 발표했던 논문을 수정, 보완한 것이다. 각 장을 구성하는 논문의 목록은 아래와 같다.

제2장 1: 「商代 境界意識과 境界 出入」, 『용봉인문논총』 43, 2013.
2: 「西周時代 迎賓 의례와 그 성격」, 『中國古中世史研究』 36, 2015.
제3장 1: 「春秋·戰國時代 國의 境界와 그 성격 변화」, 『中國古中世史研究』 31, 2014.
2: 「春秋時代 國의 出入과 通過祭儀: 『左傳』 分析을 中心으로」, 『中國古中世史研究』 29, 2013.
3: 「戰國時代 邊境의 出入管理와 符節」, 『中國古中世史研究』 27, 2012.
제4장 1: 「前漢時期 帝國의 內部 境界와 그 出入 管理」, 『東洋史學研究』 121, 2012.
2: 「한 장성의 존재 형태와 그 특징」, 홍승현 외, 『중국 역대 장성의 연구』, 동북아역사재단, 2014, pp.136-155.

제1장 들어가며

지리 공간에 형성된 경계는 인간의 정주생활과 함께 등장했다. 신석기 시대 사람들은 자신들의 취락 주변에 해자나 담을 만들어 외부와의 경계로 삼았다. 현재 확인되는 중국 초기 취락 유지를 보면 그 외연에 환호(環壕)를 파서 외부 세계와 경계를 구분했다. 그러나 취락 주변에 형성된 경계가 정치적 경계는 아니다. 독일의 지리학자 프리드리히 라첼(Friedrich Ratzel)은 정치적 경계인 변경과 국경은 국가 형성 과정에 따라 단계별로 나타난다고 보았다. 1단계는 국가가 무한한 공간에 지배력을 행사하게 되면서 중심부와 주변 지역이 구분되기 시작한다. 2단계는 무주지(無主地)에 타국이 등장하여 공간제약현상이 나타나면서 선점과 편입조치의 확대로 쌍방의 주변 지역에는 지배력이 중복되는 변경지대가 성립한다. 3단계는 인접 국가들이 각각의 배타적 지배영토를 구별하는 경계선을 구체화하면서 국경이 생겨난다는 것이다.[1]

중국에서 2단계 변경지대가 생겨난 시기는 춘추후기다. 초(楚)와 오(吳)의 변경 마을에서는 여자들이 뽕잎을 따는 문제로 다투자, 오왕이 초의 변경 마을을 점령하면서 마무리된 사건은[2] 그 좋은 예다. 3단

1 白忠鉉,「領土紛爭의 解決方式과 證據」,『法學』 제23권 4호, 1982, p.18.

2 『史記』(中華書局 標點校勘本, 이하 正史 동일) 卷31「吳太伯世家」, p.1462,

계의 배타적 지배영토를 구분하는 국경의 등장 시기는 전국시대 각국에서 군현지배를 도입하면서부터다. 춘추후기부터 시작된 사회 변화와 전국시대 각국에서 단행된 변법 개혁으로 각국에 부국강병을 위한 군주집권체제가 등장하기 시작했다. 진(秦)과 같이 군현지배가 효과적으로 시행된 경우 군·현으로 편제된 지역은 이전의 씨족질서가 해체되고 그 대신 군주가 정한 법과 제도에 따라 규제되었다. 국(國)의 내부 지역이 군주의 일원적 지배 공간으로 변하면서, 지배 공간의 범위를 나타내는 국의 경계가 생겨나기 시작했다.

전국시대 진(秦)의 경우와 같이 현이 설치되면서 중앙에서 직접 관리를 파견하여 법제에 따라 토지와 인민을 장악하는 정치적 지배 공간이 분명하게 획정되었다. 전국시대 관련 기록에는 각국이 경계나 국경을 접하고 있다는 표현이 종종 보인다. 이는 이전의 춘추시대와 달리 국과 국 사이에 존재하던 극지(隙地)와[3] 같은 무주지가 사라지고, 각국의 영역이 서로 접하기 시작했음을 의미한다. 그러나 전국시대 군현을 설치하여 영역을 관할하는 지배 정도는 국마다 편차가 있었고, 인접국과 접하는 국경 역시 넓은 변경을 사이에 둔 국경 지대의 성격을 띠고 있었다. 즉, 초(楚)와 같이 향리 단위의 현과 봉읍의 성격이 강한 현이 병존한 경우가 있었고, 대부분의 국경은 변군을 거점으로 한 변경지대에 해당했다. 전국시대 변경에 설치된 군은 한대와 같이 현의 상급 행정기구가 아니라, 변경 수비를 공고히 하기 위한 군사적 거점의 성격을 띠었다. 이런 점에서 라첼이 언급한 3단계의 국경은 중국에

"九年, …楚邊邑卑梁氏之處女與吳邊邑之女爭桑, 二女家怒相滅, 兩國邊邑長聞之, 怒而相攻, 滅吳之邊邑. 吳王怒, 故遂伐楚, 取兩都而去."

3 杜正勝, 「周秦城市的發展與特質」, 『歷史語言研究所集刊』 51-4, 1980, pp. 643-644 참조.

서 전국시대 때 부분적으로 확인되고, 진한제국 성립 이후 전면적으로 나타났다고 볼 수 있다.

중국 고대 국가의 형성 과정에서 세력권을 구분하는 경계는 다양한 형태를 띠었고, 정치세력의 판도에 따라 그 성격이 변했다. 종래 중국 고대 경계에 대한 연구는 주로 시대별 정치권력의 세력 범위를 확인하거나 영역 지배 방법을 분석하는 방향으로 진행되었다. 상주시대(商周時代)는 갑골문, 청동기 명문(銘文) 자료 등 다양한 고고학 자료를 이용하여 국의 지배 구조나 정치적 영향력의 범위를 고찰하는 연구가 이루어졌다.[4] 춘추·전국시대는 각국의 영역 지배 양상을 이해하기 위해 강역의 변천이나[5] 영역 편성 과정을 분석하는 연구가 진행되었다.[6] 진한시대 역시 제국의 성립 과정에서 주변 지역으로의 세력 확장과 영역의 외연으로서 변경 관리에 관한 다양한 연구가 이루어졌다.[7]

4 갑골문을 이용하여 상대 政區나 지리적 범위를 분석한 연구는 陳夢家, 『殷墟卜辭綜述』, 中華書局, 1988, pp.313-332; 鄭杰祥, 『商代地理概論』, 中州古籍出版社, 1994; 李雪山, 『商代分封制度研究』, 中國社會科學出版社, 2004를 들 수 있다. 서주시대 政區를 분석한 대표적인 연구는 王健, 『西周政治地理結構研究』, 中州古籍出版社, 2004가 있다.

5 춘추시대 열국의 강역 변화는 顧德融·朱順龍, 『春秋史』, 上海人民出版社, 2001, pp.256-269, 전국시대 각국의 강역과 변화는 楊寬, 『戰國史』, 上海人民出版社, 1998(增訂本), pp.278-303 참조. 金錫佑, 「先秦時期 國家의 '政'의 범위와 판도」, 金錫佑 외, 『中國歷代版圖形成與邊疆』, 한신대학교출판부, 2008 역시 『左傳』의 기록을 중심으로 춘추시대 정치적 세력 범위를 고찰한 연구다.

6 선진시대 영역 지배의 전개 과정을 분석한 연구는 土口史記, 『先秦時代の領域支配』, 京都大學學術出版會, 2011과 전국시대 영역 형성 문제를 교통로와 연결해서 고찰한 藤田勝久, 『中國古代國家と郡縣社會』, 汲古書院, 2005, pp.37-266 및 춘추시대 이후 田制와 亭을 중심으로 領域編成 방식을 분석한 佐竹靖彦, 『中國古代の田制と邑制』, 岩波書店, 2006, pp.237-486 등이 있다.

7 秦代 강역에 대한 연구로는 政區를 분석한 后曉榮, 『秦代政區地理』, 社會科學文獻出版社, 2009와 秦의 영역 확대에 따른 주변 지역의 지배 형태를 분

중국 고대 지리 공간의 지배 양상을 이해하기 위해 영역 국가의 등장 과정이나 지역 지배의 성격을 분석하는 접근 방법은 필요하다. 그렇지만 고대 국가의 성격을 제대로 이해하기 위해서는 지배체제의 구조나 지배 영역이 어떤 원리와 제도로 장악되고 운영되었는지 실제적인 운영 원리를 검토하는 것도 필요하다. 최근 중국 고대사 연구는 다양한 자료가 출토되어 기존 문헌에 기초하여 체제의 골간에 집중했던 데서 점차 그 체제를 작동시키는 구체적인 기제와 원리를 밝히는 방향으로 확대되고 있다.[8] 자료의 공백을 메워줄 신출 자료를 적극 활용할 경우 우리는 중국 고대 사회의 실제적 삶에 한층 더 근접하여 다각적이고 종합적인 역사상을 확인할 수 있다. 즉, 중국 고대 국가 형성 과정에서 공간 지배의 성격을 이해하기 위해서는 현실적 권력 공간의 외연만을 추적하는 데서 벗어나, 지배 공간을 운영한 제도와 운영 원리를 구체적이고 포괄적으로 고찰할 필요가 있다. 이에 본 연구의 문제의식은 크게 두 가지로 정리할 수 있다.

첫째, 중국 고대 사회의 지리 공간에 형성된 경계의 형태는 어떠

석한 工藤元男, 『睡虎地秦簡よりみた秦代の國家と社會』, 創文社, pp.85-118이 있다. 문헌 기록에 보이는 진한시대 판도와 변경 관리에 대한 대략적인 서술로는 이유성, 「秦漢의 版圖 形成과 邊疆 管理 體制에 대하여」, 金錫佑 외, 『中國歷代版圖形成與邊疆』, 한신대학교출판부, 2008가 있고, 漢代 주변 지역으로의 강역 확대에 따른 변군의 설치에 관한 대표적 연구로는 池田雄一, 『中國古代の聚落と地方行政』, 汲古書院, 2002, pp.294-406이 있다. 아울러 서북 변경의 방어선을 실측하여 정리한 片野竜太郎, 「漢代邊境の都尉府と防衛線: 長城防衛線遺構の基礎的研究」, 籾山明·佐藤信, 『文獻と遺物の境界: 中國出土簡牘史料の生態的研究』, 東京外國語大學 アジア·アフリカ言語文化研究所, 2011, pp.37-60은 한대 서북 변경의 실제적인 판도를 확인할 수 있는 자료다.

8 李成珪, 「先秦·秦漢史 硏究」, 『한국의 학술연구(역사학)』, 대한민국학술원, 2006, pp.281-286.

했고, 시대에 따라 어떤 변화를 거쳤는가에 대한 문제다. 중국 고대 국가의 형성 과정에서 세력권을 구분하는 경계는 다양한 형태를 띠었고, 정치세력의 판도에 따라 그 성격이 변했다. 특히 경계 문제를 검토할 때 대개는 영역 국가가 등장한 이후부터를 그 대상으로 삼는다. 그러나 지리적 공간에 형성된 경계는 신석기시대부터 확인된다. 즉, 신석기시대 사람들도 자신들의 공동체의 외연에 해자나 담을 만들어 외부와의 경계를 삼았다. 초기 취락 유지를 살펴보면 강채 유지와 같이 그 외연에 환호를 파서 외부 세계와 경계를 삼았음을 알 수 있다. 신석기 중·후기를 거치면서 취락 주변을 성벽으로 둘러싸는 성지가 각지에서 다양하게 등장했고, 신석기 후기 환호집락(環壕聚落) 중심의 취락 형태는 점차 대규모의 성지와 그 주변의 중소형 성지 및 성벽이 없는 취락으로 분화되었다.[9] 신석기시대 취락 주위의 경계는 기본적으로 외부 세계의 위험으로부터 자신들의 공동체를 방어하는 기능을 했다. 그러나 경계를 통과하는 문을 중시하고 궁전의 문에 희생이나 무기를 묻고 악귀의 침입을 막는 의식을 거행했던 점을 고려하면, 당시 경계 역시 단순한 방어의 기능을 넘어 다양한 의미가 있었다. 이런 신석기시대의 경계는 춘추시대까지 다양한 변화 과정을 거치게 되지만, 종래 초기국가의 경계에 관한 연구는 본격화되지 않았다.

중국 고대 제국은 선사시대부터 각 지역에서 상이하게 발전한 문화 전통이 남아 있는 상태에서 그 다양성과 통합성을 기초로 성립되었고, 국가의 지배 원리와 제도 속에는 초기국가의 문화적 전통이 온존하거나 여전히 중요한 의미를 지니고 있었다. 예컨대 제국의 군현지배를 일원적으로 시행하는 대신 지역에 따라 상이한 형태로 적용했던 것

9 신석기시대 주요 유적에 대한 기본 소개는 宮本一夫, 『(中國の歷史) 神話から歷史へ: 神話時代·夏王朝』, 講談社, 2005, pp.114-208 참조.

은 초기국가 단계에서 형성된 지역의 전통을 인정할 수밖에 없었기 때문이었다.[10] 또 전국시대 세속 군주는 더는 종묘가 갖는 의례적 권위를 통해 통치하지 않았지만, 여전히 춘추시대까지의 주술적 사유와 전통을 효과적인 통치술로서 활용했다.[11] 이는 고대 제국의 지배 구조나 운영 원리에 초기국가의 문화 전통이 남아 있었고, 세속 군주는 때로 효과적인 지배를 위해 주술적 사유와 전통을 적극적으로 변용하여 자신의 통치 기제로 삼았음을 의미한다. 즉, 전국시대 이후 진한제국이 등장하면서 이전의 주술과 제의에 의해 지배되던 초기국가는 법제에 의한 지배로 변했지만, 고대 제국 내부에는 이전의 문화 전통이 여전히 중요한 요소로 남아 있었다. 따라서 중국 고대 국가 형성 과정에서 지리 공간의 지배 원리와 그 특징을 이해하기 위해 상주시대부터 진한시대까지의 변화 양상을 살피는 통시적인 접근은 필수적이다.

둘째, 경계의 개방성·폐쇄성 정도를 가늠해 볼 수 있는 지역 간 인적 교류는 구체적으로 어떠했는가의 문제다. 중국 고대 서로 다른 집단이 경계를 넘어 교류할 때 신의를 확인하는 방법은 무엇이며, 경계를 출입할 때 어떤 절차와 형식이 필요했는가를 시대별로 비교하여 살펴볼 필요가 있다. 종래 상주 혹은 춘추시대 경계 관념에 대한 연구는 이후 고대 국가 단계와 비교하지 않았기 때문에 그것이 중국 고대 사회에서 갖는 의미가 제대로 드러나지 않았다. 또 전국시대 국경이 생기면서 이전과 달리 국외와의 경계가 새로운 관리 대상으로 등장했는데, 이런 국경의 성격 역시 진한시대 혹은 춘추시대 이전의 사례와

10 신석기시대부터 전국시대까지 四川 지역의 문화적 전통과 그 내부의 발전 차이로 인해 秦의 군현지배가 사천 지역에서 상이한 형태로 적용되었던 점은 군현지배의 지역별 차이와 편차를 대표한다(金秉駿, 『中國古代 地域文化와 郡縣支配』, 一潮閣, 1997).

11 李成九, 『中國古代의 呪術的 思惟와 帝王統治』, 一潮閣, 1997.

비교해야 그 특징이 좀 더 분명하게 드러난다. 아울러 최근 진한시대 간독문서가 대량으로 발견되면서 진한시대 법률이나 여러 제도를 상세하게 확인할 수 있게 되었으며, 그중에서도 각지를 이동할 때 증빙으로 사용한 통행증이 다수 포함되어 있어 당시 경계를 넘나드는 구체적인 실상을 밝힐 수 있게 되었다. 돈황(敦煌) 현천한간(懸泉漢簡)에는 서역과의 왕래를 알 수 있는 여러 자료가 포함되어 있는데, 이는 기존에 문헌 사료의 한계를 극복하여 주변 국가와의 실제적인 교류 관계를 살필 수 있는 중요한 자료다. 이런 점에서 경계의 성격을 살펴보기 위해 상주시대에서 진한시대까지 경계 출입의 절차와 형식의 변화와 그 의미를 비교 검토할 필요가 있다.

중국 고대 공간 지배의 성격은 전국시대 이후 크게 변했다. 본 연구는 이상의 문제의식에서 출발하여 주술적 권위와 제의에 바탕을 둔 초기국가의 공간 지배가 법제와 관료행정을 근거로 한 고대 제국의 등장 이후 어떻게 변했는가를 경계의 존재 형태와 경계 출입의 관리 문제를 중심으로 살펴보았다. 즉, 중국 고대 국가 발전 단계에 따른 공간 지배의 성격 변화와 그 실제적 운영 원리를 확인하기 위해, 상주시대부터 진한시대까지 경계의 형태와 경계를 출입하는 사례를 분석해 경계 출입 절차와 그 형식을 살펴보았다. 이런 고찰은 초기국가 단계의 공간 인식과 공간 지배의 특징이 고대 제국 등장 이후 어떻게 변화·계승되었는가를 확인할 수 있는 기초가 될 것이다.

본 연구는 크게 세 부분으로 구성되었다. 제1장에서는 상주시대를 대상으로 갑골문과 서주 금문에 보이는 왕래·접빈 기록을 분석하여 경계 출입 절차와 의례의 특징을 살펴보았다. 제2장에서는 춘추·전국시대 경계의 성격 변화와 각 시대 경계의 형태 및 경계의 출입 절차를 검토했다. 1절에서 춘추·전국시대 국의 공간구조를 정치적 중심지와 그 외곽으로 구분하여 각 시대 경계의 존재 형태를 정리하고, 시대에 따른 변화를 살펴보았다. 2절과 3절에서는 춘추·전국시대 국의 경계와 공간의 성격을 살펴보기 위해 경계를 넘어 사람이 왕래할 때 어떤 절차와 형식이 필요했는지 각 시대별 사례를 분석·검토했다. 제3장은 고대 제국 성립 이후 경계의 형태와 그 성격을 이해하기 위해 제국의 경계를 내·외부로 구분하여 그 특징을 검토했다. 1절에서 경기(京畿) 및 제후국·군현의 경계 등 제국 내부의 공간 편성과 경계의 형태를 살펴보고, 내부 경계의 출입 관리와 경계 출입을 위한 절차를 살펴보았다. 2절에서는 변경의 수비 시설과 정계(定界) 방법을 중심으로 제국의 외부 경계의 형태를 정리하고, 변경의 출입 관리와 국외와의 이동 문제를 서역 여러 나라에서 온 사람들의 국내 이동 방법을 중심으로 정리해보았다.

중국 고대 제국은 이후 청조가 멸망할 때까지 전근대 중국 사회를 지배하는 황제지배체제의 골간이 마련된 시기다. 고대 제국의 통치 구조와 원리에는 오랜 시간에 걸쳐 변화 계승된 지역 문화의 전통이 남아 있을 뿐 아니라, 고대인의 주술적 사유와 전통 역시 다양한 형태로 변용되어 온존했다. 이는 정치적 영향력의 범위를 인식하고 관리하는 문제에도 동일하게 적용된다. 따라서 상주시대부터 진한시대까지 경계와 경계 출입 문제의 통시적 연구는 각 시대별 공간 지배의 성격을 좀 더 분명하게 드러낼 수 있는 접근 방법이다. 특히 경계를 출입하는 것은 다른 세계를 넘나드는 행위로서, 경계의 출입과 그 형식에 대한 이해를 통해 한 사회에 존재했던 다른 세계와 '타자'에 대한 인식을 알 수 있다. 이런 점에서 본 연구는 중국 고대 공간 인식과 공간 지배의 성격 변화뿐 아니라 지역 간 교류 형식과 다른 세계·'타자'에 대한 인식의 변화도 살펴볼 수 있을 것이라 기대한다.

제2장

상주시대 경계 출입과 통과의례

신석기시대 이후 상주시대에 이르는 국가 형성 과정에서 군주는 주술(呪術)과 제의(祭儀)를 근거로 지배하는 사제(司祭)의 성격을 띠고 있었다. 또한 군주의 정치적 중심지는 특정 지역에 고정되지 않았고, 군주가 관할지 전체를 배타적으로 지배하지도 않았다. 그렇다고 당시 사람들이 인식했던 지리상의 경계가 없었던 것은 아니다. 갑골문 중 상왕이 대읍(大邑)으로 출입하는 날짜·방향·장소의 길흉을 점쳤던 내용이나,[1] 타지로 여행하기 전에 여정의 안녕을 기원했던 길제사[道祭] 역시 자신이 거주하는 공간과 외부 공간을 구분하는 경계의식이 존재했음을 의미한다.[2] 다만 상대와 같이 정치 중심지가 일정치 않거나 지리

1 David N. Keightley, *The Ancestral Landscape: Time, space, and community in late shang China (ca. 1200-1045 B.C.)*, China Research Monograph 53, Institute of East Asian Studies, University of California, 2000(데이비드 N. 키틀리, 『갑골의 세계: 상대 중국의 시간, 공간, 공동체』, 민후기 옮김, 학연문화사, 2008), pp.74-79.

2 서주 말기에 작성되었을 것으로 추정되는 『詩經』「生民」편에 숫양을 잡아서 길제사[軷]를 지냈다는 표현이 있다(『詩經』(李學勤 主編, 『毛詩正義』, 北京大學出版社, 1999)「大雅」生民, "取羝以軷"). 『儀禮』에는 외지로 출행할 때 행하는 의례 절차에 길제사가 포함되어 있다. 길제사에 대한 내용은 王子今, 「"門"與"行"」, 『門祭與門神崇拜』, pp.199-218 참조.

상의 권역을 분명하게 확인할 수 없는 시기의 경계를 이해하기 위해서는, 지리상의 강역을 추적하는 방법이 아닌 다른 접근 방법이 필요하다.

만약 특정 사회에 실질적인 경계나 경계의식이 존재한다면 외부로의 출입이나 외부인의 출입을 구분하는 일정한 지점이나 공간이 있을 것이다. 또한 경계 지점을 출입하는 절차와 형식 역시 있었을 것이다. 이 장에서는 영역 국가가 등장하기 이전, 곧 상주시대 경계의 존재형태와 그 성격을 확인하기 위해 공간의 경계를 넘나드는 사람들의 왕래 문제를 검토하고자 한다. 1절에서 갑골문에 반영된 상대 각 집단의 인적 교류에서 출입을 나누는 기준으로서 경계가 존재했는지, 만약 경계가 존재했다면, 경계를 넘나드는 왕래와 그 형식에는 어떤 영향을 주었는지 검토하고자 한다. 2절에서 서주시대 지역 간의 인적 왕래와 교류 형식을 확인하기 위해, 청동기 명문에 보이는 영빈 의례와 그 성격을 고찰하고자 한다.

오늘날도 마찬가지지만, 정치적 경계는 때로 지표면에 표시된 정계(定界) 형태를 확인할 수 없는 상호 간의 '약속'으로 정한 관할 범위의 한계다. 이 때문에 정치적 경계는 경계를 넘나드는 이동의 통제나 규제가 존재할 때에야 실제 경계로서 그 실체를 확인할 수 있을 때가 많다. 물론 그 규제는 의례의 형식일 수도 있고, 강제력을 지닌 법제 절차일 수도 있다. 이런 점에서 경계를 넘나드는 사람들의 왕래 사례와 그 절차를 살펴보는 일은 상주시대 정치적 경계와 같이 가시적 계선(界線)이 없는 정치적 경계의 성격을 파악할 수 있는 중요한 접근 방법 중 하나다. 이 장에서 상주시대 경계의 성격을 이해하기 위해 경계 출입 사례와 그 절차를 검토한 이유는 바로 이 때문이다.

1. 상대 경계의식과 통과의례

1) 상의 공간구조와 경계의식

상대 취락 형태는 신석기 후기 취락 형태와 같이 거대 성지 주변에 다양한 규모의 촌락이 분포해 있었다. 하남성(河南省) 언사(偃師)에서 발견된 상 초기 성지나[3] 하남성 정주(鄭州)에서 발견된 상 중기 성지를 보면,[4] 상의 정치적 중심지는 초기 단계부터 주변 취락에 비해 압도적으로 큰 성을 중심으로 형성되었다. 상 후기 중심지인 안양(安陽)에서는 비록 대형 성벽 유지가 발견되지 않았지만, 원수(洹水)를 동북으로 끼고 약 10m 너비의 대형 호구(남북 1100m × 동서 650m)로 둘러싸인 종묘-궁전 유지가 확인되었다.[5] 이 유지는 전체 면적이 약 70만m^2에 달하며, 안양 은허(殷墟) 지역으로 옮겨온 초기 단계의 중심지로 보인다.[6]

은허로 옮겨온 이후의 기록인 갑골문에는 상의 중심지를 칭하는 '대읍(大邑)', '천읍상(天邑商)', '상(商)'이라는 용어가 보인다. 이는 모두 상 왕실에서 자신들이 거했던 구역을 지칭한 용어로서, 상에서는

3 許宏, 『先秦城市考古學硏究』, 北京燕山出版社, 2000, p.55, 圖19 참조.

4 中國社會科學院考古硏究所 編著, 『中國考古學: 商周卷』, 中國社會科學出版社, 2003, p.67, 圖4-8 참조. 偃師, 鄭州, 盤龍城에서 발견된 상대 유지는 위치는 다를지라도 기본적인 형태는 동일하다. 즉, 모두 사방을 벽으로 둘러싸고 사방에 문이 있으며, 성 안에는 제사를 지냈을 것으로 추정되는 대형 건축 유지가 특정 장소에 위치해 있다. 이런 성의 구조는 서주 초기의 성 유지에서도 확인할 수 있다(Wu Hung, *Monumentality in Early Chinese art and Architecture*, Stanford University Press, 1995(우훙, 『순간과 영원: 중국고대의 미술과 건축』, 김병준 옮김, 아카넷, 2003), p.218 참고).

5 許宏, 『先秦城市考古學硏究』, p.58, 圖21 참조.

6 許宏, 『先秦城市考古學硏究』, pp.58-59.

상읍(商邑)을 기준으로 주변 지역을 방위에 따라 '사토(四土)' 혹은 '사방(四方)'으로 인식했다. 상왕은 주변 지역 중심지와 연맹 혹은 복속 관계를 맺고 일정한 정치적 영향력을 행사했는데,[7] 그중에는 상과 적대 관계의 방(方)도 있었지만,[8] 상왕이 정기적으로 방문하거나 사람을 파견하는 등 상과 긴밀한 관계에 있었던 거점도 많았다.[9] 갑골문에는

7 언사 상성과 정주 상성 발굴 내용에 대한 기본 소개와 주변 세력과의 관계에 대해서는 Li Liu & Xingcan Chen, 『중국 고대국가의 형성』, 심재훈 옮김, 학연문화사, 2006(Li Liu & Xingcan Chen, *State Formation in Early China*, Duckworth, 2003), pp.102-162 참조. 다만 상대 후기 중심지로 추정되는 은허에서는 아직까지 성벽 유지가 확인되지 않았다. 일부 학자는 안양의 은허는 상의 조상 숭배와 관련된 의례 중심지였고 갑골문 중 '大邑商'에 해당하는 정치적 중심지가 아니라고 설명하기도 한다(David N. Keightley, *Sources of Shang History: The Oracle-Bone Inscriptions of Bronze Age China*, University of California Press, 1978, pp.xiii-xiv; David N. Keightley, "The Late Shang State: When, Where, and What?" David N. Keightley, ed., *The Origins of Chinese Civilization*, University of California Press, 1983, p.533). 그러나 상주 시기 점복 기록은 종묘에 보관했고, 1976년 陝西省 岐山縣 발견 서주 종묘 유지에서 서주시기 갑골이 발견된 것처럼 상대 갑골문 대부분이 안양 은허의 대형 건축 기지 구역에서 발견되었다는 점에 은허가 商 후기 중요한 정치적 중심지였음은 분명하다. 다만 5기 갑골문 단계(帝乙·帝辛 시기)에 보이는 상읍은 이전 시기와 달리 牧野 북쪽 근처 朝歌(오늘날 河南省 淇縣) 지역으로 이동했다(鄭杰祥, 『商代地理概論』, 中州古籍出版社, 1994, pp.1-18 참고).

8 갑골문 중 '多方'의 침입 및 각 方에 관한 기록은 陳夢家, 『殷墟卜辭綜述』, 中華書局, 1988, pp.270-291 참조.

9 상의 권역은 비록 지리상에 분명하게 표시할 수는 없지만, 상왕은 일부 지역에 대해 수렵이나 의례 등 여러 가지 이유로 정기적으로 방문하거나, 해당 지역의 안녕을 위해 점복이나 의례를 행하고, 명령 하달 혹은 인원 동원을 강제하는 등 강한 지배력을 행사했다(David N. Keightley, "The Shang State as Seen in the Oracle-Bone Inscription," *Early China* 5, 1979-1980, pp.26-28). 이런 상의 정치적 권역은 상에 속한 주요 거점들의 연결망을 통해 확인할 수 있다(David N. Keightley, "The Late Shang State: When, Where, and What?" pp.532-548 참조).

500개가 넘는 지명이 보이는데, 이는 상 왕실이 비교적 광범위한 지역의 집단과 관계를 맺고 있었음을 의미한다.[10] 갑골문에 보이는 상왕은 수시로 이동하며 상과 동맹하거나 복속한 자들을 관리하고, 장기간 상읍을 벗어나 있기도 했다.[11] 당시 상읍은 자원의 재배치나 제도적 지배를 위한 중앙의 핵심 지역이라기보다, 상 왕실의 구성원들이 의례나 주요 활동을 행하는 여러 거점 중 하나였다.[12]

상읍에 위치한 왕실 종묘는 상 왕실의 정치적 핵심 공간으로서 신과 교통할 수 있는 신성한 공간이었다. 이 때문에 신성한 공간인 종묘를 들어가는 문은 단순한 출입구 이상의 의미가 있었다.[13] 다음의 예를 보자.[14]

(가)-①: "廳門𧢲에서 酓을 행함에 왕에게 悔가 없겠습니까?"[15]

10 David N. Keightley, *The Ancestral Landscape: Time, space, and community in late Shang China (ca. 1200-1045 B.C.)*(데이비드 N. 키틀리, 『갑골의 세계: 상대 중국의 시간, 공간, 공동체』, 민후기 옮김, 학연문화사, 2008), p.55.

11 예컨대 人方 정벌을 위해 출정했던 帝乙은 약 7개월 동안이나 상읍을 떠나서 활동했다(李學勤, 『殷代地理簡論』, 科學出版社, 1959(李學勤, 『李學勤早期文集』, 河北教育出版社, 2008 所收), pp.202-207).

12 David N. Keightley, "The Late Shang State: When, Where, and What?" p.552.

13 李學勤, 『殷代地理簡論』, p.168.

14 문에 대한 용례와 석문은 姚孝遂 主編, 『殷墟甲骨刻辭類纂』, 中華書局, 1989, pp.791-792를 따름.

15 『甲骨文合集譯文』(胡厚宣 主編, 中國社會科學出版社, 1999) 30284, 30285 "于廳門𧢲酓, 王弗悔." 본서에서 인용한 갑골문 석문은 胡厚宣 主編, 『甲骨文合集譯文』, 中國社會科學出版社, 1999(이하 『合集』으로 약칭), 금문의 도판 및 정리 번호는 中國社會科學院考古硏究所 編, 『殷周金文集成』, 中華書局, 1984(이하 『集成』으로 약칭), 석문은 張桂光 主編, 『商周金文摹釋總集』, 中華書局, 2010을 따랐다. 또한 금문 석문 중 釋讀이 불가능한 글자는 '□', 추정되는 글자는 '[ ]', 가차자는 '( )'를 사용하여 표시했다.

(가)-②: "경신일에 남문에서 尋해도 되겠습니까?"[16]

(가)-②′: 신유일에 점쳐 물었다. "남문에서 왕이 羌人으로써 □에 尋해도 되겠습니까?"[17]

(가)-③: 신축일에 점쳐 물었다. "문에서 왕이 羌人으로써 □에 尋해도 되겠습니까?"[18]

(가)-①에서 청(廳)은 상대 금문에 보이는 '소대정(召大庭)'과 같이 대정(大庭)을 의미한다. '□'는 '孰'자로서 '숙(塾)'을 의미한다.[19] 즉, (가)-①은 왕이 대정의 문에 딸린 숙(塾)에서 '염(酓)'이라는 의례를 행하는 일을 점친 기록이다. (가)-②와 ②′는 모두 남문, 곧 종묘의 정문에서 '심(尋)'이라는 의례를 행하는 일을 점친 기록으로서, "임술에 점을 치기를, 왕이 강인(羌人)으로써 □을 맞이할 것이다"[20]와 같이 강인을 희생으로 삼아 의례를 행했다.

하남성 언사(偃師) 이리두(二里頭)에서 발견된 종묘-궁전 유지의 경우 사방이 벽으로 둘러싸였고 건물의 정남쪽에는 대문이 위치했다.[21] 이러한 구조는 서주 종묘-궁전 유지에서도 동일하게 확인되는

16 『合集』 32256, "庚申于南門尋."

17 『懷』 1571, "辛酉貞王尋□以羌南門."

18 『合集』 261, "辛丑卜貞□以羌王于門尋."

19 裘錫圭, 「釋殷墟卜辭中與建築有關的兩個詞: "門塾"與"自"」, 『出土文獻研究續集』 文物出版社, 1989(宋鎭豪·段志洪 主編, 『甲骨文獻集成』 13冊, 四川大學出版社, 2001 所收), pp.380-381.

20 『合集』 32035, "壬戌, 貞王逆□以□."

21 中國社會科學院考古研究所 編著, 『中國考古學: 商周卷』, p.67, 圖2-4 참조. 이리두 유지에서 발견된 궁전 터 중에서도 특히 2호 궁전 基址는 종묘 건축 유지로 보인다(Liu Qingzhu, "Archaeological Discovery and Research into the Layout of the Palaces and Ancestral Shrines of Han Dynasty Chang'an: A Comparative Essay on the Capital Cities of Ancient Chinese Kingdoms and

데, (가)-①에서 '심(尋)'을 행하는 '청문(廳門)의 숙(塾)'은 상주 시기 종묘-궁전 건물 대문에 부속된 시설로 보인다.[22] (가)-②의 남문이나 (가)-③에서 강인을 희생으로 써서 '심(尋)'을 행한 문 역시 상읍의 성문을 가리킨다고 확정할 수 없는 이상 (가)-①과 같이 종묘-궁전 건물의 대문으로 이해하는 편이 자연스럽다. 상읍의 정치적 핵심 공간인 종묘-궁전 건물의 대문에서 강인을 희생으로 사용하는 의례를 거행했던 이유는 이 문이 성스러운 종묘-궁전으로 들어가는 통로로서 바로 이곳에서 신을 맞이했기 때문이다. 곧 상읍의 중심지에 위치한 종묘-궁전은 신과 교통할 수 있는 신성한 공간이었고, 그곳을 출입하는 대문은 성소와 속세를 나누는 일종의 경계 지점이었다.[23]

한편 상대 상읍과 같은 정치적 중심지 이외 지역은 대체적인 관할 범위가 있었을 뿐 일정한 경계를 확인하기는 어렵다. 갑골문 중 '봉(封)'과 관련된 기록은 상대에도 토지를 일정하게 구획하고 관리했음을 짐작게 하지만,[24] 그 실상을 자세하게 확인하기는 어렵다. 이후 서주 초기 금문에 '역(域)'이라는 용어가 보이지만 그 의미는 중심지 이외 지역의 강토(疆土)를 의미할 뿐, 후대 문헌에서 국가를 의미하는 '국(國)'의 용례는 서주 금문에서도 확인되지 않는다.[25] 서주 후기 금문에

Empires," *Early China* 31, 2007, pp.135-137).

22 1976년 陝西省 岐山縣에서 발견된 서주 시기 대형 건축 유지 중 남향의 대문 門道 양쪽에 비교적 면적이 넓은 塾이 있고 문 안에 庭이 있는데, 갑골문에 보이는 門塾 역시 이와 유사했을 것으로 추정된다(裘錫圭, 「釋殷墟卜辭中與建築有關的兩個詞: "門塾"與"自"」, p.381).

23 David N. Keightley, *The Ancestral Landscape: Time, space, and community in late Shang China (ca. 1200-1045 B.C.)*, p.77, 각주 57의 설명 및 鄭杰祥, 『商代地理概論』, pp.74-75 참조.

24 沈建華, 「卜辭所見商代的封疆與貢納」, 『中國史研究』 2004-4, pp.3-8.

25 Constance A. Cook, "Ritual, Politics, and the Issue of feng(封)," 武漢大學

'아역(我域)'과 '사역(四域)'이라는 표현이 보이는데,[26] 이는 서주 후기가 되어서야 일정한 정치적 권역을 구분하는 개념이 차츰 등장했음을 의미한다.

2) 경계의 출입과 그 절차

전술한 대로 상대 정치적 중심지에는 종묘와 궁이 그 중심에 있었다. 특히 종묘·궁의 위치와 기능은 중첩되거나 거의 혼연일치되었고 제정은 엄격하게 분리되지 않았다.[27] 상대는 물론 서주시대까지도 종묘와 궁은 조상신과 씨족 공동체가 점복(占卜)과 제사를 통해 교통하는 공간이었고, 이런 성소가 있는 왕도(王都)는 신성한 공간으로 인식되었다.

특정 공간을 신성한 공간으로 인식했다면, 이런 공간 인식은 분명 외부와의 교류와 왕래에 중요한 영향을 끼쳤을 것이다. 여기서는 갑골문에 보이는 사람의 왕래 사례를 분석하여 상대 경계 출입의 절차와 그 특징을 살펴보고자 한다.

(1) 상읍의 출입

현재 은허에서 발견된 갑골문은 주로 왕의 행적이나 왕실에서 모셨던 신에 대한 제사 행위 혹은 왕실 주요 구성원들의 행적과 관련된 복사

歷史地理硏究所 編, 『石泉先生九十誕辰紀念文集』, 湖北人民出版社, 2007, pp.220-222.

26 柯鶴立(Constance A. Cook), 「古代中國的齋戒儀式與神性空間概念」, 『第四屆國際中國古文字學硏討會論文集』, Chinese University of Hong Kong, 2003, pp.654-655.

27 李成九, 『中國古代의 呪術的 思惟와 帝王統治』, pp.39-46.

(卜辭)로서, 그중에서도 상왕에 관한 기록이 많다. 따라서 왕래 관련 내용 역시 왕과 관련된 복사와 기타 대상으로 구분할 수 있다.

갑골문 중 외부에서 상읍으로 들어오는 문제와 관련된 복사를 보면, 상읍으로 들어오는 왕을 비롯한 모든 사람에 대해 그 길흉 여부를 점쳤다. 왕이 출행했다 상읍으로 귀환할 때는 상읍으로의 귀환 자체를 점치거나[28] 미래의 특정 일자[29] 혹은 당월·당일의 귀환과[30] 같이 귀환 시기를 자세하게 점쳤다. 그런데 상왕이 상읍으로 돌아오는 문제가 점복의 대상이 되었다는 점은 매우 흥미롭다. 왜냐하면 상읍의 최고 통치자 역시 자신의 정치적 중심지로 들어갈 때 누군가의 허락을 받아야 했기 때문이다. 동일한 갑골에 왕의 귀환 시기에 관한 여러 점복 기록이 있는 점으로 미루어, 왕은 상읍으로 귀환하는 시기를 신중하게 결정해야 했음을 알 수 있다.

왕이 상읍으로 들어올 때 점복을 통해 길흉 여부를 확인해야 했던 이유는 왕의 귀환과 함께 외부로부터 해로운 요소가 상읍 내부로 들어

28 왕의 귀환 자체를 점친 사례로는, 귀환에 재화가 없고 허락될 것이라는 긍정적인 내용이 있는가 하면(『合集』 5179, "丙午卜, 宊, 貞王入, 若."; 『合集』 5439, "貞王入亡囚."; 『合集』 5930, "貞王入, 若."; 『合集』 34153, "庚辰卜, 王入, 若, 亡囚."), 귀환할 수 없다는 내용의 부정적인 기록도 있다(『合集』 4357, "貞王勿卒入"; 『合集』 5521, "貞王勿入."; 『合集』 5776正, "王勿往入.").

29 다음 간지일에 귀환하는 문제나(『合集』 7772正, "貞翌辛亥王入"; 『合集』 7787, "辛卯卜, 㱿, 貞來乙巳王勿入."), 다음 달[生月]에 귀환하는 문제(『合集』 5161, "貞王于生七月入."; 『合集』 5165, "乙亥卜, 爭, 貞生七月王勿卒入, 戠."; 『合集』 20038, "乙未卜, 王于生月入."), 혹은 특정 월을 지칭하여 점을 치기도 했다(『合集』 5165, "壬辰卜, 爭, 貞王于八月入.").

30 이번 달[今月]의 귀환을 다룬 기록(『合集』 7786, "辛卯卜, 㱿, 貞今七月王入."; 『合集』 7785, "辛卯卜, 㱿, 貞今七月王入."), 당일[今日]의 귀환을 다룬 기록(『合集』 766反, "貞今日王入."; 『合集』 892正, "貞今甲王入.")에는 모두 미래 시제를 의미하는 '來'가 아닌 '今'이 표기되어 있다.

올 수 있다는 염려와 함께 이를 예방할 필요가 있었기 때문이다.[31] 왕의 귀환 시기 외에 귀환하는 장소 역시 점복의 대상이었던 이유도 바로 이 때문이다. 예컨대 왕이 상읍으로 돌아올 때 余나[32] 명(冥)으로[33] 들어오는 문제를 여러 차례 점치거나, "왕이 의(衣)로 들어오지 말고 秳에서 들어와도 되겠습니까?"[34]와 같이 특정 지역을 놓고 그 길흉 여부를 점쳤다. 왕은 주로 '상(商)'이라 지칭되는 상읍을 기준으로 귀환했지만,[35] 때로 상읍으로 들어오는 장소 역시 길흉의 기준이 되었다. 이는 당시 각 방향과 지역에는 성격이 다른 신이 거하며 인간 사회에 영향을 끼친다는 인식이[36] 존재했고, 상왕 역시 점복을 통해 그 영향력

31 David N. Keightley, *The Ancestral Landscape: Time, space, and community in late Shang China (ca. 1200-1045 B.C.)*, pp.76-77. Keightley는 아울러 왕의 귀환 날짜까지 점쳤던 현실적인 이유로 商邑에 있던 주요 세력이 때로 원정을 위해 출병했던 왕의 귀환 시점을 아는 일이 전략적으로도 중요했다는 점도 지적한다.

32 『合集』 3458正, "貞王自余入."; 『合集』 3458正, "辛酉王[不]自余入."

33 『合集』 7843, "丁酉卜, 㱿, 貞來乙巳王入于冥."; 『合集』 7844, "丁酉, 㱿, 貞來乙巳王入于冥." 이 외에 일부 글자가 불분명하지만 다음의 사례도 유사한 내용이 기록되어 있다. 『合集』 7845, "…□□乙巳入冥."; 『合集』 7846, "乙[丑卜], 㱿, [貞]王入[于冥]."; 『合集』 7847, "□□卜…[來]乙[巳]王[入于]冥."; 『合集』 7848, "丁酉卜, 㱿, 貞翌庚子王勿[入于]冥."

34 『合集』 9520, "甲辰卜, [㱿], 貞王勿衣[入], 于秳入."; 『合集』 9521, " [甲辰卜, 㱿, 貞王勿衣入, 于秳入.]"; 『合集』 9522, "甲辰卜, 㱿, 貞王勿衣入, 于秳入."; 『合集』 9523, "甲辰卜, 㱿, 貞王[勿]衣入, 于秳入."; 『合集』 9524, "甲辰卜, 㱿, 貞王勿衣入, 于秳入."

35 예컨대 왕이 해당 월일에 귀환하는 사례(『合集』 7774, "辛酉卜, 㱿, 貞今二月王入于商."; 『合集』 7775, "甲戌卜, 㱿, 貞今六月王入于商.") 및 왕이 상읍으로 귀환할 수 있는 가부를 묻는 사례(『合集』 7803, "乙未卜, 爭, 貞王其入于商."; 『合集』 7779, "□子卜, 㱿, 貞王入于[商]."; 『合集』 10344反, "辛卯卜, 㱿, 貞王勿入于商.") 등이 있다.

36 갑골문 중 특정 방위에 대한 종교의식이나 왕의 여정을 점칠 때 특정 방위 자체를 강조하는 복사가 보이는 이유는 당시 사방의 방위 자체가 서로 다른

에 대응해야 했음을 의미한다.

상왕 이외 다른 사람들이 상읍으로 들어오는 문제 역시 점을 쳐서 그 길흉을 결정했다. 舌方과[37] 같이 상과 적대 관계에 있던 여러 방(方)의 도래 여부를 점쳤던 일은 상읍의 안전을 위협하는 적의 공격을 미리 파악하여 조상신에 도움을 요청할 필요가 있었겠지만, 인명 혹은 족의 명칭으로 보이는 부(缶)·㐭가 왕을 알현하러 올지 여부를 미리 점치기도 했고,[38] 아래에서 보듯이 반(般)과 彶의 왕래의 길흉 여부를 점치기도 했다.

(나)-①: 무오일 점에 𡆥이 물었다. "반(般)의 왕래에 재화가 없겠습니

상징적인 의미가 있었기 때문이다. 사방의 신들은 때로 날씨를 관장한다고 여겼고, 특정 방위로부터 올 불운에 대해 점을 친 기록에서 보듯이 각각 다른 영향을 끼치는 신이 존재한다고 생각했다. 상왕은 명산·대천의 신을 상읍으로 불러들여 제사를 지내기도 했지만, 다른 지역으로 출행하면서 그 지역에 거하며 영향력을 행사하는 신들에 대해 점복을 쳐서 길흉을 판별하기도 했다. 이는 당시 사람들이 상읍을 기준으로 사방과 각 지역에는 영향력을 행사하는 어떤 힘이 존재한다고 인식했음을 의미한다(데이비드 N. 키틀리 지음, 『갑골의 세계: 상대 중국의 시간, 공간, 공동체』, 민후기 옮김, pp.144-151, pp.183-191 참고).

37 『合集』 6199, "辛丑卜, 㱿, 貞舌方其來, 王勿逆伐."; 『合集』 6198, "辛丑卜, 㱿, 貞舌方其來, [王勿]逆伐."; 『合集』 6200, "辛丑卜, 㱿, 貞舌[方其來, 王勿逆伐]."; 『合集』 6197, "[辛]丑卜, 㱿, 貞舌方其來, 王勿逆伐."; 『合集』 39856, "貞舌方其來, 王逆伐."; 『合集』 39856, "舌方其來, 王逆伐."; 『合集』 6201, "癸酉卜, 爭, 貞王勿逆舌方, 下上弗若, 不我其受[㞢]."; 『合集』 6202, "癸酉卜, 爭, 貞王勿逆伐舌方, 下上弗若, 不我[其受㞢]." 날짜는 다르지만 다음의 기록도 동일한 내용이다(『合集』 6203, "辛未卜, 㱿, 貞王勿逆伐舌方, 下上[弗若, 不我其受㞢]."; 『合集』 6204正, "[辛]未卜, 㱿, [貞]王勿逆伐舌[方], 下上弗若, 不我其受㞢. 六月.").

38 『合集』 1027正, "己未卜, 㱿, 貞缶其來見王. 一月."; "己未卜, 㱿, 貞缶不其來見王."; 『合集』 4542, "貞㐭弗其入見. 五月."

까?"

(나)-①′: 점쳐 물었다. "반(般)의 왕래에 [재화]가 있겠습니까?"[39]

(나)-②: 점쳐 물었다. "徃의 왕래에 재화가 없겠습니까?"[40]

(나)-①과 ①′는 반(般)의 왕래에 재앙이 있을지 여부를, (나)-②는 徃의 왕래에 대한 재앙 여부를 점친 기록이다. 갑골문은 기본적으로 상읍에서 기록한 복사이므로, (나)-①과 ②의 왕래는 상읍으로의 왕래를 의미한다. 왕이 집(執)을 맞이하는 일의 가부나[41] 상에 속한 사람이 상읍으로 들어오는 문제를[42] 점쳤던 기록을 보면 상읍 외부에서 내부로 들어오는 모든 이에 대해 먼저 길흉 여부를 점쳐서 가부를 판단했음을 알 수 있다.

한편 갑골에 남아 있는 각사(刻辭) 중에는 갑골을 공납한 다양한 지명이 보이는데,[43] 이는 다양한 지역에서 상읍으로 갑골을 공납했음

39 『合集』 4259正, "戊午卜, 𡆥, 貞般往來亡囚."; "貞般往來其㞢[囚]" 甲骨文 중 '囚'은 '冎'의 초기 형태로서 인명이나 지명으로 쓰이기도 하지만, '禍'의 의미로 사용되기도 한다(徐中舒 主編, 『甲骨文字典』, 四川辭書出版社, 1988, pp.464-465).

40 『合集』 4370, "貞徃往來亡囚."

41 『合集』 32185, "己巳卜, 王其逆執, 㞢."; "己巳, 貞王逆執, 㞢若."; "貞王弜逆執."

42 『合集』 21595, "辛未; 余卜, 貞我㞢史, 入商."; 『合集』 21716, "壬戌卜, 我, [貞]弗入商, 我㞢[史]." 여기서 史는 어떤 임무를 맡은 사람을 지칭하는 용어로 보이는데(徐中舒, 『甲骨文字典』, 四川辭書出版社, 1988, p.317), 특히 '我㞢史'라 하여 '我'가 붙은 것으로 미루어 상에 속한 인물로 볼 수 있다.

43 다양한 기사 刻辭 중 비교적 龜骨 공납·入藏과 관련이 있는 五種記事刻辭(甲橋, 甲尾, 背甲, 骨臼, 骨面)를 분류 분석한 연구에 따르면, 상대 점복에 사용한 견갑골은 대부분 자체 수급했으나 귀갑은 대부분 외지에서 들여온 것이었다. 특히 '五種記事刻辭' 중 '入'·'來'·'以' 앞에 있는 글자는 귀갑을 들여온 지명에 해당하는데, 이는 '示'·'乞'의 앞에 귀갑을 들여온 사람인 婦

을 의미한다. 갑골을 공납하러 오는 자들을 어떻게 맞이했는지는 알 수 없지만, 왕실 제사에 희생 제물로 사용했던 강인을[44] 들여올 때는 상왕이 직접 특정 장소에서 맞아들였다. 예컨대 왕이 직접 滴水로[45] 나가 강인을 맞이한다던가,[46] 종묘의 정문인 남문에서 강인을 맞이하는 문제를 점을 쳐서 결정했는데[47] 이 역시 외부에서 오는 강인을 상의 중심지로 들일 때 발생할 수 있는 재화를 방지하기 위한 조치였다.

여기서 주목할 점은 왕이 강인을 맞이하는 장소다. 앞서 언급한 대로 종묘의 남문은 상의 정치적 핵심 공간인 성소(聖所)로 들어가는 경계 지점인데, 왕은 때로 종묘가 아닌 滴水로 나가서 강인을 맞이했던 것 같다. 만약 滴水를 오늘날 위하(衛河) 근처로 비정할 수 있다면,

나 貞人의 이름을 적은 것과 구분된다. 귀갑을 들여온 지명에 대해서는 方稚松, 『殷墟甲骨文五種記事刻辭研究』, 綫裝書局, 2009, pp.332-340, 〈表8. 記事刻辭中的入·來·以者〉 참조.

44 예컨대 "을묘일에 끌려온 羌人을 父丁에게 (바쳐도) 되겠습니까?"(『合集』 32015, "乙卯來羌于父丁.")와 같이 강인은 제사에 희생 제물로 바쳐졌다. 강인을 제물로 사용한 제사 중에는 한 번의 제사에 300명을 희생으로 드리기도 했고, 10일 이내에 600명을 희생으로 바치기도 했다(楊升南, 「商代的財政制度」, 『歷史研究』 1992-5, pp.93-94).

45 滴水의 위치에 대해서는 의견이 분분하다. 李學勤은 상의 종묘가 안양이 아닌 湯陰에 위치했다고 지적한 후 강인을 맞이했던 滴水는 지금의 沁陽 부근의 沁水로 보았고(李學勤, 『殷代地理簡論』, pp.168-176), 譚其驤의 『中國歷史地圖集』(第1冊)에도 滴水를 沁水 부근에 표기했다. 그러나 당시 상읍의 위치가 湯陰 혹은 朝歌로 보더라도 沁水는 상읍과 비교적 멀리 떨어져 있는 지역으로 제사용 희생물을 맞이하기 위해 왕이 직접 먼 곳까지 나가서 맞이했다고 보기는 어렵다. 한편 Keightley는 滴水의 경로를 태행산맥에서 발원하여 안양의 남동쪽으로 약 60km 떨어져서 바다로 흘러들어가는 지금의 衛河로 추정했는데(David N. Keightley, *The Ancestral Landscape: Time, space, and community in late Shang China (ca. 1200-1045 B.C.)*, p.77), 본서는 이를 따랐다.

46 『合集』 32035, "于滴, 王逆以羌."

47 『合集』 32035, "王于宗門逆羌."; 『合集』 32036, "王于南門逆羌."

滴水는 바로 조상신의 보호를 받는 상읍의 외곽 지역으로서 성역인 상읍으로 들어가는 경계 지점에 해당한다. 상왕을 비롯하여 상읍에 들어오는 이들의 왕래에 대해 점복을 통해 가부를 결정했던 근본 원인이 조상신의 가호를 받을 수 있는 상읍과 그렇지 않은 외부 세계를 구분했던 당시 인식에 있었다면, 상왕이 강인을 맞이했던 滴水는 상읍과 외부 세계를 구분하는 일종의 경계 지점이 된다.

상왕이 제사 제물인 강인을 맞이하거나 강인 희생을 써서 신을 맞이했던 장소는 상 왕실의 핵심 공간인 성소의 남문이었고, 상읍이라는 성역(聖域)의 외곽에 있는 滴水 또한 희생으로 쓸 강인을 맞이하는 일종의 경계 지점이라면, 당시 상읍의 경계는 종묘라는 성소를 중심으로 그 영향력이 미친다고 인식되었던 상읍 주변 지역까지 확대된 일종의 동심원 형태로 상정해 볼 수 있다. 다만 이러한 경계의식은 조상신의 영향력이 미치는 범위를 기준으로 형성되었기 때문에, 당시 경계는 지리상에 형성된 실제적인 경계라기보다 종교적 성격을 띤 관념상의 경계다.

요컨대 갑골문에 보이는 왕래 관련 기록을 보면, 외부에서 상읍을 들어올 때는 상왕은 물론 왕을 알현하러 오는 외부인이나 희생 제물로 사용될 포로까지 모두 점복을 통해 그 길흉 여부를 판별했다. 특히 상왕이 귀환할 때 상읍으로 들어오는 일 자체부터 귀환 시기 및 출발지까지 신의 뜻을 물어 결정했다는 사실은, 상읍을 관장하는 최고 권위가 상왕에게 있지 않고 길흉을 결정지을 수 있는 신에게 있었음을 보여준다. 이 때문에 상의 조상신이 영호(領護)하는 상읍에 들어오기 위해서는 점복을 통해 신의 허락을 받는 절차가 필요했다.

(2) 상읍 이외 지역의 출입

상왕은 자신의 통치를 강화하기 위해 여러 지역을 시찰[省]하거나, 무력정벌을 위해 직접 출정했다. 상왕이 상읍을 벗어나 출행할 때는 해당 사안의 길흉을 묻는 점복을 행했다. 복사 중 왕이 비서(比西) 지역을 시찰하기 위해 비서 지역으로의 출행을 점치거나,[48] 출정이나[49] 사냥을 위한 출행[50] 및 제사를 지내기 위해 황하로 나가는 일에 대한 기록 등은[51] 모두 그 예다. 왕이 상읍을 나가는 일 역시 상읍을 들어올 때와 마찬가지로 나가는 일 자체에 대한 가부로부터 시작하여[52] 출행하는 날짜와[53] 하루 중의 시점[54] 및 출행 장소까지[55] 그 길흉 여부를 점복으

48 『合集』 5113反, "貞王其往出省比西, 告于祖丁."; 『合集』 5114, "貞王往[出省]比西. 五[月]."

49 예를 들어 "貞[illegible]王出伐方"(『合集』 32816正)은 정벌하러 가기 위해 점을 친 사례다.

50 사냥을 위한 출행을 놓고 긍·부정형으로 간단히 묻는 형태가 있는가 하면(『合集』 1583, "貞王勿出田."; 『合集』 5098, "貞王往出田."), 미래 어느 날 왕의 사냥을 점치거나(『合集』 24496, "庚午卜, 出, 貞翌辛未王往田."), 출행할 때 재화가 없을 것이며 허용될 것이라는 내용(『合集』 9504正, "丙午卜, 穷, 貞王往出田, 若."; 『合集』 41036, "辛酉卜, 出, 貞王其往于[田]亡[災].") 등이 보인다.

51 갑골문에서 '牢'는 제사의 희생 제물로 사용하는 소·양을 지칭하는데, 복사 중 황하에 나가서 10마리 제물을 사용하는 五牢를 행하는 문제를 고하는 내용이 보인다(『合集』 34144, "丁未, 貞告其[出], 于河五牢."). 출행하는 대상이 생략되어 있지만, 황하에서 지내는 五牢 제사이므로 왕의 출행을 의미하는 것으로 짐작된다.

52 『合集』 23788, "戊午[卜], 出, 貞[王其]往[亡]災."; 『合集』 23792, "甲戌卜, 出, 貞王勿往."

53 『合集』 974正, "丙寅卜, 散, 貞翌戊辰王出."; "翌戊辰王勿出."; 『合集』 5064, "壬戌卜, 韋, 貞翌乙丑王勿出. 王固曰, 乙余…"; 『合集』 9668正, "貞今辛亥王出, 若."

54 『合集』 22478, "戊寅卜, 朕出今夕."

55 『合集』 1110正, "貞王往出于庣."; 『合集』 8002, "王往出于甘."; 『合集』 8003, "…往出于甘."; 『合集』 16108, "戊子[卜], 散, 貞王勿由𧴪往出."; 『合集』 23786, "己卯卜, 出, 貞今日王其[往]河." 한편 庣에 대해 于省吾는 鹿으로 보아 후대 武縣에 있던 浊鹿城으로 추정하기도 한다(鄭杰祥, 『商代地理概論』,

로 자세하게 확인했다. 동일한 片에 왕의 출행의 여러 사항을 점친 다음의 기록은 좋은 예다.

> (다)-①: 점쳐 물었다. "경신일에 𩫖으로 나가도 되겠습니까?"
> "경신일에 나가지 말아야 할까요?"
> 점쳐 물었다. "왕은 오늘 정사일에 나가도 되겠습니까?"
> 점쳐 물었다. "오늘 정사일에 나가지 말아야 할까요?"
> 정사일의 점에 穷이 물었다. "왕은 𩫖으로 나가도 되겠습니까?"
> … 점쳐 물었다. "왕은 𩫖으로 나가지 말아야 할까요?"[56]

즉, (다)-①은 모두 왕의 출행을 점친 기록인데, 출행 날짜와 출행 장소를 놓고 긍·부정형으로 나누어 그 길흉을 점쳤다. 상왕이 상읍을 벗어나는 문제 자체나 출행 장소에 대해 점을 쳐서 신의 뜻을 물었던 이유는 상읍을 벗어난 지역에서 신의 가호를 얻을 수 있는지, 출행할 지역에 영향을 미치는 여러 신으로부터 재앙을 받게 될지를 확인해야 했기 때문이다. 마치 조상신이 영호하는 상읍을 들어올 때 그 가부를 허락받아야 했던 것처럼 다른 신이 관장하는 지역으로 떠날 때도 조상신의 보호나 해당 지역의 신의 허락 여부를 확인하는 절차를 거쳐야 했다.

당시 각 공간이나 지역에는 각기 다른 신이 영향력을 행사한다는

pp.73-74). 麎를 鹿으로 석독한다면, 이 복사는 사냥을 위한 출행으로 볼 수 있다.

56 『合集』 7942, "貞于庚申出于𩫖."; "勿于庚申出."; "貞王今丁巳出."; "貞勿隹今丁巳出."; "丁巳卜, 穷, 貞王出于𩫖."; "…貞王勿出于𩫖." 이와 유사한 내용이 다른 片에서도 확인된다(『合集』 7943, "貞王往出于𩫖."; "貞王勿往出于𩫖."; 『合集』 7941正, "壬辰卜, 亘, 貞王往出于𩫖.").

인식이 있었기 때문에, 상읍을 벗어나 외부 지역으로의 출행은 상에 속한 사람들을 보호하는 조상신이나 여러 신의 허락이 필요했다. 상왕이 황하나[57] 악(岳)·㣈·印·다아(多亞) 등지로 들어가는 일,[58] 나아가 상왕 이외에 사자(使者)를 다른 지역으로 파견하는 문제[59] 등 당시 상읍 이외 지역을 방문하는 일 모두 점복을 통해 그 가부를 결정했던 원인은 바로 이러한 공간 인식에 있었다. 앞서 상읍을 출입할 때 상읍에 속한 사람이나 외부인 모두 상읍의 왕래 문제에 대해 점을 쳐서 신의 뜻을 물어야 했던 것처럼, 상읍의 경계를 넘어 다른 지역에 들어가는 문제도 점복을 통해 신의 뜻을 물어야 했다. 이는 한편으로 조상신의 가호가 미치는 범위를 기준으로 상읍의 경계가 존재했던 것처럼 다른 지역에도 각각의 경계가 존재한다고 인식했음을 보여준다.

3) 접빈과 통과의례

상읍을 방문했던 외부인으로는 앞서 언급한 악(缶)·𠬝·반(般)·彵 등을 비롯하여 정기적으로 상 왕실에 물자를 공납했던 다양한 집단이 있었다. 갑골문에 '방(方)'이나 '토(土)'라 표현되는 각 집단 중 상과 전쟁을 일삼으며 적대 관계였던 자들도 있었지만, 정기적으로 내왕하면서 '지배-복속' 혹은 동맹 관계를 유지했던 이들도 있었다. 상왕은 점복을 통해 주변 집단들의 출입을 점치기도 했지만, 일정한 절차에 따라 그

57 『合集』 40415, "貞乎往見于河, 㞢來."

58 『合集』 20398, "丙申卜, 入岳."; 『合集』 21739, "戊寅卜, 㱿, 我入隹㣈."; 『合集』 21728, "壬辰卜, 㱿, 貞我入印."; 『合集』 30296, "丁丑卜, 其祝, 王入于多亞."

59 『合集』 376, "庚申卜, 𡆥, 貞王使人于隩, 若. 王固曰吉, 若."; "貞勿使人于隩, 不若."

들을 맞이하여 받아들였다.

현재 상왕이 외부 세력을 어떻게 접대했는가에 대한 자세한 내용은 확인하기 어렵다. 다만 복사에 보이는 '빈(賓)'과 '향(饗)'은 상왕이 상 왕실의 외부 세력과의 관계 속에서 행한 의례다.[60] 우선 '향(饗)'은 글자 형태가 청동기를 사이에 두고 두 사람이 마주 앉아 있는 형태로,[61] 기본적으로 음식이나 술을 함께 먹거나 마시는 행위를 의미한다. 갑골문에 보이는 '향(饗)' 역시 대부분 조상신이나 여러 신에 대한 의례로 보이지만, 때로 사람이 대상인 경우도 있다. 다음은 '향(饗)'과 관련된 복사다.

> (라)-①: 점쳐 물었다. "다자(多子)가 청(廳)에서 향(饗)해도 되겠습니까?"[62]
>
> 갑술일에 점쳤다. "종묘에서 향(饗)해도 되겠습니까?"[63]
>
> (라)-②: 신미일에 왕이 점쳤다. "소청(召廳)에서 집(執)에게 사(史)를 향(饗)하게 해도 되겠습니까?"[64]
>
> 점쳐 물었다. "읍자(邑子)를 불러서 술을 향(饗)하라고 해도 되겠습니까?"[65]

60 David N. Keightley, "The Shang: China's First Historical Dynasty," Michael Loewe and Edward L. Shaughnessy, eds., *The Cambridge History of Ancient China: From the origins of civilization to 221 B.C.*, Cambridge University Press, 1999, p.260.

61 白川靜, 『(新訂) 字通』, pp.204-205 참고.

62 『合集』 27647, "貞惟多子饗于廳."

63 『屯南』 341, "甲戌卜, 于宗饗."

64 『合集』 37468, "辛未王卜, 在召廳, 惟執其令饗史." '執'은 인명이나 족 명칭으로 사용되기도 하므로, 본서에서는 執을 인명으로 보아 향례를 행하는 사람으로 해석했다.

65 『合集』 3280, "貞惟邑子呼饗酒."

점쳐 물었다.[66] "등(登)을 불러서 [상에] 온 사람들을 향(饗)해도 되겠습니까?"[67]

(라)-①은 향례를 행하는 장소를 정하여 점을 친 것인데, 대청[廳·召廳]이나 종묘에서 하거나 때로 대을(大乙)의 뜻에 따라 [illegible]라는 장소에서 행하기도 했다.[68] (라)-②에는 소청(召廳)에서 집(執)이 향례를 하는 문제를 점친 내용과 읍자(邑子) 혹은 상읍에 들어온 사람에게 향례를 행하는 문제를 점친 기록이다. 갑골문 중 왕이 사(史)가 온 것을 맞이하는 문제를[69] 점친 기록이 있는데,[70] 읍자(邑子)나 사(史)와 같이 외부에서 온 사람에게 대정이나 종묘에서 향례를 행했다. 특히 "읍자(邑子)를 불러 술을 향한다[饗酒]"는 표현에서 보듯이 향례를 행할 때는 술을 사용했다. 향례를 할 때 술을 사용했던 점은 다음의 상대 금문에서도 확인할 수 있다.

(라)-③: 왕께서 두(豆)의 기슭에서의 수렵에서[71] 돌아오셨다. 𨢆에서 [군사들이] 머물렀는데 왕께서 술을 향(饗)하셨다. 왕께서 재보(宰甫)

66 동일한 片에 새겨진 바로 위의 점사에 '庚申卜, 𠁁'(『合集』 376, "庚申卜, 𠁁, 貞王使人于陮, 若. 王𡆥曰吉, 若.)이 있는 점으로 미루어, 이 역시 경신일에 정인 𠁁이 점을 친 것으로 보인다.

67 『合集』 376, "貞乎登饗入人."

68 『合集』 27124, "大乙史王饗于[illegible]."

69 『合集』 20064, "□寅卜, 王逆入史. 五月."

70 그 밖에 "오늘 龜我가 商으로 들어올 것이다."(『合集』 21586, "乙未, 余卜, 貞今龜我入商."; 『合集』 21715, "[戊]午卜, 我, 貞今龜我入商.")와 같은 내용의 복사는 당시 다양한 사람이 상읍을 방문했음을 시사한다.

71 '獸'는 곧 '狩'와 통하고 사냥을 의미한다(編寫組編寫, 『金文今譯類檢: 殷商西周卷』, 廣西教育出版社, 2003, p.560).

에게 조개 5붕(朋)을 주셨다.[72] 이에 보배로운 정(鼎)을 만드노라.[73]

(라)-③은 상왕이 두(豆) 지역으로 수렵하러 나갔다가 돌아오는 길에 𩁹라는 지역에서 향례를 행했고, 이때 청동기 재보유(宰甫卣)를 만든 사람인 재보(宰甫)에게 조개 5붕을 하사한 일을 기념한 내용이다. 𩁹는 어느 지역인지 분명치 않지만 왕이 상읍으로 들어가기 전에 거쳤던 곳이고, 재보가 왕의 향례를 자신의 상사(賞賜)와 함께 기록한 점으로 볼 때 재보는 왕이 향례를 행할 때 무언가 공헌을 했던 것으로 보인다. 서주시대 청동기인 효준(效尊)의 명문을 보면[74] 왕이 상(嘗)이라는 곳으로 출행했을 때 공동궁(公東宮)은 왕에게 향례를 행하고 왕에게서 하사품을 받았다. 갑골문 중 향례의 주요 대상이 제사의 대상인 신들인 점을 고려하면, (라)-③에서 행한 향례 역시 단순한 연회로 보기는 어렵다. 또한 상왕은 출행·사냥 및 조상에 제사를 지내기 전에 '관(雚)'이라는 의식을 행했는데, 이는 울창주[鬯]를 마심으로써[祼] 재계[修祓]하는 절차였다.[75]

72 이 문장은 청동기를 제작한 재보에게 조개 5붕을 하사한 내용으로 보이며, '光'은 楊樹達의 해석과 같이 '賜'의 의미로 보았다(編寫組編寫, 『金文今譯類檢: 殷商西周卷』, p.560).

73 『商周金文摹釋總集』 4冊, 宰甫卣, p.906, "王來獸(獸)自豆彔(麓). 才(在)𩁹𠂤(次), 王鄉(饗)酉(酒). 王光宰甫貝五朋, 用乍(作)寶𩰫."; 『集成』 10.5395.

74 『商周金文摹釋總集』 4冊, 效尊, pp.994-995, "隹(唯)三(四)月初吉甲午, 王雚于嘗. 公東宮內(納)鄉(饗)于王. 王易(賜)公貝五十朋, 公易(賜)氒(厥)涉(世)子效王休貝廿朋. 效䜃(對)公休, 用乍(作)寶隮(尊)彝. …(後略)."

75 물론 갑골문 중 '雚'은 많은 경우가 농경 관련 복사에 보이지만, 조상에 대한 제사를 행했던 '雚'은 울창주를 마심으로써[祼] 재계하는 의례를 의미하며, 출행·사냥할 때 '雚'을 행하는 것 역시 그 기원은 유사했다(白川靜, 『金文通釋』(『白川靜著作集 別卷: 金文通釋』, 平凡社, 2004 所載) 2 「81. 效尊」, pp.90-91).

왕이 상읍을 벗어나 출행했다가 귀환할 때 그 시기와 장소, 귀환 여부 등을 자세하게 점쳤던 점을 고려하면, 𨡹에서 행한 향례는 왕이 상읍을 들어가기 위해 예주(醴酒)나 울창주로 자신을 정화하는 일종의 재계의식으로 볼 수 있다. 서주 청동기인 효준의 명문에 공동궁이 예주를 바쳐 왕의 재계를 도왔던 것처럼, 위의 명문에서 재보 역시 왕에게 술을 바쳐 향례를 행할 수 있도록 도왔던 것으로 보인다. 즉, 술을 사용하는 향례를 상읍으로 귀환하던 왕이 상읍 밖에서 행했던 이유는 성역의 의미를 가진 상읍에 들어가기 위해 일종의 정화의식이 필요했기 때문으로 볼 수 있다. 이런 점에서 접빈 절차에서 술을 사용하여 행하는 향례는 신성한 공간으로 들어가기 위한 일종의 통과의례에 해당한다.

갑골문 중 '빈(賓)' 역시 '손님으로 접대하다'라는 의미로, 외부에서 상읍으로 들어온 대상에 대한 의례와 관련된 글자다. '빈(賓)'의 자형은 묘실(廟室)의 지붕을 나타내는 '宀'과 머리 부분이 강조된 사람 혹은 동물을 상형한 글자 요소가 결합된 형태로서, '빈(賓)'자의 형태와 용례가 다양하지만 기본적으로 제사를 지내는 묘(廟)에서 신을 맞이하는 행위를 의미한다.[76] 그리고 '빈(賓)'은 현세의 사람이 아니라 신령이나 조상신과 관련된 의미를 지닌 글자다.[77] 가령 '왕빈(王賓)'이라

76 白川靜, 『(新訂) 字通』, 平凡社, 2004, p.758 참고. 물론 갑골문 중 '賓'의 글자 형태가 시기마다 차이가 있지만, 주로 건물을 의미하는 '宀'과 왕래를 의미하는 '止', 머리 부분이 강조된 사람 형상 혹은 동물 형상이 포함되어 있다. 이에 대해 '賓'은 영혼의 세계에 속한 사람이 제사를 지내는 종묘에 온 것을 의미하며, 그 조상신을 뜻하는 글자로 해석하기도 한다(赤塚忠, 『中國古代の宗教と文化: 殷王朝の祭祀(下篇)』, 研文社, 1990, pp.581-582).

77 갑골문에 보이는 '賓'의 용례와 여러 해석에 대해서는 豊田久, 「成周王朝と〈賓〉(2): 甲骨文に見える賓について」, 『鳥取大學教育學部研究報告(人文·社會科學)』 44-1, 1993, pp.25-33 참조.

는 표현은 대개 '간지+복(卜)+정인의 이름 및 정(貞)+왕빈(王賓)+제사 대상+제사 행위 관련 동사+망구(亡咎)'와 같은 형식을 띤 복사에 보이며, 이때 '빈(賓)'은 상왕이 제사 장소에서 제사 대상인 신령이나 조상신을 맞이하는 행위를 뜻한다.[78]

갑골문 중 '왕빈(王賓)'이라는 표현은 바로 상왕이 조령이나 여러 신에게 제물을 바쳐 빈(賓)으로서 맞이하는 행위로, 상왕이 멀리 떨어진 곳에 존재하는 신들을 불러오는 행위이자 신과 만나기 위해 신의 세계로 나아가 상합하는 행위를 가리킨다.[79] 당시 상 왕실에서 섬겼던 다양한 신령은 물론 위계가 정해진 조령 역시 각각 권한이 달랐고, 그 중에서 상제(上帝)는 모든 신을 관장하는 최고의 신으로 여겼다.[80] 이 때문에 상왕은 권한의 근원인 상제에 직접 제사를 지내기보다 조상신과 같은 매개자를 통하여[81] 상제와 간접적으로 교통할 수 있었다.[82] '빈(賓)'은 술과 같은 제물을 바쳐 외부 세계에 있는 대상을 불러 만나는 행위이고, 나아가 외부 대상과 일체가 되는 동화의 절차였다.

갑골문이나 금문에 보이는 '동(同)'자는 '凡'과 '口'자로 구성되어

78 劉源, 『商周祭祖禮研究』, 商務印書館, 2004, p.40.

79 Kwang-chih Chang, *Art, Myth and Ritual: The path to political authority in ancient China*, Harvard University Press, 1983, p.54.

80 David N. Keightley, "The Shang: China's First Historical Dynasty," pp.252-262 참고.

81 池澤優, 「宗教學理論における新出土資料: 聖俗論と仲介者概念を中心に」, 中國出土資料研究會, 『中國出土資料研究』 6, 2002, pp.56-57.

82 이는 상대 갑골을 매개로 신의 뜻을 파악할 수 있다고 여기거나, 점복을 행하는 廟에 모신 조상신을 정인과 그 상위에 속한 조상 혹은 다른 신령을 연결해주는 매개자로 여겼던 인식과도 상통한다(David N. Keightley, "The Shang: China's First Historical Dynasty," pp.245-247 참고). 즉, 당시 사람들은 인간과 신령의 단절된 상황을 매개물 혹은 매개자를 설정하여 교통하고자 했다.

있는데, 이를 두고 장막 아래에 사람들이 모여 회합하는 의미로 해석하기도 하지만,[83] '凡'을 불제(祓除)를 위한 술을 담는 그릇인 반(盤)으로 보아 '동(同)'자가 술을 이용하여 불제하고 정화됨으로써 합일하게 되는 회합 의례를 가리킨다고 설명하기도 한다.[84] 『주례(周禮)』에서 왕기(王畿) 이외의 모든 지역에 있는 제후가 주왕을 조현(朝見)하는 은현(殷見)을 '동(同)'이라 칭했는데,[85] 이후 시기에도 '동(同)'은 회합의 의미가 있었다.

요컨대 외부에서 온 대상에게 행했던 향례와 '빈(賓)'은 합일을 위한 일종의 정화의식이었다. 조상신과의 교통을 매개하는 청동기에 정화의 기능을 하는 술을 담아 빈객과 함께 마시는 향례는, 외부 세계에서 온 부정적인 요소를 정화하여 자신의 신(神)·인(人) 공동체로 맞아들이기 위한 의례 절차였다. 상대 상읍을 방문한 외부인에게 신을 모신 종묘에서 향례를 행했다면, 이 향례는 경계를 넘나드는 왕래에서 성소 혹은 성역을 들어가기 위한 일종의 통과의례에 해당했다. 아울러 외부 세계에서 온 대상에게 술이나 제물을 바쳐 '빈(賓)'하는 의식 역시 외부 세계로부터 가져올 수 있는 부정한 요소를 불제하고 상호 합일하기 위한 일종의 통과의례의 성격을 띠고 있었다. 다만 갑골문에 보이는 '빈(賓)'의 대상은 조상신과 여러 신령이 대부분이고 외부인은

83 『說文解字』(許愼 撰, 段玉裁 注, 『說文解字注』, 上海古籍出版社, 1981), p.353, "同, 合會也, 從凡口. 凡, 幬帳之象."

84 白川靜, 『(新訂) 字通』, p.678. 특히 白川靜은 『尙書』 「顧命」篇에서 康王이 즉위하는 의례에서 同瑁라는 酒器를 사용하여 獻酬를 행했다는 점에서, '凡'은 酒器인 盤을 의미한다고 보았다. 아울러 '興'이나 '釁'에 포함된 '同'자는 두 손으로 술잔을 들고 灌하는 행위를 나타낸 것으로 '同'은 祓除하여 일체가 되는 합일 의례를 표현한 글자로 설명했다.

85 『周禮』(李學勤 主編, 『周禮注疏』, 北京大學出版社, 1999) 卷18 春官 大宗伯, p.544, "春見曰朝…殷見曰同."

향례를 행하여 맞이했다.

2. 서주시대 경계의 출입과 통과의례

선주(先周) 시기 주(周)의 근거지는 분명치 않지만, 『사기(史記)』 기록과 같이 고공단보(古公亶父)가 등장한 시점에 주의 세력은 위수(渭水) 근처 기산(岐山)으로 옮겨왔던 것으로 보인다.[86] 무왕(武王) 시기 주 왕실의 정치적 중심지는 성주(成周) 지역까지 확대되었고, 주요 거점에 진(晉)·응(應)·연(燕)·위(衛)를 분봉하고 노(魯)와 같은 희성(姬姓) 제후국을 세워 주 왕실의 영향력을 확대했다. 서주 초기 제후국의 관할 범위를 파악할 수 있는 기록은 거의 확인되지 않지만,[87] 주 왕실의 영향력은 제후국 이외 정치적 복속 관계를 맺은 다양한 정치집단을[88] 포함하여 상당히 넓은 지역에까지 미쳤다. 주왕은 사자(使者)를 파견하거나 '감(監)'을 설치하는 등 제후 및 주요 정치집단을 시찰·감독하는 방법으로 주 왕실의 정치적 주도권을 유지했다.[89]

흔히 서주시대 주 왕실 및 제후 간의 왕래와 관련 의식은 후대 예

86 Edward L. Shaughnessy, "Western Zhou History," Michael Loewe and Edward L. Shaughnessy, eds., *The Cambridge History of Ancient China: From the origins of civilization to 221 B.C.*, pp.302-307 참고.

87 Constance A. Cook, "Ritual, Politics, and the Issue of feng(封)," pp.220-222.

88 주왕의 통치 범위로 인식되었던 '천하'는 주에 속한 '周邦'과 기타 '四方'으로 구성되었고, '사방'은 회이에 속한 중소 邦과 같이 서주에 복종하면서도 자립적인 속성을 띤 다양한 정치집단이 존재했다. 이에 대해서는 김정열, 『서주 국가의 지역정치체 통합 연구』, 서경문화사, 2012, pp.184-192 참조.

89 김정열, 『서주 국가의 지역정치체 통합 연구』, pp.192-203, pp.254-269.

서에 기록된 빙례(聘禮) 혹은 빈례(賓禮)로 설명한다.[90] 주왕에 대한 정기적인 조근(朝覲)은 주 왕실에 대한 제후의 중요한 의무 중 하나로 이해한다. 그러나 전래 문헌에 보이는 주의 예제에 근거하여 서주시대 지역 간 왕래와 영빈 의례의 특징을 설명할 수는 없다. 가령 서주 시기 영빈 의례에 사용했다고 전해지는 서옥(瑞玉)의 종류와 수량을 살펴보면, 『주례(周禮)』·『예기(禮記)』·『의례(儀禮)』에는 신분 및 성별에 따라 상세하게 구분되어 있지만,[91] 현재 서주 무덤에서 발견되는 옥규(玉圭)는 일정한 형태를 확인하기 어렵고 성별에 따라 다른 서옥을 사용했는지도 분명치 않다. 예서에는 여성을 빙문(聘問)할 때 장(璋)을 사용한다고 했으나, 서주 금문에 장(璋)은 규(珪)와 그 용도가 유사하고 규(圭)는 여성 묘주의 묘에서도 발견된다.[92] 즉, 예서에 묘사된 서주 예제 내용은 후대 상황을 반영한 것으로서, 예서의 의례 절차가 서주시대에 그대로 행해졌다고 보기는 어렵다.

최근 서주 청동기 명문에 예서에 보이는 의례와 유사한 형식과 절

90 金成奎, 「中國王朝에서 賓禮의 沿革」, 『중국사연구』 23, 2003, pp.74-81; 陶磊, 「"聘禮"與先秦的外交禮儀」, 『尋根』 1998-5; 陳智勇, 「先秦時期朝聘場合的文化交流與傳播」, 『湘潭大學社會科學學報』 2003-2; 陳智勇, 「論先秦時期朝聘儀節的文化特徵」, 『湖北社會科學』 2005-5; 李無未, 「周代朝聘制度研究」, 吉林人民出版社, 2005; 黎虎, 「周代交聘中的"禮尚往來"原則」, 『文史哲』, 2009-3 등.

91 이를테면 『주례』 「考工記」에는 제후들이 받았던 여러 종류의 瑞玉에 대한 설명이 있다. 곧 公은 桓圭를 받고, 侯는 信圭, 伯은 躬圭를 받는데, 이는 모두 命圭에 해당한다는 것이다. 鄭玄은 이에 대해 명규는 왕이 명을 내리면서 하사한 圭로서 조근할 때 소지했고 평상시에는 각자 보관했다고 설명했다. 그렇지만 현재로서는 예서에 보이는 서옥의 용도가 각 신분별로 세분화되었는지 확인할 수 없다.

92 '半圭狀'이라 묘사한 璋은 사실 일부 묘장에서 한정적으로 확인될 뿐이다(孫慶偉, 『周代用玉制度研究』, 上海古籍出版社, 2008, pp.197-213 참고).

차가 확인되어 주목된다.[93] 청동기 명문은 그 성격상 청동기를 제작한 사람에 의한 사실 왜곡을 유념해야 하지만, 적어도 청동기가 주조될 당시의 언어와 상황을 반영하고 있다는 점에서 전래 문헌의 공백과 한계를 효과적으로 메울 수 있다. 현재 서주 금문 자료의 기본적인 석독[94] 및 관련 연구의 정리 작업이 진행되었으므로, 이를 활용한다면 서주시대 영빈 의례의 실상을 좀 더 구체적으로 확인할 수 있다. 아울러 특정 청동기 명문 자료를 분석해 당시 예제의 세부 사항을 고증하는 연구도 필요하지만, 서주시대 사람들이 실제로 어떤 절차와 형식에 따라 각 지역을 왕래하며 교류했는지 전체적으로 검토하는 복원 작업 역시 필요하다.

주 왕실이 쇠퇴한 후 춘추시대 제후국은 상시 사신을 보내 상호 빙문했고, 열국(列國) 간에는 조근·빙문·회맹·향연 등을 위한 사절단이 끊임없이 왕래했다. 춘추시대 빙문 절차는 방문하는 장소와 대상에 따라 상이했으며, 각 의례 절차는 열국 간에 공인(共認)했던 일종의 사

93 王龍正, 「匍盉銘文補釋並再論覜聘禮」, 『考古學報』 2007-4; 孫慶偉, 「尙盂銘文與周代的聘禮」, 復旦大學出土文獻與古文字研究中心網站, 復旦大學出土文獻與古文字研究中心網站(http://www.gwz.fudan.edu.cn, 검색일: 2012년 1월 1일).

94 금문의 도판을 집성한 자료로는 嚴一萍 編, 『金文總集』, 台北藝文印書館, 1983; 中國社會科學院考古研究所 編, 『殷周金文集成』, 中華書局, 1984-1994; 劉雨·盧岩 編著, 『近出殷周金文集錄』, 中華書局, 2002; 鍾柏生·陳昭容·黃銘崇·袁國華 編, 『新收殷周青銅器銘文暨器影彙編』, 台北藝文印書館, 2006이 대표적이며, 釋文은 張亞初 編著, 『殷周金文集成引得』, 中華書局, 2001; 中國社會科學院考古研究所 編, 『殷周金文集成釋文』, 香港中文大學中國文化研究所, 2001; 中國社會科學院考古研究所 編, 『殷周金文集成: 修訂增補本』, 中華書局, 2007; 張桂光 主編, 『商周金文摹釋總集』, 中華書局, 2010을 기초 자료로 이용할 수 있다. 금문 관련 연구 성과를 집성한 자료는 劉慶柱·段志洪 主編, 『金文文獻集成』, 香港明石文化國際出版, 2004가 대표적이다.

회적 규범이었다. 이런 점에서 서주시대 지역 간 왕래와 그 절차를 이해하는 것은 후대 빙례의 초기 형식을 복원하고 그 성격을 확인할 수 있는 기초가 될 것이다.

1) 서주 금문에 보이는 왕래 사례

서주 금문은 그 성격상 왕실 일족 혹은 제후 등 정치적 핵심 인물과 관련된 내용이 주를 이룬다. 당시 제후를 책봉할 때 대규모의 사민(徙民)이 진행되었던 점이나,[95] 장거리 군사 원정이나 시찰에 동원된 인원 등을 고려하면 서주 시기에도 다양한 형태의 장·단기적 이주와 지역 간 왕래를 했을 것이다. 그러나 현재 지역 간 인적 왕래가 어떠했는지 구체적으로 밝히기는 어렵고, 서주 금문에 기록된 사건이나 사안을 중심으로 일부 사례를 확인할 수 있다. 여기서는 서주 금문에 보이는 지역 간 인적 왕래 사례를 이동 방향에 따라 주 왕실로의 이동과 주 왕실에서 타 지역으로의 이동으로 나누어 살펴보고자 한다.

(1) 주 왕실의 방문

우선 주 왕실을 방문하는 사례와 그 절차를 살펴보자. 서주 시기 주 왕실을 방문하는 사례는 제후들이 조근하는 경우와 책명이나 상사(賞賜)를 받기 위해 주왕을 알현하는 경우가 대표적이다. 문헌 기록에는 제후들이 정기적으로 조근했다고 하지만,[96] 현재로서는 다음과 같은 몇 가지 사례를 확인할 수 있을 뿐이다.

95 심재훈, 「商周시대 移民과 국가: 동서 융합을 통한 절반의 중국 형성」, 『東洋史學研究』 103, 2008, pp.9-43.

96 李無未, 『周代朝聘制度研究』, pp.127-129 참조.

(가)-①: 연(燕)의 제후 지(旨)가 처음으로 종주(宗周)에서 [자신이 맡은] 직무를 왕에게 아뢰었다.[97] 왕이 지(旨)에게 조개 20붕(朋)을 상으로 하사했다.[98]

(가)-②: 2월 초 길일에 왕께서 성주(成周)에서 돌아오셨다. 응후(應侯)인 견공(見工)은 종주(宗周)에서 왕에게 [예물을] 올렸다.[99] 신미일에 왕께서 강궁(康宮)으로 들어가셨고 영백(榮伯)은 응후 견공을 인도하여[佑] [강궁으로] 들어갔다.[100]

(가)-①은 소공(召公)의 아들인 연의 제후가 처음으로 종주로 가서 주왕을 알현하고 자신의 직무를 보고한 일을 기념하는 명문이다. 여기서 연의 제후 지(旨)는 소공의 장자이자 제1대 연의 제후로서, 오늘날 유주(幽州) 계현(薊縣) 지역인 북연(北燕)에 분봉된 제후다. 이 청동기는 성왕 시기에 제작한 것으로,[101] 비록 명문에 알현한 장소나 의례 등의 자세한 내용이 생략되어 있지만 서주 초 지방 제후가 주 왕실을 직접 찾아가 자신의 직무를 보고했던 일을 보여준다.

(가)-②는 응후인 견공이 종주에 있는 강궁에서 주왕을 알현한 일을 기념한 명문으로, 두 개의 편종(編鐘)에 새겨져 있다. 응후는 평정

97 '見(覲)事'는 대면해 자신의 직사를 보고하는 '述職'을 의미한다(『金文今譯類檢: 殷商西周卷』, 廣西教育出版社, 2003, p.307).

98 「匽侯旨鼎」(『集成』 5.2628), "匽(燕)医(侯)旨初見事𰀁(于)宗周. 王賞旨貝廿朋…."

99 심재훈, 「應侯 視工 청동기들의 연대 및 그 명문의 連讀 문제」, 『中國古中世史研究』 28, 2012, p.17, 각주 43 참조.

100 「應侯見工鐘」(『集成』 1.107), "隹(唯)正二月初吉, 王歸(歸)自成周. 雁(應)医(侯)見工遺王于周. 辛未, 王各(格)于康, 焚(榮)白(伯)內(入)右(佑)雁(應)医(侯)見工…."

101 馬承源 主編, 『商周青銅器銘文選』 3冊, 文物出版社, 1990, p.28.

산(平頂山) 근처에 위치한 응국(應國)의 제후인데, 응국 역시 서주 초에 세워진 주요 제후국 중 하나다.[102] 여기서 주왕은 여왕(厲王)으로 추정되며,[103] 응후는 주왕이 성주에서 돌아온 후에 상사를 받았으므로 아마도 주왕이 종주로 돌아오는 길에 주왕을 보필했던 것으로 보인다.

제후의 정기적인 조근이나 특별 상사와 함께 책명 의식 역시 주 왕실을 방문하는 주요 계기가 되었다. 책봉·책명 의식의 주체는 특수한 사례를 제외하고 모두 주왕이었다.[104] 책명 관련 명문에는 대개 해당 날짜와 주왕이 소재한 장소가 기록되어 있다. 예컨대 정(鄭)에 식읍(食邑)이 있는 강(康)이라는 인물이 주왕에게서 책명을 받은 일을 기념한 강정(康鼎)의 명문을 보면, 강은 3월 갑술일에 영백(榮伯)의 인도하에 강궁(康宮)에서 왕실 업무를 주지하는 직책에 임명되었다.[105] 책명 의식은 주로 강궁이나 소궁(昭宮)에서 이루어졌고, 때로 주왕이 자주 방문하는 궁에서 행했다.

이 외에 주 왕실의 제사에 참여하기 위해 제후 및 왕실 일원이 왕실을 방문하기도 했다. 가령 왕실의 큰 제사를 위해 '사방(四方)'의 제후가 회합했을 때를 기념한 보준(保尊)은[106] 서주 초 제후들이 제사를

102 Edward L. Shaughnessy, "Western Zhou History," p.312.

103 심재훈,「應侯 視工 청동기들의 연대 및 그 명문의 連讀 문제」, pp.20-27 참조.

104 서주 금문 중 주왕이 아닌 다른 사람이 관료를 임명한 경우는 卯簋와 師毀簋 명문의 두 사례뿐이다(Li Feng, *Bureaucracy and the State in Early China: Governing the Western Zhou*, Cambridge University Press, 2008, p.141).

105「康鼎」(『集成』 5.2786), "唯(唯)三月初吉甲戌, 王才(在)康宮. 熒(榮)白(伯)內(入)右(佑)康. 王命死嗣王家, 命女(汝)幽黃(衡), 鋚革(勒). 康顜(拜)韻(稽)首, 敢對(對)䫹(揚)天子不(丕)顯休. 用乍(作)躾(朕)文考釐白(伯)寶䵼(尊)鼎. 子子孫孫, 其萬年永寶用. 奠(鄭)井(邢)."

106「保尊」(『集成』 11.6003), "乙卯, 王令保及殷東或(國)五医(侯), 祉兄(貺)六品. 蔑曆(曆)扵(于)保, 易(賜)賓. 用乍(作)文父癸宗寶䵼(尊)彝. 遘(遘)扵(于)四

지내기 위해 왕실에 모였음을 시사한다. 당시 제사 진행 과정을 확인할 수는 없지만, 보준의 명문에 보이는 대보(大保)는 성왕 시기 활동한 소공(召公) 석(奭)이다.[107] 그리고 큰 제사를 지낸 때는 성주에 낙읍을 완성한 이듬해인 성왕 6년이다.[108] 즉, 성왕 6년 주 왕실에서 지낸 제사에 각지에 속한 제후들이 참석했던 것이다. 이처럼 왕실의 주요 제사나 즉위식과 같은 대사(大事)는 주 왕실에 속한 제후 등이 왕실을 방문하는 계기가 되었다.[109]

(2) 사자(使者)의 파견과 사행

주 왕실 방문 외에 제후국이나 기타 지역으로의 왕래는[110] 그 주체에 따라 다시 주왕의 출행과 그 이외 사람의 왕래로 구분된다. 주왕은 여왕의 남방 원정과 같이 출정이나 의례를 행하기 위한 출행[111] 및 제후국 시찰 등을 생각해 볼 수 있지만, 현재 서주 금문 중 왕실 이외 지역에서 주왕의 활동을 전하는 기록은 단편적인 사례에 불과하다.

方, 迨王大祀, 祓芋(于)周. 才(在)二月既望(望)."

107 馬承源 主編, 『商周青銅器銘文選』 3冊, pp.22-23.

108 馬承源 主編, 『商周青銅器銘文選』 3冊, p.23.

109 서주 금문에 보이는 '殷'은 다수의 사람이 회집하여 성대한 의례를 거행한다는 의미로서(金正烈, 「邦君과 諸侯: 금문 자료를 통해 본 서주 국가의 지배체제」, 『東洋史學研究』 106, 2009, pp.8-10), 제후들이 회동하여 주왕을 조회하는 殷見禮 역시 왕실을 방문하는 계기가 되었을 것이다.

110 물론 주 왕실과 제후국 및 기타 지역 간의 왕래 외에 제후국 간 혹은 제후국과 주 왕실에 속하지 않은 정치집단과의 왕래도 있었지만, 금문에 단편적인 사례만 확인될 뿐이므로 본서에서는 주 왕실과의 왕래를 주 대상으로 삼았다.

111 가령 貉子卣의 명문을 보면 주왕이 정월에 呂歔으로 가서 庶에서 牢를 행하고, 貉子에게 鹿 세 마리를 下賜했다(「貉子卣」[『集成』 10.5409], "唯正月丁丑, 王各(格)于呂歔. 王牢于庶, 咸宜. 王令士道歸(饋)貉子鹿三. 貉子對(對)揚(揚)王休, 用乍(作)寶隮(尊)彝."). 呂歔의 지명은 분명치 않지만, 주왕이 의례를 행하기 위해 출행한 일을 반영한다.

서주 금문에 보이는 왕래 사례 대부분은 주왕이 파견한 사자에 대한 내용이다. 주왕은 주 왕실에 속한 제후나 관리에게 명령이나 상을 하사할 때 사자를 파견해 자신의 뜻을 전했다. 예를 들어 효왕(孝王) 시기 기물로 보이는 극종(克鐘)은 극(克)이 사행을 마친 일을 기념해 제작한 종이다. 그 명문을 보면, 주왕은 종주의 강렬궁(康烈宮)에서 사(士)인 舀을 시켜 극을 불러오게 한 후 극에게 경수(涇水)를 따라 경사(京師) 지역으로[112] 가라는 명령을 내렸다. 극이 사행으로 갔던 경사 지역은 주 왕실에 속한 곳으로 보이며, 주왕은 극을 파견하면서 사행에 필요한 수레[甸車]와 말을 하사했다.[113]

주왕은 때로 주 왕실에 속하지 않은 집단에 사자를 파견하기도 했다. 다음의 괴백귀봉궤(乖伯歸夆毁)는 익공(益公)이 공왕(恭王)의 명령을 받아 미오(眉敖)에 사행을 다녀온 후 이를 기념해 제작한 청동기 명문이다.

(나)-①: [공]왕 9년 9월 갑인일에 왕이 익공에게 명해 미오에게 사행을 가게 했다.[114] 익공이 돌아와서 고했다. 2월에 미오가 와서 알현하고, 비단을 바쳤다. 기미일에 왕이 중(仲)에게 명해 괴백(乖伯)에게 가죽옷[貔裘]을 하사하도록 했다. 왕께서 다음과 같이 말씀하셨다. "괴백아, 나의 영명하신 조상이신 문왕과 무왕께서 대명(大命)을 응수(膺受)하시었다. 이에 너의 선조들은 자신들의 방(邦)으로부터 주에 와서는

112 오늘날 陝西省 邠縣 일대로 주요 성읍으로는 豳이 있었다(馬承源 主編, 『商周青銅器銘文選』 3冊, p.213).

113 「克鐘」(『集成』 1.204), "隹(唯)十又六年九月初吉庚寅, 王才(在)周康剌(烈)宮. 王乎(呼)士舀召克. 王親令克遹(遹)涇, 東至于京白. 易(賜)克甸車馬."

114 이 기물은 恭王 시기에 해당하며, 여기서 '征'은 사행을 의미한다(馬承源 主編, 『商周青銅器銘文選』 3冊, p.140).

힘써 주의 선왕을 보필했는데, [이는] 천명에 합당했다. 나 역시 나라의 제사를 폐하지 않았다. 너에게 가죽옷[鰯裘]을 하사하노라." 괴백은 절하고 머리를 조아렸다.[115]

익공이 미오에 다녀와 보고한 후, 미오는 그 이듬해 주왕을 알현하러 와서 비잔을 바쳤다. 익공의 사행 결과로 미오가 주왕에게 와서 알현했으므로, 익공을 파견한 목적은 미오가 주 왕실에 복속하는 데 있었던 것으로 보인다. 주왕은 익공의 공로를 치하하기 위해 다시 사자를 보내 하사품과 치하하는 말을 전했는데, 이때 익공은 주왕의 명령을 전달하는 사자에게 절하고 머리를 조아리는 예로 대했다. 주왕이 보낸 사자는 주왕의 권위를 대변하는 존재로서 주왕에 대한 복종과 감사를 사자에게 표현했던 것이다.

주왕의 명령을 대행하는 사자의 파견은 지방 제후를 시찰하거나 주 왕실의 정치적 영향력을 확대하는 방법이었다. 선왕(宣王) 18년에 회이(淮夷)를 비롯한 남방 지역을 시찰하라는 명령을 받고 파견된 구보(駒父)의 사행을 기념하는 구보수개(駒父盨蓋) 명문은 그 좋은 예다. 구보는 회이를 시찰하고 그들로 하여금 주 왕실에 헌물을 바치고 복역하게 하라는 명령을 받아 남방 지역으로 사행을 떠났다. 명문에 따르면 구보는 회수까지 이르는 남방의 크고 작은 방(邦)들을 방문하고, 그들에게 주 왕실에 부렴(賦斂)·복역하게 하고 이속(夷俗)을 바로잡았으

115 「乖伯歸夆毁」(『集成』 8.4331), "隹(唯)王九年九月甲寅, 王命益公征眉敖. 益公至告. 二月, 眉敖至見, 獻(獻)賣(帛). 己未, 王命中(仲)侄(致)歸(饋)乖白(伯)鰯裘. 王若曰, 乖白(伯), 朕(朕)不(丕)顯且(祖)玟(文)珷(武)雁(膺)受大命. 乃且(祖)克桒(弼)先王, 異(翼)自它邦, 又(有)芇(當)于大命. 我亦弗宋(深)亯(享)邦. 易(賜)女(汝)鰯裘. 乖白(伯)搼(拜)韻(稽)首…."

며[116] 주 왕실에 정치적으로 복속하게 했다. 주왕의 명령을 대행하는 구보 일행에 남방의 각 방(邦)들은 모두 헌물을 바치고 복역했으며, 사행은 선왕 18년 정월에서 4월까지 4개월 동안 진행되었다.[117] 구보가 회이를 시찰한 것은 일종의 군사적 행동이었고, 회이가 그들을 맞이한 것은 정치적 복속을 의미했다.[118] 회수 근처 여러 방(邦)에 속한 자들이 구보 일행을 어떤 형태로 받아들였는지 알 수 없지만, 회이는 주왕의 권위를 대표하는 이들 사자에게 헌물을 바치며 복종했다. 이렇게 주왕이 사자를 파견해 지방 제후를 감찰하거나 주 왕실의 정치적 영향력을 확대·유지했고, 이런 점에서 왕이 파견한 사자는 당시 지방 각 집단이 맞이했던 가장 대표적인 '영빈(迎賓)'의 대상이었다.

2) 영빈 장소와 의례 절차

『의례』「빙례」 항목에는 손님[賓]을 맞이하거나 손님으로서 방문할 때 행해야 할 의례 절차에 대한 자세한 설명이 있다.[119] 『의례』에 보이는 빙례 절차를 선진 시기에 그대로 행했다고 보기는 어렵다.[120] 다만 후

116 白川靜, 『金文通釋』(『白川靜著作集 別卷: 金文通釋』, 平凡社, 2004 所載) 6, 「補8. 駒父盨蓋」, p.222.

117 「駒父盨蓋」(『集成』 9. 4464), "唯王十又八年正月, 南中(仲)邦父命駒父𣪕(即)南者(諸)灰(侯). 率高父見南淮尸(夷). 氒(厥)取氒(厥)服, 堇(謹)尸(夷)俗, 㒸(遂)不敢不茍(敬)畏王命. 逆見我, 氒(厥)獻(獻)氒(厥)服. 我乃至于淮, 小大邦亡敢不炊具(俱)逆王命. 三(四)月, 還至于[illegible](蔡). 乍(作)旅盨, 駒父其萬年, 永用多休."

118 駒父의 사행의 특징과 그 의미는 김정열, 『서주 국가의 지역정치체 통합 연구』, pp.193-195 참조.

119 『儀禮』(李學勤 主編, 『儀禮注疏』, 北京大學出版社, 1999) 卷19, 「聘禮」, pp.362-433 참조.

120 일반적으로 선진 시기 빙례 절차는 『儀禮』에 기초해서 이해하지만(高木智

술하듯이 『춘추좌전(春秋左傳)』 기록에 따르면 춘추시대 주 왕실은 물론 제후국 간에는 정기적인 빙문은 물론 여러 목적으로 상호 빙문했다. 빙문에서 가장 중요한 절차는 방문국의 도성에 들어가 묘(廟)에서 옥을 교환하는 의례였다. 옥의 교환은 주고받는 자세의 높낮이까지 중시했는데, 이는 사신이 지(贄)로서 들고온 규(圭)·장(璋)·벽(璧) 등은 자국의 종묘에서 꺼내온 것으로 그 옥기는 방문국의 종묘에 바치는 예물이자 자국의 조상신이 함께 빙문하러 왔음을 상징하는 매개물이기 때문이다. 그렇다면 서주시대 방문객을 맞이하는 장소와 절차는 어떠했을까?

서주시대 각지의 제후 등이 조근이나 책명을 위해 주 왕실을 방문했을 경우, 이들을 공식적으로 맞이해 의식을 치르는 장소는 왕실의 궁이었다. (가)-②와 같이 때로 금문에 의식을 치른 장소가 기록되어 있는데, 서주 금문에 보이는 책명 및 왕의 알현은 대개 호경(鎬京)에 위치한 태묘(太廟)나 주원(周原)에 있었던 강궁·소궁·목궁(穆宮)·이궁(夷宮) 등에서 진행되었다. 비록 금문에 보이는 궁은 그 종류가 다양하고[121] 위치와 성격이 불분명하지만, 당시 궁은 정치적 핵심 공간이자 대개 조상신의 위패를 모신 사당과 궁전의 기능이 복합된 건물이었다.[122]

見, 「春秋時代の聘禮について」, 『東洋史研究』 47-4, 1989, pp.113-116), 『의례』의 복잡한 의례 절차가 서주시대는 물론 춘추시대에 실제로 행해졌는지는 좀 더 신중한 접근이 필요하다.

121 서주 청동기 명문에 보이는 궁은 ㉠ 주왕이 거주하는 건물, ㉡ 조상의 위패를 모신 廟, ㉢ 기타 관명이나 인명으로 지칭되는 건물로 나눌 수 있다. 궁이 언급된 99건의 명문에 모두 45개의 궁이 확인되는데, 그 기능과 성격은 서로 다르다(Li Feng, *Bureaucracy and the State in Early China: Governing the Western Zhou*, pp.114-118).

122 Wu Hung, *Monumentality in Early Chinese art and Architecture*(우훙, 『순간과 영원: 중국고대의 미술과 건축』), pp.228-235.

특히 호경에 위치한 태묘 및 주원 지역의 강궁·소궁·목궁·이궁 등은 모두 조상의 위패를 모신 사당의 성격을 띠고 있었다.[123]

(가)-②의 응후견공종(應侯見工鐘)과 강정(康鼎)의 명문을 보면 주왕을 알현하거나 책명을 받은 장소로서 강궁이 명시되어 있는데, 이곳은 강왕(康王)의 위패를 모신 궁이다. 예상컨대 왕을 알현한 응후 견공이나 책명 대상자인 강(康)은 정해진 절차에 따라 강궁의 정문으로 들어가 정(庭)으로 나아갔을 것이다. 특히 응후 견공과 강 모두 혼자서 강궁으로 들어가지 않고 우자(右者)인 영백의 매개하에 주왕을 만났다.[124] 주왕을 알현할 때 주왕과 대상자가 직접 만나지 않고 중개하는 매개자가 필요했다는 점은 기본적으로 주왕과 외부인 혹은 일반 신료 사이에 일정한 거리가 존재했음을 의미한다.[125] 조상신을 모신 태묘·궁에서 진행되는 의식에서 주왕은 조상신의 권위를 대변하는 존재였기에 주왕과의 대면은 곧 선왕의 영전(靈前)으로 나아가는 행위를 의미했다. 상대 정인(貞人)이 신과의 매개자 역할을 했던 것처럼,[126] 서주

123 Li Feng, *Bureaucracy and the State in Early China: Governing the Western Zhou*, p.153.

124 일반적으로 右者는 주 왕실의 핵심 인물로 주왕을 알현하거나 책명을 받는 사람들을 주왕에게 인도하는 역할을 맡았다. 현재 확인 가능한 서주 금문 중 우자가 언급된 사례는 모두 71건으로, 총 41명의 우자가 보인다(Li Feng, *Bureaucracy and the State in Early China: Governing the Western Zhou*, pp.122-133 참조).

125 Edward L. Shaughnessy, "Western Zhou History," p.326. 물론 이런 거리감은 주왕이 자신의 독보적인 카리스마에 근거한 德으로 직접 통치하던 단계에서 관료 기구의 중재를 통해 간접적으로 권력을 행사하게 되었음을 의미하지만, 사당에서 진행되는 의식에서 우자를 두어 일반인과 조상신의 뜻을 대변하는 주왕 사이의 일정한 거리를 매개하게 했다는 점에서 다른 각도에서 그 의미를 찾을 필요가 있다.

126 Kwang-chih Chang, *Art, Myth and Ritual: The path to poltical authority in ancient China*, pp.51-54.

시기 신위(神位) 앞에 나아갈 때도 우자(右者)와 같은 일종의 매개자가 필요했다.

이처럼 서주 왕실을 방문하는 주요 이유였던 알현·책명·제사 등의 의식은 정치적 핵심 공간인 태묘·궁에서 진행되었고, 대개 궁은 조상의 위패를 모신 사당이었다. 왕실의 태묘나 궁에서 모든 의식을 거행할 때는 주왕이 선왕에게 행하는 의례 행위가 수반되었고,[127] 공식적인 의식 절차에서 주왕은 서주의 선왕을 대변하는 존재였다. 따라서 태묘나 궁에서 행하는 주왕과의 만남이나 의식은 주왕을 대면하는 것뿐 아니라 해당 공간에 모신 주 왕실의 조상신 앞으로 나아가는 행위였다. 자연히 주 왕실의 태묘·궁에서 진행된 공식적인 영빈 의식은 조상신 앞에서 행하는 제의의 성격을 띠게 되었다.

한편 왕의 사자가 사행을 갔을 경우 그를 맞이해 왕의 명령을 받는 공간 역시 기본적으로 조상신의 위패를 모신 궁이었다. 서주 제후국의 공간구조는 각기 다양한 형태를 띠었지만, 정치적 핵심 공간은 종묘와 제후의 거주 공간으로 구성되었다.[128] 특히 공실(公室) 일족이 거주했던 중심지에 위치한 종묘는 조상신과 씨족 공동체가 청동기와 신주(神主)와 같은 매개물을 통해 교통하는 종교적 공간이자[129] 중요 의례를 집행하는 정치적 중심지였다.

127 예컨대 태묘를 비롯한 사당에서 책명을 할 경우 주왕은 선왕에게 의례를 행한 후 책명을 내렸고, 이는 책명 절차가 조상신의 승인하에서 이루어졌음을 의미했다(Li Feng, *Bureaucracy and the State in Early China: Governing the Western Zhou*, pp.142-143 참조).

128 Li Feng, *Bureaucracy and the State in Early China: Governing the Western Zhou*, p.244, 圖30 참조.

129 Maria Khayutina, "The Sacred Space of an Aristocratic Clan in Zhou China(11th-3rd Centuries B.C.) under Transformation: An Attempt at Interpretation," *Göttinger Beiträge zur Asienforschung* 2-3, 2003, pp.112-113.

2009년 5월 산서성(山西省) 익성(翼城) 대하구(大河口) 서주 묘지에서[130] 발견된 상우(尙盂) 명문은 주 왕실 이외 지역에서 주왕이 보낸 사자를 맞이하는 절차를 확인할 수 있는 가장 좋은 예다. 상우(尙盂)는 제1017호 묘 곽실(槨室) 안 묘주의 머리 부근에서 발견되었고, 청동기 형태의 특징으로 미루어 서주 중기 목왕(穆王) 전후 시기로 추정된다.[131] 명문은 모두 10행 116자로서, 그 내용을 살펴보면 다음과 같다.

(다)-①: 3월에 왕께서 백고(伯考)를 보내 상(尙)의 공적을 면려(勉勵)[蔑曆]하게 하시며, 유울(柔鬱)·방창(芳鬯)·장(鬯+將)을 보내셨다. 상은 절하고 머리를 조아렸다. 머리를 조아린 후 빈(賓)을 인도해 [술을] 권했다[贊].[132] 빈(賓)이 호랑이 가죽을 바치고 장(璋)을 받들어 올렸다. 다음날 빈(賓)에게 [왕께 아뢸 말을] 고해, "천자의 은총에 절하고 머리를 조아리며, [저는] 아무 공적도 없으며 어리석으며 힘을 다했을 뿐입니다" 하고, [왕께 드릴] 장(璋)을 주었다.[133] 빈(賓)을 보냄에 [술을] 권

130 大河口 유적의 발굴 현황과 그 주요 특징은 金正烈, 「橫北村과 大河口: 최근 조사된 유적을 통해 본 西周時代 지역정치체의 양상」, 『東洋史學硏究』 120, 2012, pp.9-25, 尙盂 銘文에 보이는 霸伯의 성격에 대한 논의는 沈載勳, 「大河口 霸伯墓 출토 西周 청동예악기 파격의 양면성」, 『東洋史學硏究』 125, 2013 참조.

131 李學勤, 「翼城大河口尙盂銘文試釋」, 『文物』 2011-9, p.67.

132 '禼'은 '贊' 혹은 '宥'의 의미로서 小盂鼎의 명문에도 '禼賓'이라는 표현이 보인다(馬承源 主編, 『商周靑銅器銘文選』 3冊, p.43 注19 참조).

133 李學勤은 이때의 璋은 전날 使者가 준 璋을 돌려준 것으로 보았으나, 전날의 璋은 사자 伯考가 霸伯 尙을 私覿하면서 준 예물이고, 이후 霸伯 尙이 그에 대한 답례를 하는 점으로 미루어 이때 璋은 서주 후기 책명을 받은 제후가 주왕에게 圭를 바치는 의례 절차와 같이 사자를 통해 주왕에게 바치는 옥기로 추정된다(孫慶偉, 「尙盂銘文與周代的聘禮」, 復旦大學出土文獻與古文字硏究中心網站(http://www.gwz.fudan.edu.cn), 2012年 1月 1日, pp.10-11).

하고 물고기와 가죽을 각각 주고 장(璋)과 말을 주었다. 다시 옥으로서 모시었다. 빈(賓)이 나가심에 조(俎)로써 다시 권하고 패백(霸伯)은 다시 옥과 수레를 주었다. 빈(賓)이 나가심에 패백이 빈(賓)을 교(郊)에서 전송하고 또 빈(賓)에게 말을 주었다. 패백은 절하고 머리를 조아려 왕의 은총을 찬양했다. 이에 보배로운 우(盂)를 만드니, 자손 대대로 만년토록 영원히 보배롭게 여길지라.[134]

비록 어느 왕인지 명시되지 않았지만, 주왕은 패국(霸國)의 백(伯)인 상(尙)의 공로를 치하하기 위해 백고(伯考)를 패국으로 보냈다. 주왕의 명령을 전하는 백고에 대해 패백 상은 절하고 머리를 조아리는 예를 행했는데, 이는 사자에게 주왕에 대한 의례를 행했음을 의미한다. 사자의 공식 임무가 완료된 후 패백 상은 사자에게 술을 접대하고, 이에 백고는 호랑이 가죽과 장(璋)을 선물로 주었다. 다음날 패백 상은 주왕에 보답하는 말과 옥기를 사자에게 전달하는데, 이때 역시 패백 상은 주왕에 대한 예로 사자를 대했을 것이다. 임무를 마친 사자가 돌아가려 하자, 다시 술과 음식, 장(璋)과 말·수레를 접대하고 빈(賓)을 전송했다. 백고는 돌아가기 전 절차에 따라 패국의 송별연을 받고 돌아가기 위해 정치적 핵심 공간을 벗어나 교(郊)에 이르렀는데, 패백 상은 교까지 전송하며 각 단계마다 의례를 행했다. 교는 패국의 외곽 지

134 李學勤, 「翼城大河口尙盂銘文試釋」, p.67, "惟三月, 王史(使)白(伯)考蔑尙厤, 歸柔芍(鬱)·旁(芳)鬯·臧(漿), 尙拜稽首. 旣稽首, 延賓, 𧶠(贊), 賓用虎皮爯(稱)毁(饋), 用章(璋)奉. 翌日, 命賓曰: 拜稽首天子蔑, 其亡厤, 敢敏. 用章(璋). 遣賓, 𧶠(贊), 用魚皮兩側毁(饋), 用章(璋)先馬. 邍(原)毁(饋), 用玉. 賓出, 以胆(俎)或(又)延, 白(伯)或(又)邍(原)毁(饋), 用玉先車. 賓出, 白(伯)遣賓于蒈(郊), 或(又)舍賓馬. 霸白(伯)拜稽首, 對揚王休, 用作寶盂, 孫子子其萬年永寶."

역으로서 패백 상이 사자를 전송하는 의례를 행했던 마지막 지점이자, 사실상 패국의 경계로 인식되었던 지역이다. 이렇게 패백 상은 각 단계에 따라 영빈 의례를 행했는데, 이런 절차는 『의례』「빙례」의 절차와도 유사하다.

특히 두 사람이 의례를 행하는 공간은 구체적으로 명시되지 않았지만, 패백 상이 백고를 맞이해 주왕의 하사를 받았던 장소나 머리를 조아리는[稽首] 예를 마친 후 술로써 백고에게 향례를 행했던 곳은 모두 패국의 핵심 공간이자 선조의 위패를 모신 종묘로 보인다. 그리고 당시 왕의 사자에게 향례를 행하는 데 사용하기 위해 제작된 청동 기물은 모두 종묘에 보관했다가 제사에 사용하는 물건이었다. 주왕의 사자였던 백고는 첫째 날 패국에 도착해 그 종묘에서 주왕의 명을 전했고, 그다음 날 떠나기 전에 패백 상에게서 주왕에게 전할 말과 장(璋)을 받았는데 이 의식도 패국의 종묘에서 조상의 영전(靈前) 앞에서 진행되었다고 볼 수 있다. 주 왕실 이외 지역에서 빈객을 맞이할 때도 공식적인 영빈 의례는 모두 종묘를 중심으로 진행되었다. 자연히 주 왕실에서의 영빈 의례와 마찬가지로 왕의 사자를 맞이했던 제후국의 영빈 절차 역시 기본적으로는 조상신 앞에서 행하는 제의의 성격을 띠고 있었다.

3) 향례(饗禮)와 예물 증여의 의미

앞서 살펴본 대로 서주시대 의례가 행해지는 종교적 공간과 정치적 공간은 구분되지 않았고, 영빈 의례는 기본적으로는 조상의 신위 앞에서 행하는 제의의 성격을 띠고 있었다. 이러한 영빈 절차에는 두 가지 공통점이 있는데, 그것은 바로 영빈을 할 때 주빈(主賓)에 대해 향례를 베풀거나 상호 예물을 증여했다는 점이다.

(1) 영빈과 향례

서주시대 청동기 예기는 대개 신과 사람과의 교류와 연합에 필요한 술과 음식을 담는 용기로서 의례상 중요한 의미가 있었다. 일반적으로 명문의 맨 마지막 헌사(獻辭)에는[135] 해당 청동기의 용도가 간단히 명시되어 있는데, 청동기 제작자가 언급한 기물의 용도는 선친이나 황고(皇考) 등 종묘에 모신 조상에게 제사하거나 자신과 후손들의 장수와 복록(福祿)을 기원하기 위해 쓰는 경우가 대부분이다.

(라)-① 

『集成』 6.3731

(라)-② 

『集成』 10.5429.1

(라)-③ 

『集成』 15.9712

그런데 매숙혼궤(妹叔昏簋) 명문인 "의숙(義叔) [illegible]이 비로소 이(彝)를 만들었다. 이로써 빈(賓)을 향(饗)하고자 한다"[136]와 같이 일부 서주 청동기는 종묘를 방문하는 손님에게 향례를 행하기 위한 용도로 제작되었다. 금문에 보이는 '향(饗)'자는 (라)-①~③에서 보듯이 청동기를 사이에 두고 두 사람이 마주 앉아 있는 형태로서, 향례는 기본적으로 조상신에 올린 음식이나 술을 함께 먹고 마시는 행위를 의미한다.

특히 현재 발견된 서주 청동기 중에는 왕의 사자에게 향례를 베풀기 위한 용도로 제작된 경우가 종종 보인다. 다음의 사례를 보자.

135 명문은 대개 다음의 네 가지 요소로 구성되어 있다. ① 날짜와 장소, ② 제작자와 관련된 사건, ③ 사여 내용, ④ 獻辭에 대한 기록으로 대별할 수 있다(Edward L. Shaughnessy, *Sources of Western Zhou History: Inscribed bronze vessels*, University of California Press, 1991, pp.76-85 참고).

136 「妹叔昏毁」(『集成』 6.3695), "義弔(叔)[illegible]肇(肇)乍(作)彝. 用鄉(饗)賓."

(라)-④: [소]왕이 초(楚)를 정벌하시고 백무보(伯懋父)가[137] 염지(炎地)에 주둔했다. 9월 기사패(既死霸) 정축일에, 작책측령(作册夨令)이 왕강(王姜)에게 음식을 진헌하자, 왕강께서 작책측령에게 조개 10붕과 신하 10가(家), 격(鬲) 100인을 상으로 하사하시어, 공윤(公尹) 백정보(伯丁父)로 하여금 수(戍)에서 하사하게 하시니 수(戍)의 기(冀)에서 [왕강의 명령을] 집행해 완수했다. 령(令)은 위대하신 왕의 은총을 찬양하고 정공(丁公)께 성스러운 보제(報祭)를 거행해 후인들에게 복음(福蔭)이 머물게 하고자 했다. 정공에게 보제를 지낼 때 령(令)은 이로 인해 위대한 왕을 깊이 송양(頌揚)하고 위대한 왕의 은총을 칭송했다. 이에 정공께 제사드리는 보배로운 궤(簋)를 만드니, 이로써 황종(皇宗)을 받들어 섬기며, 왕의 '逆適'를 향(饗)하며, 관속[僚屬]들을 향(饗)하고자 하니, 부자(婦子) 및 후인들은 영원토록 보배롭게 여길지니라. 준족(雋族) 작책(作册).[138]

(라)-⑤: 卯는 보배로운 궤(簋)를 만들어, 왕의 '逆洀事'를 향(饗)하고자

137 唐蘭은 '隹(唯)王于伐楚, 白(伯)才(在)炎'으로 읽고 '伯'은 당시 卿士였던 伯懋父를 가리킨다고 하며, 이 시기를 昭王 16년의 일로 추정했다(박원규·최남규, 『中國古代 金文의 이해』, 신아사, 2009, pp.240-241 참고). 반면 馬承源은 '隹(唯)王于伐楚白(伯), 才(在)炎'으로 句讀하여 昭王이 楚伯을 정벌하고 중도에 炎에서 주둔하고 있던 시기로 해석했다(馬承源 主編, 『商周青銅器銘文選』 3冊, p.66). 炎은 召尊의 명문에도 보이는 지명으로 楚와 가까운 지역으로 추정된다. 당시 楚의 수장을 伯이라 칭했는지 분명치 않으므로, 본서는 唐蘭의 견해를 따랐다.

138 「作冊夨令毁」(『集成』 8. 4301), "隹(唯)王于伐楚, 白(伯)才(在)炎. 隹(唯)九月既死霸丁丑, 乍(作)册夨令隮(尊)宜(宜)于王姜. 姜商(賞)令貝十朋, 臣十家, 鬲百人. 公尹白(伯)丁父兄于戍. 戍冀嗣(司)乞(訖). 令敢顯(揚)皇王宦. 丁公文報, 用頧(稽)後人亯(享). 隹(唯)丁公報, 令用弆(深)㡴皇王. 令敢㡴皇王宦. 用乍(作)丁公寶毁(簋). 用隮(尊)史(事)于皇宗. 用鄉(饗)王逆適. 用匓寮(僚)人, 婦子, 後人永寶. 雋册."

한다.[139]

(라)-⑥: 仲爯은 이 보배로운 이(彝)를 만들어, 왕의 '逆𢓊'를 향(饗)하고자 한다.[140]

(라)-⑦: 백자보(伯者父)는 보배로운 궤(簋)를 만들어, 왕의 '逆䢔'를 향(饗)하고자 한다.[141]

(라)-⑧: 叔趯父가 다음과 같이 말했다. "나는 늙어서 일을 감당하지 못한다. 너는 근신해 자신을 수습(修習)하여라. 자신을 어린 후생[小子]으로 여길 필요는 없다. 내가 너에게 이 울창주를 담는 작은 이(彝)를 주겠다. 너는 이것으로 너의 군주 기후(軝侯)의 '逆㴑'와 [왕의 명령의] 출납을 맡은 자들을 향(饗)하여라. 오호라, 삼갈지어다. 이 작은 이(彝)를 놓쳐 잃어버리지 않도록 하며, 나를 만날 때 이를 사용하여 너와 같이 마시리라."[142]

(라)-⑨: 위(衛)가 문덕이 높으신 [선친] 기중(己仲)의 보배로운 鬳을 처음 만들었다. 이것으로 장수와 영원한 복[福佑]을 기원하며 이것으로 왕의 [명령을] 출납하는 사인과 여러 붕우(朋友)를 향(饗)하며, 자손들 영원히 보배롭게 여길지라.[143]

139 「𠨱毁」(『集成』 6.3731), "𠨱乍(作)寶毁(簋), 用鄉王逆逈事."

140 「仲爯毁」(『集成』 7. 3747), "中(仲)爯乍(作)又〈氒(厥)〉寶彝. 用鄉(饗)王逆(逆)𢓊."

141 「伯者夫毁」(『集成』 7. 3748), "白(伯)者父乍(作)寶毁(簋). 用鄉(饗)王逆䢔."

142 「叔趯父卣」(『集成』 10. 5428-5429), "弔(叔)趯父曰, 余考不克御事. 唯女(汝)焂諆(其)敬辪乃身, 母(毋)尚(常)爲小子. 余皃(貺)爲女(汝)丝(兹)小𩰫(鬱)彝, 女(汝)諆(其)用卿(饗)乃辟軝厌(侯)逆㴑出內事人. 烏(嗚)虖(呼), 焂敬𢦏(哉), 丝(兹)小彝妹吹見, 余唯用諆𠊨畐(福)女(汝)."

143 「衛鼎」(『集成』 5.2733), "衛肇(肇)乍(作)氒(厥)文考己中(仲)寶䵼(鬳). 用𣴎𦔻(壽), 匄永福, 乃用鄉(饗)王出入事(使)人, 眔多倗(朋)友, 子孫永寶."

(라)-④~⑨의 공통점은 해당 청동기의 용도로서 왕의 사자에게 향례를 행하는 내용이 포함되어 있는 점이다. (라)-④는 소왕(昭王) 시기 작책측령이 왕강에게 음식을 진헌하고 그 보답으로 상사를 받은 일을 기념하기 위해 제작한 명문으로서, 청동기의 용도는 선친인 정공 및 종실을 섬겨 모시는 일과 왕실에서 보낸 사자[逆遖]와 동료들에게 향례를 행하는 일에 사용하는 것이었다. (라)-⑤~⑦은 모두 왕이 보낸 사자에게 향례를 행하는 용도로 제작된 청동기의 명문으로서, 그 형식이 동일하다. (라)-⑧은 숙趯보(叔趯父)가 자신의 후계자를 권면하기 위해 울창주를 담는 이(彝)를 제작하여 선물한 것인데, 그 용도는 기후(軧侯)나 왕이 보낸 사자에게 향례를 행하는 데 있었다. 아울러 자신과 만날 때 이를 사용하여 함께 마시자고 언급하며 숙趯보(叔趯父) 자신 역시 향례를 행하는 대상에 포함시켰다. (라)-⑨는 위(衛)가 선친 기중에게 제사지낼 때 사용하는 청동기의 명문으로, 이 청동기는 제사지낼 때 장수와 복을 기원하는 매개물이었지만 왕의 사자나 붕우(朋友)들에게 향례를 행하는 데 사용한 예기이기도 했다.

서주 금문에 보이는 향례의 대상은 (라)-⑨처럼 여러 붕우(朋友)이지만, 때로 (라)-④처럼 동료도 그 대상에 포함되었고, (라)-④~⑨에 모두 포함된 왕의 사자 역시 청동기를 사용하여 향례를 행하는 주요 대상이었다. 예컨대 七年趞曹鼎은 趞曹가 공왕(恭王) 7년에 반궁(般宮)에서 왕에게 여러 하사품을 받은 일을 기념하기 위해 만든 정(鼎)인데, 그 실질적인 용도는 붕우(朋友)들에게 향례를 행하는 데 있었다.[144] 그렇다면 서주시대 빈(賓)을 맞이하여 청동기를 사용하여 행하는 향례는 어떤 의미가 있었을까?

144 「七年趞曹鼎」(『集成』 5.2783), "…用乍(作)寶鼎. 用鄉(饗)倗(朋)各(友)."

아래 효준(效尊)과 삼년홍호(三年瘨壺)의 명문은 주인과 손님 간에 행한 향례 절차가 비교적 자세하게 남아 있다. 주목할 사실은 향례에서 예주(醴酒) 혹은 울창주가 필수 항목이었다는 점이다.

(라)-⑩: 4월 초 길일인 갑오일에, 왕께서 상(嘗)에서 관(雚)하셨다.[145] 공동궁(公東宮)이[146] 왕께 향(饗)을 올리니, 왕이 공(公)에게 조개 50붕(朋)을 하사하셨다. 공께서 그 세자인 효(效)에게 왕이 내린 조개 20붕을 주셨다. 효가 공의 은총을 찬양하고 이에 보배로운 준이(尊彝)를 만드노라.[147]

(라)-⑪: [서주 의왕] 3년 9월 정사일에 왕이 정(鄭)에서 예주(醴酒)를 향(饗)하시었다. [왕께서] 괵숙(虢叔)에게 홍(瘨)을 불러오게 하시고 양고기[羔俎]를 하사하셨다. 기축일에 왕은 구릉(句陵)에서 향례를 행하여 술을 받으셨다. [왕께서] 사주(師壽)에게 홍(瘨)을 불러오게 하시고

145 '雚'에 대해서는 '觀'으로 보아 嘗地의 지명으로 이해하거나, '館'의 假借字 혹은 '觀'으로 읽고 遊觀의 의미로 해석하는 등 의견이 분분하다. 白川靜은 甲骨文에서 商王이 조상에 제사지낼 때 '雚'을 행했다는 점을 지적하며, 雚을 修祓하는 의례로 설명했다. 즉, 『國語』「周語」에 藉田을 행하기 전에 울창주를 마심으로써 재계했던 것과 같이, '王雚于嘗'에서 '雚'은 왕이 嘗에서 특정 의례를 행하기 위해 祼禮를 통해 재계하는 의식을 의미한다고 본 것이다(白川靜, 『金文通釋』 2 「81. 效尊」, pp.88-91). 이하 내용에서 公東宮은 왕에게 饗을 바치고 조개 50朋이라는 비교적 많은 하사품을 받는데, 公東宮은 바로 雚의 절차에 필요한 울창주를 바쳐서 왕을 饗한 것으로 짐작된다. 이런 점에서 본서는 '雚'을 재계 의식의 일종으로 보고자 한다.

146 公大保와 같이 '公 + 官名' 형태의 인명이다. 이 경우 관명은 東宮得臣, 南宮括과 같이 성씨화되었을 것이다(白川靜, 『金文通釋』 2 「81. 效尊」, p.92).

147 「效尊」(『集成』 11.6009), "隹(唯)三(四)月初吉甲午, 王雚于嘗. 公東宮內(納)鄉(饗)于王. 王易(賜)公貝五十朋, 公易(賜)氒(厥)涉(世)子效王休貝廿朋. 效對(對)公休, 用乍(作)寶隮(尊)彝…."

돼지고기[彘俎]를 하사하셨다.[148]

(라)-⑩은 효유(效卣)에도 동일한 명문이 보이며,[149] 주왕이 상(嘗)으로 가서 '관(雚)'을 행했을 때 왕에게 향례를 올린 공동궁(公東宮)의 세자 효(效)가 제작한 청동기에 새겨진 명문이다. 공동궁은 출행한 왕을 맞아 '관(雚)'을 하는 데 필요한 술을 올려 왕에게 향례를 행했다. (라)-⑪은 1976년 섬서성(陝西省) 부풍현(扶風縣)의 장백(莊白) 1호 갱에서 출토된 103건의 기물 중 하나로서, 미백(微伯) 흥(㾜)이 주왕으로부터 두 차례에 걸쳐 제기를 받은 일을 기념한 청동기에 새겨진 명문이다. 주왕은 정(鄭)이나 구릉(句陵)에서 향례를 행했는데, 모두 예주(醴酒)를 사용했다.

서주시대 의례 절차에서 예주 혹은 울창주를 마시는 행위는 수불(修祓)의 의미가 있었다. 예를 들어 소우정(小盂鼎) 명문을 보면, 노획물과 전장에서 베어 온 적의 귀[馘]를 바치는 의례에 참가하기 위해 온 방빈(邦賓)을 맞이하며 가장 먼저 관례(祼禮)를 행했다. 관례의 대상은 우(盂)·명백(明伯) 등을 비롯하여 이 의례에 참석하는 여러 대신·방빈(邦賓)·군(君)들 모두였다.[150] 즉, 의례 시작 전 새벽 미명에 대신인 삼좌(三左)·삼우(三右)와 여러 방군은 술을 마시는 관례를 행했고, 관례를 마친

148 「三年㾜壺」(『集成』 15.9726－9727), "隹(唯)三年九月丁子(巳), 王才(在)奠(鄭), 鄉(饗)醴. 乎(呼)虢弔(叔)召㾜, 易(賜)羔俎. 己丑, 王才(在)句陵, 鄉(饗)逆酉(酒). 乎(呼)師壽(壽)召㾜, 易(賜)彘俎. …."

149 「效卣」(『集成』 10.5433), "隹(唯)三(四)月初吉甲午, 王雚于嘗. 公東宮內(納)卿(饗)于王. 王易(賜)公貝五十朋. 公易(賜)氒(厥)涉子效王休貝廿朋. 效對(對)公休, 用乍(作)寶隮(尊)彝. 烏(嗚)虖(呼), 效不敢不邁(萬)年夙(夙)夜奔走䚄(揚)公休, 亦其子子孫孫永寶."

150 白川靜, 『金文通釋』「62. 小盂鼎」, pp.687－702 참고.

후 종묘에 들어가 전리품을 바치는 의례를 시작했다.[151] 이렇게 종묘에서 의례를 행하기 전에 울창주를 마시는 행위는 일종의 재계의식이었다.

향례를 행할 때 재계의식과 같이 제주(祭酒)를 사용했던 이유는 당시 제주의 향음을 통해 악한 요소를 제거할 수 있다고 믿었기 때문이었다. 가령 주공의 아들 명보(明保)는 선왕들에게 제사를 마친 후 성주(成周)로 돌아와 항사(亢師)와 령(令)에게 울창주·금·소를 주며 불제(祓祭)를 지낼 것을 명했는데,[152] 불제는 조상에게 복을 구하고 부정을 제거하는 제사이며[153] 재계의식 때와 같이 울창주를 사용했다. 『시경(詩經)』 중 '재(齋)'자와 같은 연원에 있는 가차자 역시 대개 예주·울창주와 관련이 있는데,[154] 이는 예주·울창주와 같은 제주가 부정을 제거하는 정화 기능을 했음을 의미한다.

서주 중기 산거보(散車父)라는 자가 자신의 황모(皇母)를 위한 호(壺)를 만들고, 그것으로 길씨백거부(姞氏伯車父)를 맞이하며 자손 대대로 보배롭게 사용할 것이라는 산거부호(㪚車父壺)의 명문처럼,[155] 서주시대 빈(賓)에게 향례를 행하기 위해 제작된 청동기는 모두 영빈 의

151 「小盂鼎」(『集成』 5.2839), "隹(唯)八月既望(望), 辰才甲申, 昧喪(爽). 三𠂇(左)三右多君入服酉(酒). 明(明), 王各(格)周廟…."

152 夨令方尊의 명문을 보면, 소왕이 주공의 아들인 明保에게 명하여 內政[三事]과 外務[四方]를 管掌하여 모든 卿士와 僚友를 領導하게 하자, 그는 夨를 보내 周公廟에 고하게 했고 자신은 京宮과 康宮에 희생을 바쳐 선왕들에게 고한 후 성주로 돌아왔다. 그리고 그는 亢師에게 鬯·金·小牛를 하사하며 祓祭를 지내게 했고, 令에게도 鬯·金·小牛를 하사하여 祓祭를 지내게 했다(「夨令方尊」(『集成』 11.6016)).

153 馬承源 主編, 『商周青銅器銘文選』 3冊, p.16 참고.

154 柯鶴立(Constance A. Cook), 「古代中國的齋戒儀式與神性空間概念」, pp.660-661.

155 「㪚車父壺」(『集成』 15.9697), "㪚(散)車父乍(作)皇母𩰫(醒)姜寶壺. 用逆姞氏白(伯)車父其萬年, 子子孫孫永寶."

례와 관련이 있었다. 청동기를 사용하여 빈(賓)에게 향례를 하는 행위는 곧 빈(賓)을 종묘에 모신 조상신의 영전에서 제의의 형식을 통해 자신들의 공동체로 받아들이는 절차에 해당했다. 소우정(小盂鼎)에서 주왕이 종묘에 들어가기 전에 방빈(邦賓)들에게 관례(祼禮)를 행했던 것처럼 외부에서 온 빈(賓) 역시 종묘를 출입하기 위한 의례가 필요했다. 이런 점에서 조상신과의 교통을 매개하는 청동기에 정화 기능을 하는 술을 담아 빈(賓)과 함께 마시는 향례는, 외부 세계에서 온 부정적인 요소를 정화하여 자신들의 신(神)·인(人) 공동체로 맞아들이기 위한 의례 절차로 이해할 수 있다. 즉, 주 왕실과 제후국을 방문할 때 제일 먼저 종묘에서 향례를 행했다면, 향례는 조상신을 모신 일종의 '성소(聖所)'로 빈(賓)을 맞이하기 위한 일종의 통과의례였던 것이다.

(2) 영빈과 예물의 증여

서주시대 영빈 의례의 주요 특징 중 하나는 주인과 빈(賓)이 서로 예물을 증여한다는 점이다. 예컨대 (다)-①의 상우(尙盂) 명문에서 주왕이 보낸 백고와 패백 상은 서로 옥기를 비롯한 여러 가지 예물을 주고받았다. 특히 패백 상은 우를 만들면서 백고를 빈(賓)이라 표현했는데, 이는 그를 주빈(主賓)으로 맞이하여 영빈 의례에 따라 그를 대했음을 뜻한다. 그렇다면 주인과 주빈은 왜 예물을 증여했으며, 그 의미는 무엇이었을까?

서주 금문에 보이는 '빈(賓)'자는 때로 '빈객', '방빈(邦賓)'이라 하여 주왕으로부터 '빈(賓)'으로 대우받는 자를 지칭하기도 했지만, 주로 주왕을 포함한 윗사람이 보낸 사자를 영빈 의례에 따라 맞이하고 예물을 증여하는 행위를 의미했다.[156] 다음은 그 대표적인 예다.

156 서주 금문에 보이는 '賓'의 용례에 대해서는 豊田久, 「成周王朝と〈賓〉(1): 西

(마)-①: 19년에 왕이 庈에[157] 있었다. 왕강(王姜)께서[158] 작책(作册) 경(睘)에게 명하여 이백(夷伯)을 안무(按舞)하라고[安][159] 하셨다. 이백이 경을[160] 조개와 포(布)로써 빈(儐)했다. [경은] 왕강의 아름다움을 찬양하고 문덕(文德)이 높으신 아버지 계(癸)의 보배롭고 존귀한 예기를 만드노라.[161]

(마)-②: 12월 초 길일 임오일에 숙씨(叔氏)께서 포(布)에게 기백(𧴩伯)을 안무하게 하셨다. [기백은] 포(布)·말과 𣁋乘(?)으로써 빈(儐)했다.[162]

周青銅器銘文に現れた〈賓〉について」,『鳥取大學教育學部研究報告(人文·社會科學)』43-2, 1992, pp.97-106 참조.

157 庈은 주 왕실의 궁이 있던 곳으로서, 주왕은 이곳에서 '執駒' 의례를 행했다. 오늘날 眉縣에 위치했던 것으로 보인다(Li Feng, *Bureaucracy and the State in Early China: Governing the Western Zhou*, p.153).

158 '王姜'은 성왕의 왕후로서, 성왕 시기 기록 중 王姜·君·天君·皇辟君은 모두 동일인을 지칭한다. 왕강이 作册 睘을 파견한 곳은 姜姓인 夷國으로 볼 수 있다(陳夢家,『(陳夢家著作集) 西周銅器斷代』(上册), 中華書局, 2004, pp.61-62).

159 왕이나 왕후의 사자가 제후국으로 갈 때 그 동사는 '安·寧·使·省'이며, 이들은 대개 유사한 의미로 사용되었을 것이다. 여기서 '安'은 안무의 의미로 볼 수 있다(陳夢家,『(陳夢家著作集) 西周銅器斷代』(上册), p.62 참고).

160 명문의 내용이 동일한 作冊睘尊에는 '尸(夷)白(伯)賓用貝·布'으로 기록되어 있으므로, 夷伯이 睘에게 貝·布를 준 것으로 해석할 수 있다.「作冊睘尊」(『集成』11.5989), "才(在)庈, 君令(命)余乍(作)冊睘安尸(夷)白(伯), 尸(夷)白(伯)賓用貝·布, 用乍(作)朕文考日癸肇(旅)寶. 亼"

161「作冊睘卣」(『集成』10.5407), "隹(唯)十又九年. 王才(在)庈. 王姜令乍(作)冊睘安尸(夷)白(伯), 尸(夷)白(伯)賓睘貝布, 𩵦(揚)王姜休, 用乍(作)文考癸寶隫(尊)器."

162「公貿鼎」(『集成』5.2719), "隹(唯)十又二月初吉壬午, 弔(叔)氏吏(使)貧(布)安𧴩白(伯). 賔(賓)貧(布)馬𣁋乘…."

(마)-①에서 작책(作册) 경(睘)은 왕후의 명을 받고 이국(夷國)에 파견된 사자였고, 이백(夷伯)은 주 왕실의 사자인 경(睘)을 빈(賓)으로 맞아 그에게 조개와 포(布)를 주었다. (마)-②에서도 포(布)는 숙씨(叔氏)가 보낸 사자였고 기백(員伯)은 그를 빈(賓)으로 맞아 포(布)·말 등을 주었다.[163] 왕이 보낸 사자에게도 당연히 빈(賓)으로 맞아 예물을 주었는데, 예를 들어 주왕의 명을 받아 오희(吳姬)에게 향기(饗器)를 증여한 이들에게 사(師)인 황(黃)과[164] 오희는 각각 장(璋) 한 개와 말 두 필, 비단을 주며 그들을 빈(賓)으로서 예우했다.[165]

이처럼 서주 금문에서 '賓(儐)'은 외부에서 온 빈객이자 그 빈객에게 예물을 주어 예우하는 영빈 의례를 의미했다. 결국 빈(賓)을 '빈(儐)'할 때 예물이 필요했다는 말인데, 서주시대 영빈할 때 예물을 증여한 이유를 검토하기 위해서는 '賓'의 본래 의미를 확인할 필요가 있다. 전술한 대로 갑골문에서 '빈(賓)'은 비록 다양한 용례가 있지만 기본적으로 제사를 지내는 사당에서 신을 맞이하는 행위를 의미한다. 또한 '빈(賓)'은 현세의 사람이 아니라 신령이나 조상신과 관련된 의미를 지니고 있다. 즉, 갑골문 중 '빈(賓)'은 상왕이 조상신이나 여러 신에게 제물을 바쳐 빈(賓)으로서 맞이하는 행위로서, 상왕은 이런 제사를 통해 신과 교통했다.

163 「緐毁殘底」 銘文에도 員伯은 왕의 명령을 받아 자신에게 온 繁에게 '□栜' 20, 貝 10朋으로 儐했다.

164 師黃에 대해 吳姬의 남편으로 추정하기도 하지만(馬承源 主編, 『商周青銅器銘文選』 3冊, p.236; 『金文今譯類檢』, pp.109-110), 분명치 않다. 다만 師 黃은 吳姬와 함께 주인으로서 賓인 萬을 맞이한 것은 사실이므로, 오희의 父親 혹은 남편으로 볼 수 있다.

165 「萬毁」(『集成』 8.4195), "唯六月既生霸亲(辛)巳, 王命萬眔弔(叔)緐父歸(饋)吳姬飴(饗)器. 自(師)黃賓(擯)萬章(璋)一, 馬兩, 吳姬賓(擯)帛束. 萬對(對)䚄(揚)天子休, 用乍(作)隮(尊)毁(簋). 季姜."

갑골문 중 '빈(賓)'이 신을 맞이하여 제물을 바치는 의미를 지니고 있다면, 서주시대 영빈 의례 중 '빈(賓·儐)' 역시 제의(祭儀)와 연관시켜 생각해야 한다. (마)-①과 (마)-②에서 주인인 이백(夷伯)·기백(員伯)은 경(睘)과 포(布)에게 예물을 주며 빈(賓)으로 맞이했다. 사자였던 경과 포는 왕강과 숙씨에게 명령을 받았지만, 사실 이들 사자는 왕강과 숙씨가 속한 종묘에서 신의 명령을 받아 그 신적 권위를 대행하는 자들이었다. 특히 주왕은 천명을 응수(膺受)한 '유일한 사람[余一人]'으로서, 서주 왕조와 왕실을 구성하는 권위를 수렴하여 체현한 권위의 원천이었기 때문에[166] 주왕이 파견한 사자는 바로 천명을 응수한 천자의 권위를 대행하는 자였다. 가령 주왕의 명을 받아 사(師) 황(黃)과 오희(吳姬)에게 파견된 만(𦮙)의 경우, 주인인 사(師) 황(黃)과 오희(吳姬)에게 빈(賓)인 만(𦮙)은 주왕의 신적 권위를 대신하는 존재였다. 이런 점에서 종묘에서 조상신의 명령을 받아 그 권위를 대행하는 사자를 빈(賓)으로 맞이하는 행위는 곧 사자를 파견한 조상신의 명령을 받아들이는 것으로 이해할 수 있다. 마치 상대 상제(上帝)와의 교통을 매개하는 조상신에게 제물을 바쳐 빈(賓)으로 예우했던 것처럼, 서주시대 왕·왕후가 파견한 사자에게 예물을 증여하며 영빈한 이유는 바로 사자가 천자와의 교통을 가능케 하는 매개자였기 때문이다. 다음에서 보듯이 소국(蘇國)에서 주왕의 사자였던 사송(史頌)에게 예물을 증여한 이유 역시 이런 맥락에서 이해할 수 있다.

> (마)-③: 3년 5월 정사일에 왕이 종주에서 사송(史頌)에게 소국(蘇國)을 시찰하라고 명령했다. [소국의] 瀏友와 이군(里君) 및 백성들이 무리를 이끌고 성주(成周)로 왔다. [사송이 맡았던] 일이 성공적으로 끝났

166 松井嘉德, 『周代國制の研究』, 汲古書院, 2002, pp.28-33 참고.

다. 소국에서 장(璋)과 말 네 필 및 길금(吉金)으로써 사송에게 빈(儐) 했다.[167]

사송의 사행 이후 소국에서는 灟友·이군(里君) 및 여러 무리가 성주로 알현하러 왔고, 소국에서는 주왕의 명을 받아 소국에 왔던 사송에게 장(璋)과 길금 및 말 네 필을 주며 빈(賓)으로서 예우했다. 사송은 천자를 대행하는 사자로서 소국과 주 왕실을 매개하는 자였기 때문에 소국에서는 사송에게 예물을 주며 빈(賓)으로서 예우했던 것이다. 상우(尙盂)의 명문에서도 주왕의 사자인 백고는 패국과 주 왕실을 중개한 매개자였고, 이에 패백 상은 주왕에 대한 예물과 함께 사자인 백고에게도 여러 예물을 주며 영빈했다.[168]

요컨대 서주시대 '빈(儐)'은 서로 다른 집단이나 세계를 연결하는 매개자에게 예물을 주며 빈(賓)으로서 예우하는 의미가 있었다. 사자와 같이 자신의 종묘를 방문한 외부인을 주빈으로 삼아 예물을 증여한 행위는 결국 주빈이 대행하는 신적 권위에 대한 의례이자, 그가 매개하는 상급 권위와 교통하기 위한 절차에 해당했다. 가령 주왕의 사자

167 「史頌毁」(『集成』 8.4229-4236), "隹(唯)三年五月丁子(巳), 王才(在)宗周, 令史頌復穌(蘇). 灟友里君百生(姓), 帥覨(偶)盩于成周. 休又(有)成事, 穌(蘇)賓(擯)章(璋), 馬三(四)匹, 吉金."

168 다만 尙盂 명문에서 주목할 점은 賓이었던 백고 역시 패국에서 베푼 향례에 대해 호랑이 가죽과 璋을 증여했다는 점이다. 伯考가 증여한 예물의 출처는 알 수 없지만, 호랑이 가죽과 璋은 贄見禮에서 사용하는 품목이자 霸伯 尙이 베푼 향례에 대한 답례로서 종묘에 바친 예물에 해당한다. 상주시대 문자 기록에는 주인이 예물을 주는 행위를 '賓'이라 표현했는데, 이때 예물을 받는 대상은 主賓이었다. 사자를 賓으로 대하며 玉帛 등의 예물을 주는 이유는 주인에게 사자가 주왕의 권위를 대행하여 主國과 주 왕실을 연결해주는 일종의 매개자였기 때문이지만, 尙盂의 경우 왕의 사자로서의 의례 외에 주빈으로서의 의례가 별도로 진행된 셈이다.

에게 옥기나 비단 등의 예물을 주며 영빈 의례를 행한 까닭은 사자가 천자를 대신하여 자신의 종묘를 방문했고 또한 그가 주 왕실과의 관계를 중개하는 매개자였기 때문으로 이해할 수 있다.

소결

상대 정치적 중심지는 특정 지역에 정착되지 않았다. 그렇다고 상왕이 일정한 구역을 자신의 근거지로 삼아 중시하는 인식이 없었던 것은 아니다. 갑골문에 왕이나 왕실에 속한 사람이 상읍을 출입할 때 그 시기나 장소 등 출입에 관한 세부 사항을 신의 뜻에 따라 결정했던 이유는 조상신의 보호가 있는 내부 공간을 벗어날 때 생기는 두려움을 극복하고, 외부에서 부정한 요소가 들어오지 못하도록 막아야 했기 때문이었다. 갑골문에 보이는 상대 국의 경계는 조상신과 교통하는 신령한 공간인 종묘-궁전의 출입문과, 滴水와 같이 조상신의 가호가 미치는 상읍의 외연으로 구분되며, 모두 신의 교통이나 가호를 기준으로 형성된 관념상의 경계였다.

외부 세계에 대한 경계의식으로 상대 사람들은 외부의 부정한 요소가 내부로 들어오지 못하도록 외부인 혹은 외부에서 들어오는 대상에 일종의 정화의식을 행했다. 상왕이 귀환하기 전이나 빈객이 종묘를 방문했을 때 향례를 행했던 것은 외부에서 온 사람들이 성소나 성역에서 조상신을 대면하기 위해 정화의 절차가 필요했기 때문이었다. 빈객에게 술을 사용한 향례는 사실 신에 대한 의례가 외부인에게 적용된 것이고, 이는 빈객의 방문이 한편으로 빈객이 속한 공동체의 신 역시 동행한 것으로 여겼음을 의미한다. 즉, 신에 대한 의례가 적용된 빈례는 사실상 빈객과 동행한 그들의 신에 대한 의례가 포함된 통과의례의 성격이 있었다.

이렇게 상대 경계의식과 경계 출입 절차에는 당시 사람들의 다른 세계[他界] 혹은 외부인에 대한 인식이 반영되어 있다. 다만 갑골문에 보이는 향례는 주로 제사의 대상인 여러 신에게 행하는 의례였고 사람에게 베푼 사례는 극히 일부에 불과하다. 상왕과 상 왕실에 속한 자들은 출정·사냥 및 시찰 등의 이유로 상읍을 벗어나 여러 지역으로 이동하며 활동했고, 갑골문 각사(刻辭)에서 보듯이 주변 지역에서는 갑골을 비롯한 주요 물자를 상읍에 공납했다. 그렇지만 상 왕실에서 빈(賓)으로서 접대했던 대상은 극히 일부에 불과하며, 갑골문에 보이는 접빈 의례는 대개 신에 대한 제사 의례에 해당했다. 이는 상읍에 들어온 모든 사람들에 대해 향례를 행하지 않았음을 의미한다. 향례는 주로 대정(大庭)이나 종묘에서 행한 제례의 일종이었으므로, 상 왕실에서는 상읍을 방문하여 종묘와 같은 정치적 핵심 공간을 출입하는 사람들에게만 향례를 행했을 것이다.

서주시대 금문에 보이는 사람의 왕래는 주로 왕실과 제후국을 비롯한 왕실 이외 집단 간의 왕래이고, 각각 일정한 절차에 따라 빈(賓)을 맞이했다. 제후 등이 왕실을 방문하는 경우로는 조근·하사·책명 의식을 위한 알현 또는 제사를 비롯한 왕실의 대사에 참여하는 일을 들 수 있다. 특히 제후가 책명을 받기 위해 주왕을 알현할 때는 우자(右者)의 매개하에 태실(太室)이나 정해진 궁에 들어갈 수 있었고, 제사에 참여할 때는 예주·울창주를 사용하여 관례(祼禮)를 행한 후에 궁으로 들어갔다.

주왕 역시 왕실을 떠나 여러 지역에서 활동하기도 했지만, 서주 금문에 보이는 주 왕실과 기타 지역 간의 왕래 사례는 대부분 주왕이 파견한 사자의 사행이다. 서주 시기 주왕의 사자에게 향례를 행하기 위해 종묘에서 사용하는 청동기를 별도로 제작했던 것처럼 주왕의 사자는 제후국에서 맞이한 가장 대표적인 '영빈'의 대상이었다. 제후국에서 공식적인 영빈 의례를 행한 장소는 조상신을 모신 종묘였고, 영빈 의례는 조상신까지 포함한 씨족 공동체가 빈(賓)을 맞이하는 절차에 해당했다. 빈(賓)에 대해 술을 사용한 향례를 행하거나 예물을 교환하는 행위 등은 사실 신에 대한 의례가 외부인에게 적용된 것이었다.

이렇게 서주시대 향례는 일족이나 사자가 방문했을 때 제주를 사용하여 빈(賓)을 자신의 신(神)·인(人) 공동체에 맞아들이는 제의의 일부였으나, 서주 후기 종묘 의례의 성격이 변하면서 향례는 제사를 지낸 후 진행되는 성대한 향연의 절차로 확대되었다. 춘추시대 열국 간의 빙문 절차에서도 향례는 여전히 제의의 형식을 지니고 있었다. 그렇지만 천자에 대한 향례인 구헌(九獻)을 초(楚)[169]·오왕(吳王)에게[170] 행했던 것과 같이 주왕의 의례적 권위는 더는 통하지 않게 되고, 조상신을 배알하기 위한 재계의 성격을 지닌 향례 역시 점차 빈(賓)에 대한 연회의 성격으로 변했다. 이는 나라의 안위를 결정하는 권한이 조상신에서 점차 실제적 권력을 장악한 세속 군주에게로 옮겨가기 시작했고, 그 결과 신(神)·인(人) 공동체를 방문하는 영빈 의례의 절차 역시 제의의 성격에서 벗어나기 시작했기 때문이었다.

사실 상주시대 문자기록인 갑골문과 금문은 그 성격상 대부분 왕실 일족 혹은 제후와 같은 핵심 정치세력과 관련된 내용이다. 이 때문에 현재로서는 당시 일반인의 이동이나 정치적 중심지 이외 지역의 상

169 『春秋左傳』(楊伯峻 編著, 『春秋左傳注』, 中華書局, 1981) 僖公 22, pp.399-400, "丙子晨, 鄭文夫人芈氏·姜氏勞楚子於柯澤. …丁丑, 楚子入饗于鄭, 九獻, 庭實旅百, 加籩豆六品. 饗畢, 夜出, 文芈送于軍. 取鄭二姬以歸."

170 『春秋左傳』 哀公 7, pp.1640-1641, "夏, 公會吳于鄫. 吳來徵百牢. …周之王也, 制禮, 上物不過十二, 以爲天之大數也. 今棄周禮, 而曰必百牢, 亦唯執事.' 吳人弗聽."

황을 확인하기는 어렵다. 단지 상대 주요 중심지의 정치적 위상이 변하면서 인구 이동이 진행되거나, 서주 제후의 책봉과 함께 대규모의 사민이 수반되는 등의 정치권력에 의한 대규모 인구 이동의 가능성을 추정해 볼 뿐이다. 아울러 서주 후기 종묘 의례가 일족 중심에서 다수의 청중이 참여하는 형식으로 변하면서, 의례에 참여하는 빈객의 왕래 역시 이전과 달리 다소 증가했을 것으로 짐작된다. 주 왕실을 방문하는 빈객 역시 주 왕실에 속한 제후 이외에 다양한 집단에서 주왕을 찾아와 알현했는데, 이들에 대해서도 일정한 의례 절차가 있었겠지만 현재 자세한 내용을 확인하기 어렵고 추후 과제로 남겨두고자 한다.

제3장

춘추·전국시대 경계 출입과 그 성격 변화

일반적으로 전근대 시기 전반에 걸쳐 우리가 국가라고 칭하는 경우, 일정한 영토와 그 지역을 행정제도에 의해 통치한다는 의미가 깔려 있다. 곧 군주가 일정한 영토를 지배하고 수도와 지방에는 중앙에서 파견한 관리가 배치되며, 군주의 통치는 법률과 제도에 의해 규제되는 상태를 일반적으로 국가라 칭한다. 그렇다면 국가는 최소한 원시사회부터 형성된 씨족질서가 해체되고, 관료와 행정제도에 근거한 군주권 확립 등의 요소가 갖추어져야 한다.[1] 주지하듯 중국 고대 사회에서 이런 조건이 형성되기 시작한 때는 전국시대 이후다. 춘추시대까지는 신석기시대부터 발전한 성읍 단위의 씨족 공동체가 중앙의 제사권력을 가진 군주를 정점으로 하여 누층적 연합·연맹 관계를 형성하고, 신의 체현을 자임하는 군주가 지배하는 단계로서, 앞서 언급한 국가의 요소가 확인되지 않는다. 그렇다면 일국의 정치·군사적 영향력이 미치는 범위인 강역의 외연을 국경이라 할 때, 중국 고대 사회에서 군주의 배타적 지배 범위를 나타내는 국경은 전국시대 이후에야 등장했다고 볼 수 있다.

1 김병준, 「국가의 성립과 발전」, 『동북아시아의 역사 I(자연환경-국제 관계)』, 동북아역사재단 엮음, 동북아역사재단, 2011, pp.173-176 참고.

그렇다고 춘추시대에 군주의 지배 범위를 나타내는 정치적 경계가 없었던 것은 아니다. 춘추시대 국의 공간 역시 종묘와 사(社)를 중심으로 하는 도성과 그 외부의 교(郊)는 그 성격이 달랐으며,[2] 도성 역시 정치적 행동을 취하는 각 단계에 따라 '종묘-공궁(公宮)-사(社)-문-구(衢)-규(逵)-형(衡)'으로 다르게 인식했다.[3] 자연히 당시 국을 출입하는 사람들의 의례 절차에서 도성은 국의 출입을 구분하는 하나의 기점이었고, 나아가 일국의 외연에 해당하는 경(境) 역시 일종의 경계로 생각했다.

그렇다면 춘추시대 국의 경계는 어떤 특징이 있었으며, 전국시대 이후 등장하는 영역국가의 경계와는 어떤 차이가 있었을까? 종래 중국 고대 국의 공간 인식과 그 성격에 대한 연구에는 첫째, 선진 시기 전체를 분석한 연구가 있다.[4] 이는 문헌 기록의 한계를 극복하기 위해 갑골문·금문과 같은 동시대 문자기록을 적극 활용한 연구다. 그러나 상주시대와 달리 춘추시대는 『춘추좌전』과 같은 비교적 신뢰할 수 있는 문헌이 있어[5] 춘추시대를 다룰 때는 문헌 기록을 동시에 검토해야

2 齋藤道子, 「春秋時代の'國': '國'空間の性質とその範圍」, 『東海大學紀要』 99-9, 2000.

3 齋藤道子, 「春秋時代の境界空間と秩序」, 東海大學史學會, 『東海史學』 35, 2001.

4 柯鶴立(Constance A. Cook), 「古代中國的齋戒儀式與神性空間概念」, 『第四屆國際中國古文字學硏討會論文集』, Chinese University of Hong Kong, 2003; Maria Khayutina, "The Sacred Space of an Aristocratic Clan in Zhou China(11th-3rd Centuries B.C.) under Transformation: An Attempt at Interpretation," *Göttinger Beiträge zur Asienforschung* 2-3, 2003.

5 『춘추좌전』과 『국어』의 저자 및 편찬 시기에 대해서는 논란이 많고(Michael Loewe, ed., *Early Chinese Texts: A bibliographical guide*, Society for the Study of Early China and Institute of East Asian Studies, University of California, 1993, pp.67-71, pp.263-265 참고), 후대 전승 과정에서 편집 혹은 첨삭된

한다. 또 춘추후기 이후는 국가의 성격이 크게 바뀌는 시기이므로 상주시대와 전국시대는 분리해서 그 성격을 고찰해야 한다.

둘째, 춘추시대만을 분석 대상으로 삼아 국의 공간구조와 성격을 분석한 연구가 있다.[6] 이 연구는 춘추시대 국을 종묘의 조상신과 씨족집단의 공동체로 설명하는 논리에서[7] 출발하여 국의 내부 공간을 각 단계로 나누고 종묘를 중심으로 형성된 성역으로서의 국의 성격을 제시했다.[8] 다만 이 연구는 국의 공간구조를 파악하기 위해 국 내부에서 이루어진 정치행위와 공간 인식의 상관성에 주목했을 뿐 국을 출입하는 의례 절차나 출입자 관리 방법 등을 종합적으로 분석하여 그 성격을 고찰하지는 않았다.

셋째, 춘추·전국시대 각국의 영역 지배 양상을 이해하기 위한 강역의 변천,[9] 영역 지배 혹은 영역 편성 과정을 분석하는 연구 등 고대

부분이 있기 때문에 역사 자료로 이용할 때는 신중한 접근이 필요하다. 다만 『춘추좌전』은 선진 시기 일정한 자료를 바탕으로 춘추시대 각국의 상황을 비교적 자세하게 반영한 기록이기 때문에(Hsu Cho-yun, *Ancient China in Transition: An analysis of social mobility, 722-222 B.C.*, Stanford University Press, 1965, pp.184-186 참고), 춘추시대 사회 특징에 관한 전체적인 윤곽을 확인하기 위한 자료로 활용할 수 있다. 『춘추좌전』의 신빙성을 둘러싼 최근 학계의 논의에 대해서는 청동기 명문 기록과 비교 분석을 통해 출토 자료와 전래 문헌의 활용 문제를 검토한 沈載勳, 「출토문헌과 전래문헌의 조화: 子犯編鐘 명문과 『左傳』에 기술된 晉 文公의 覇業」, 『東洋學』 40, 2006 참조.

6 齋藤道子, 「春秋時代の'國': '國'空間の性質とその範圍」, 『東海大學紀要』 99-9, 2000.

7 高木智見, 「春秋時代の神·人共同体について」, 東大中國學會, 『中國: 社會と文化』 5, 1990.

8 齋藤道子, 「春秋時代の境界空間と秩序」, 東海大學史學會, 『東海史學』 35, 2001.

9 춘추시대 열국의 강역 변화는 顧德融·朱順龍, 『春秋史』, 上海人民出版社, 2001, pp.256-269, 戰國時代 各國의 疆域과 변화는 楊寬, 『戰國史』, 上海人民出版社, 1998(增訂本), pp.278-303 참조.

국가의 성립 과정에서 나타난 영역 지배의 특징과 성격을 시대별로 살펴보는 연구가 진행되었다. 이러한 연구는 영역 국가의 등장 과정이나 그 변화 양상을 검토하는 데 집중되었기 때문에 그 분석 대상은 전국시대 이후다.

춘추후기부터 시작된 사회 변화 속에서 각국의 지배 범위는 수시로 변했고, 세력권을 구분하는 경계는 정치세력의 판도에 따라 가변적이었다. 예컨대 『사기』「오태백세가(吳太伯世家)」에 기록된 분쟁의 경우 초(楚)와 오(吳)의 변경에 있는 각 마을의 여자들이 뽕잎을 따는 문제로 다투자, 결국 오왕이 초의 변경 마을을 공격하여 점령하는 것으로 마무리되었다.[10] 이는 춘추·전국시대 제후국 간의 영토 분쟁 이후 각국에 속한 영역은 얼마든지 변할 수 있었음을 보여준다. 춘추·전국시대는 사회 전반적인 변화 속에서 국의 공간구조나 그 성격 역시 전환되는 시기다. 물론 이러한 변화는 장기간 점진적으로 진행되었기 때문에 특정 시점을 기준으로 그 성격을 구분하기는 어렵다. 그러나 춘추·전국시대 정치권력의 지배 범위를 나타내는 경계의 형태와 성격은 각 시대별로 어떤 특징이 있었으며, 어떤 변화를 겪었는가를 전체적으로 정리 비교하는 작업은 필요하다.

이 장에서는 춘추·전국시대 각 시대별 경계의 성격을 이해하기 위해 각 시대 국의 공간구조와 경계를 넘나드는 사람들의 왕래 절차와 그 특징을 검토하고자 한다. 1절에서는 춘추시대까지 주술적 권위와 제의에 바탕을 둔 국의 공간 지배 원리가 전국시대 이후 법제와 관료행정에 기초한 형태로 변하면서, 국의 경계는 어떤 변화가 생겼는지

10 『史記』卷31「吳太伯世家」, p.1462, "九年, …楚邊邑卑梁氏之處女與吳邊邑之女爭桑, 二女家怒相滅, 兩國邊邑長聞之, 怒而相攻, 滅吳之邊邑. 吳王怒, 故遂伐楚, 取兩都而去."

그 특징을 살펴보고자 한다. 춘추·전국시대 국의 경계 성격을 이해하기 위해 2절과 3절에서는 각 시대 국의 경계를 넘나드는 왕래 사례를 중심으로 경계 출입 절차와 그 형식을 검토하고자 한다.

1. 춘추·전국시대 경계의 성격 변화

1) 춘추시대 성역과 국의 경계

춘추시대 열국의 공간은 대체로 경(境)을 그 외연으로 삼아 중심에 도성이 있는 구조로 이해할 수 있다. 이 절에서는 춘추시대 국의 경계를 정치적 중심지인 도성과 그 밖의 경계인 경(境)으로 나누어 그 특징을 검토하고자 한다.

(1) 성역으로서의 도성

춘추시대 도성의 구조를[11] 한 가지 형태로 설명하기는 어렵지만, 각국의 도성은 내성(內城)과 곽(郭)의 기능을 하는 외성(外城)으로 이루어졌다.[12] 다만 현재 확인된 춘추시대 도성 유지는 다양한 형태였으며, 일반적으로 생각하는 '回'자(字) 형태의 도성은 비교적 그 수가 적다.[13]

11 춘추시대부터 진한시대 도시 유적에 대해서는 江村治樹, 「春秋·戰國·秦漢時代の都市の規模と分布」, 『(名古屋大學文學部硏究論集) 史學』 43, 1999, pp.4-5, pp.13-15 참조.

12 이는 도성 유지 발굴 결과 연의 도성을 제외하고 다른 도성의 경우 郭을 넓게 만들었으며, 그 내부에 수공업 공방이 확인되는 점에서도 확인할 수 있다(五井直弘, 『中國古代の城郭都市と地域支配』, 名著刊行會, 2002, p.98).

13 예컨대 연의 도성은 동서로 두 개의 성이 나란히 붙어 있는 구조로, 서쪽 성 내부에서 공방이 발견된 것으로 미루어 서쪽 성은 방어 목적의 곽에 해당하

가령 노(魯)의 고성은 내성과 곽이 '回'자 형태인데, 발견된 내성의 동북·서북부의 토벽 유지는 폭이 2.5미터 정도로 내성이라기보다 궁전을 둘러싸는 벽에 불과하다. 초의 군대가 정(鄭)을 공격한 다음의 기록은 당시 정의 도성 구조를 짐작케 한다.

(가)-①: 가을철에 자원(子元)이 병거 600승(乘)을 거느리고 정(鄭)을 공격하여 길질(桔柣)의 문에 들어갔다. 자원(子元)·투어강(鬪御彊)·투오(鬪梧)·경지불비(耿之不比)가 선봉이 되고, 투반(鬪班)·왕손유(王孫游)·왕손희(王孫喜)는 후군이 되었다. [초의] 병거가 순문(純門)을 통해 들어가 규시(逵市)에 이르렀는데, [정에서는] 현문(縣門)을 내리지도 않았다. [자원 등은 성을 비워놓은 속임수를 알아차리고] 초나라 말을 하며 나와서는 "정(鄭)에 인재가 있도다"라고 했다. 제후들의 군대가 정을 구원하자, 초의 군대는 밤에 도망했다.[14]

초의 군대가 진입한 순서를 살펴보면, 제일 먼저 '길질의 문'을 통과했고 이후 순문을 통해 들어가서 규시에 이르렀다. 그런 후에 내성을 수위하기 위한 갑판인 현문이 열려 있다는 사실을 확인했다. 비록 '길질의 문'이 무엇을 가리키는지 분명치 않지만, '길질의 문'은 도성을 들어가기 전에 거쳤던 가장 외곽의 경계 지점이다.[15] 순문은 내성의

고, 隔壁을 갖춘 동쪽 성이 내성으로 사용되었을 것으로 보인다(五井直弘, 『中國古代の城郭都市と地域支配』, pp.91-98).

14 『春秋左傳』 莊公 28(B.C.666), pp.241-242, "秋, 子元以車六百乘伐鄭, 入于桔柣之門. 子元·鬪御彊·鬪梧·耿之不比爲旆, 鬪班·王孫游·王孫喜殿. 衆車入自純門, 及逵市. 縣門不發. 楚言而出. 子元曰, '鄭有人焉.' 諸侯救鄭. 楚師夜遁."

15 杜預는 정의 遠郊의 문이라 설명했는데, 원교에는 성벽이 없기 때문에 '桔柣의 門'은 도성 외곽에 위치한 상징적인 경계 지점으로 볼 수도 있다(堀敏一,

문으로, 초의 군대는 순문을 통과한 후 규시에 이르렀고,[16] 정의 현문(懸門)을 볼 수 있었다. 즉, 정의 내부 공간은 가장 외곽에 '길질의 문'이 있고, 그 내부에 도성이 있는 구조다. 초의 군대는 정의 내성을 공격하기 전에 다소 신중했는데, 이는 내성의 경우 국의 핵심 지역으로서 비교적 수비가 강했기 때문이었다.

춘추시대 도성의 함락은 곧 망국을 의미했고, 도성은 국체를 보존하기 위한 일종의 '국경선'이었다. 예컨대 정의 기자(杞子)는 진(秦)에 사자를 보내 "정에서 나에게 도성 북문의 열쇠를 맡겼으니, 만약 몰래 군사를 이끌고 온다면 정나라를 취할 수 있습니다"라고 고했고, 이에 진(秦) 목공은 정을 공격하기 위해 군대를 보냈다. 물론 도중에 정나라 상인 현고(弦高)의 지혜로운 행동으로 정은 공격을 피할 수 있었지만,[17] 이 사건은 당시 성문의 수비가 국가의 존망을 결정지을 만큼 중요했음을 짐작케 한다. 진(晉)의 군대가 위(衛)를 공격하여 그 곽(郭)까지 진격하여 도성 안으로 들어가려고 하자, 조앙(趙鞅)은 "멈추어라! 숙향이 말하기를, '상대방 나라의 혼란을 틈타 그 나라를 멸망시키는 자는 그 후사가 없게 된다'고 했다"라고 말하며 성에 들어가는 것을 금했는데,[18] 이 또한 곽(郭)에 비해 도성은 국의 존망과 직결되어 있었음을 보여준다.

「中國古代の市」, 『中國古代の家と集落』, 汲古書院, 1996, pp.216-217 참고).

16 '逵'는 정의 국도 안의 도로를 가리키는 용어로 아홉 방향으로 뚫린 길을 말한다. 당시 정에는 각 방향으로 연결된 도로가 집중된 곳에 逵市라 불리는 시가 설치되어 있었다(江村治樹, 「都市における〈市〉の役割」, 『戰國秦漢時代の都市と國家: 考古學と文獻史學からのアプローチ』, 白帝社, 2005, p.159).

17 『春秋左傳』 僖公 32(B.C.628), p.489, "杞子自鄭使告于秦曰, '鄭人使我掌其北門之管, 若潛師以來, 國可得也.'"

18 『春秋左傳』 哀公 17(B.C.478), p.1710, "冬十月, 晉復伐衛, 入其郛, 將入城. 簡子曰, '止! 叔向有言曰, 怙亂滅國者無後.' 衛人出莊公而與晉平."

수비 방면뿐 아니라 의례적으로도 도성은 그 외부의 교(郊)와 다른 의미를 지닌 공간이었다. 당시 성은 종묘에 선군(先君)의 신주의 여부에 따라 도(都)와 읍으로 구분되었고, 종묘에 선군의 신주가 있으면 도(都), 그렇지 않으면 읍이라 칭했다.[19] 당시 종묘는 국의 보기(寶器)를 보관하는 핵심 공간으로서, 종묘가 있는 도성은 다른 읍과 그 성격이 달랐다.

첫째, 종묘·사직이 있는 도성은 청동으로 만든 예기와 악기를 매개로 신과 교통할 수 있는 공간이었다. 종묘에는 국을 유지하기 위한 필수적인 물건을 보관했는데,[20] 그중에서도 청동기와 같은 보기(寶器)는 중요했다. 송 장공(莊公)은 노 환공에게는 고국(郜國)을 멸망시킨 후 취한 대정(大鼎)을 뇌물로 주었는데, 환공은 이를 태묘(주공묘)에 보관했다.[21] 송 장공이 준 고(郜)의 대정(大鼎)은 고(郜)의 종묘에 보관하던 기물로서, 정(鼎)의 탈취는 고(郜) 멸망의 결과였다.[22] 종묘의 청동기는

19 『春秋左傳』 莊公 28(B.C.666), p.242, "築郿, 非都也. 凡邑, 有宗廟先君之主曰都, 無曰邑. 邑曰築, 都曰城." 한편 종묘는 모시는 선군에 따라 同姓들의 조상이 있는 周廟(종묘)와 同宗의 조상을 모시는 太祖廟, 그리고 同族의 조상신을 모시는 父廟(禰廟)로 구분되었다.

20 종묘에 보관했던 물건 중 무기 또한 중요하다. 鄭伯이 허를 정벌하려 할 때 정의 祖廟인 太宮에서 무기를 나누어주었던(『春秋左傳』 隱公 11(B.C.712), p.72, "鄭伯將伐許. 五月甲辰, 授兵於大宮.") 기록은 평상시 종묘에 무기를 보관했음을 보여준다. 무기는 자국을 보위하는 기본 도구로서 외부인에게 함부로 공개할 수 없었다. 제 장공이 초의 薳啓彊에게 군대와 병기를 검열하는 모습을 보게 한 일에 대해 陳文子가 제에 화를 초래할 것이라 비판한 것은 좋은 예다(『春秋左傳』 襄公 24(B.C.549), pp.1090-1091, "楚子使薳啓彊如齊聘, 且請期. 齊社, 蒐軍實, 使客觀之. 陳文子曰, "齊將有寇. 吾聞之, 兵不戢, 必取其族.").

21 『春秋左傳』 桓公 2(B.C.710), pp.85-86, "以郜大鼎賂公, 齊·陳·鄭皆有賂, 故遂相宋公. 夏四月, 取郜大鼎于宋. 戊申, 納于大廟, 非禮也."

22 제의 군대가 萊를 공격하여 멸했을 때 陳無宇가 萊의 종묘에 있던 기물을 취

국과 존망을 함께하는 물건으로서, 바로 사직을 진무(鎭撫)하는 매개물이었다. 다음의 예를 보자.

> (가)-②: [기원전 527년] 12월에 진(晉)의 순력(荀躒)이 주에 가서 목후(穆后)의 장례에 참석했는데 적담(籍談)이 개(介)로서 함께 갔다. 장례를 끝내고 탈상을 한 후 진(晉)의 순력에게 연회를 베푸셨는데, 노에서 바친 호(壺)에 술을 담았다. 주왕이 말하기를, "백씨(伯氏)여, 제후들 모두 주 왕실에 헌물을 바치는데 오직 진에서만 헌물이 없는 것은 무엇 때문인가?"라 했다. 문백이 적담에게 손짓을 하니, [적담이] 대답하기를, "제후들이 분봉을 받을 때 모두 왕실로부터 명기(明器)를 받았고, 그것으로 각자의 사직을 진무하고 있기 때문에 왕께 종묘의 기물[彝器]을 바칠 수 있습니다. 진은 깊은 산중에 처하여 융적(戎狄)과 이웃하고 있기 때문에 왕실로부터 멀리 떨어져 천자의 복이 미치지 못하며 융(戎)을 복종시키느라 겨를이 없사오니 어찌 기물을 바칠 수 있겠습니까?"라고 했다.[23]

적담의 말에 따르면 종묘의 명기(明器)는 원래 주왕으로부터 분봉 받을 때 각자의 사직을 진무하기 위해 받은 기물이었다. 즉, 종묘의 청동기는 조상신과 제후국의 국인을 매개하는 신령한 기물이었다.[24] 물

하여 선조의 廟에 바쳤던 일(『春秋左傳』 襄公 6(B.C.567), p.948, "四月, 陳無宇獻萊宗器于襄宮.") 역시 같은 예다.

23 『春秋左傳』 昭公 15(B.C.527), p.1371, "十二月, 晉荀躒如周, 葬穆后, 籍談爲介. 既葬, 除喪, 以文伯宴, 樽以魯壺. 王曰, '伯氏, 諸侯皆有以鎭撫王室, 晉獨無有, 何也?' 文伯揖籍談. 對曰, '諸侯之封也, 皆受明器於王室, 以鎭撫其社稷, 故能薦彝器於王. 晉居深山, 戎狄之與鄰, 而遠於王室, 王靈不及, 拜戎不暇, 其何以獻器?'"

24 청동 기물과 악기가 신과의 교류에서 매개물로서 갖는 의미에 대해서는

론 제후국의 종묘에는 주왕이 하사한 청동기 외에 제후국에서 직접 주조한 기물도 있었다. 그러나 제후국에서 청동기를 제작하여 종묘에 들일 때는 희생으로 혈제(血祭)를 지내 흔(釁)을 해야 했는데, 이는 청동기가 단순한 용기가 아니라 신성(神性)을 매개하는 데 사용하는 신령한 기물이기 때문이었다.[25]

둘째, 종묘는 국의 대사를 집행하기 전에 반드시 거쳐야 하는 권위의 출처였고 권력의 핵심 공간이었다. 제후가 종묘에서 경·대부를 책봉했던 이유는 바로 이 때문이었다. 예컨대 위(衛) 성공(成公)이 복위할 때 그는 먼저 태묘에서 선군에 제사를 지냈으며, 그다음 자신의 환국을 도운 주천(周歂)·야근(冶廑)에게 태묘에서 작을 내리려고 했다. 물론 주천이 책명을 받기 위해 태묘를 들어가려다 문 앞에서 급사했기 때문에 책봉은 취소되었지만[26] 당시 제후는 종묘에서 책봉했다. 정치적 복위나 책봉 외에 결맹 역시 종묘에서 했다. 제의 최저(崔杼)가 장공(莊公)을 시해한 후 경공(景公)을 군주로 세우고 자신이 상(相)이 되

Maria Khayutina, "The Sacred Space of an Aristocratic Clan in Zhou China (11th-3rd Centuries B.C.) under Transformation: An Attempt at Interpretation," pp.110-112 참조.

25 한편 釁을 한 후에는 제후국의 사람들을 초청하여 落成하는 의식으로서 향례를 행했다(『春秋左傳』 昭公 4(B.C.538), pp.1257-1258, "叔孫爲孟鐘, 曰, 爾未際, 饗大夫以落之.").

26 晉 문공의 독살 계획을 피해 겨우 살아난 衛 성공은 위로 복귀하기 위해 周歂·冶廑에게 卿이 되게 해주겠다는 약속을 했고, 이들의 도움을 받아 衛侯로 복위할 수 있었기 때문에 약속대로 주천·야근을 경으로 책봉하려고 했다(『春秋左傳』 僖公 30(B.C.630), pp.478-479, "晉侯使醫衍酖衛侯. 甯兪貨醫, 使薄其酖, 不死. 公爲之請, 納玉於王與晉侯, 皆十瑴, 王許之. 秋, 乃釋衛侯. 衛侯使賂周歂·冶廑曰, "苟能納我, 吾使爾爲卿." 周·冶殺元咺及子適·子儀. 公入, 祀先君, 周·冶旣服, 將命, 周歂先入, 及門, 遇疾而死. 冶廑辭卿.").

었을 때 그는 국인들과 대궁(大宮)에서 맹을 맺어[27] 정치적 연합을 도모했다. 정(鄭)의 공자 반(班)이 허(許)로 망명했다가 정의 조묘(祖廟)인 대궁(大宮)에 들어가 세력을 잡고자 했던 일이나, 공자 사(駟)가 대궁(大宮)에서 국인들과 맹을 맺고 공자 반(班)의 세력을 일소했던 사례[28] 역시 종묘가 정치권력이 형성된 핵심 공간이었음을 보여준다.

셋째, 종묘·사직이 국의 요체였기 때문에 종묘·사직의 존폐는 해당국의 존망과 연결되었다. 적인(狄人)이 위(衛)를 공격했을 때, 위(衛)의 사관(史官) 화룡활(華龍滑)과 예공(禮孔)은 자신들이 위(衛)의 제사를 장악하고 있으므로 위(衛)를 취하기 위해서는 자신들이 먼저 도성에 들어가야 한다고 주장했고 적인(狄人) 역시 이를 따랐다.[29] 제사를 맡은 자를 앞세워야 나라를 차지할 수 있다고 믿었던 이유는 당시 종묘·사직의 제사와 국가의 존망이 직결된다고 인식했기 때문이다. 종묘·사직은 국의 존망과 직결되었기 때문에 항복의식 역시 종묘·사직에서 행했다. 예컨대 진(陳) 애공(哀公)이 초 강왕(康王)과 연합하여 정을 공격한 일에 대해 정에서 복수하기 위해 정의 공자 전(展)과 산(產)이 수

27 『春秋左傳』 襄公 25(B.C.548), p.1099, "丁丑, 崔杼立而相之, 慶封爲左相, 盟國人於大宮."

28 『春秋左傳』 成公 13(B.C.578), pp.866-867, "六月丁卯夜, 鄭公子班自訾求入于大宮, 不能, 殺子印·子羽, 反軍于市. 己巳, 子駟帥國人盟于大宮, 遂從師而盡焚之, 殺子如·子駹·孫叔·孫知."

29 華龍滑과 禮孔 두 사람은 도성에 이르자 수위하고 있는 자들에게 狄人들을 대적할 수 없을 것이라 말하고, 밤에 국인들과 함께 도망했다. 물론 狄人들이 도망한 자들을 쫓아 황하에서 쳐부수었지만(『春秋左傳』 閔公 2(B.C.660), pp.265-266, "冬十二月, 狄人伐衛. …狄人囚史華龍滑與禮孔, 以逐衛人. 二人曰, '我, 大史也, 實掌其祭. 不先, 國不可得也.' 乃先之. 至, 則告守曰, '不可待也.' 夜與國人出. 狄入衛, 遂從之, 又敗諸河."), 태사 두 사람의 말을 믿고 그들에게 먼저 도성에 들어가게 했던 일은 위나라 국인들이 도망할 수 있는 기회를 제공한 셈이었다.

례 700대를 이끌고 진(陳)을 공격하여 그 도성을 함락시켰는데, 이때 진후(陳侯)는 사마(司馬) 환자(桓子)를 시켜 종묘의 기물을 바치게 하고 자신은 상복을 입고 사(社)의 신주를 끌어안고 정에 항복했다. 정의 공자 전은 항복을 표한 진(陳)의 군주에 대해 민(民)과 군대 및 토지 등을 돌려준 후 철수했지만,[30] 진후(陳侯)가 바친 사(社)의 신주와 종묘의 기물은 모두 진국(陳國)의 요체를 상징하는 물건으로서 적에게 이를 바치는 행위는 바로 진국(陳國)의 멸망을 의미했다.

이처럼 도성이 권위의 출처이자 국의 존망과 직결된 정치적 핵심 공간이었던 이유는 기본적으로 도성이 국을 보위하는 조상신과 사직신이 임하는 공간이었기 때문이다. 당시 사람들은 재화의 원인을 특정 신에서 찾았고, 종묘와 사(社)의 신이 재화로부터 국을 보호해준다고 생각했다.[31] 이 때문에 국에 화재와 같은 재난이 발생하면 피해를 막기 위해 점을 치고 사방 명산·대천에 희생과 옥을 바쳐 제사했다. 정에 화재가 났을 때 자산은 축사(祝史)의 책임하에 국의 북쪽 교(郊)를 소제한 후 수신(水神)·화신(火神)에 제사하고 동시에 성의 사방 신에도 제

30 『春秋左傳』 襄公 25(B.C.548), pp.1102-1103, "初, 陳侯會楚子伐鄭, 當陳隧者, 井堙·木刊, 鄭人怨之. 六月, 鄭子展·子産帥車七百乘伐陳, 宵突陳城, 遂入之. 陳侯扶其大子偃師奔墓…子展命師無入公宮, 與子産親御諸門. 陳侯使司馬桓子賂以宗器. 陳侯免, 擁社, 使其衆男女別而纍, 以待於朝. 子展執縶而見, 再拜稽首, 承飮而進獻. 子美入, 數俘而出. 祝祓社, 司徒致民, 司馬致節, 司空致地, 乃還."

31 가령 송에 큰 화재가 발생하기 직전에 송의 태묘에서는 "出出!"이라는 큰 소리가 났고, 亳社에서도 마치 새가 재난을 경고하듯이 울었다(『春秋左傳』 襄公 30(B.C.543), p.1174, "或叫于宋大廟, 曰, '譆譆, 出出.' 鳥鳴于亳社, 如曰, '譆譆.' 甲午, 宋大災."). 이는 태묘와 社에서 재난을 미리 경고했음을 보여주는 기록으로, 종묘와 社의 신이 국을 위험으로부터 보위해준다는 당시의 인식을 대변한다.

사했다.[32] 송에 화재가 발생했을 때도 도성의 사방 신에 말을 바쳐 제사하고, 송의 원조(遠祖)인 반경(盤庚)에게 제사했다.[33]

다만 재화를 일으키는 신의 영향권은 일정하게 정해져 있다고 믿었다. 예컨대 초 소왕(昭王)이 병이 들어 점을 쳤을 때, 황하의 신 때문에 병이 들었다는 결과를 얻었다. 그러나 소왕은 장강·한수·저수(睢水)·장수(漳水)와 달리 황하는 초에 속하지 않았기 때문에 주변의 설득에도 불구하고 제사하지 않았다. 초 소왕은 재앙이나 복은 제사의 대상에게서 오는 것이지 황하의 신과 같이 초에 속하지 않는 신에게서 오지 않는다고 믿었다.[34]

춘추시대 각 지역과 공간에는 각 신이 거하며 인간의 화복에 영향력을 행사한다는 인식이 존재했고, 이런 배경에서 도성의 내부는 종묘의 예기와 악기를 통해 조상신과 교통하며 그 가호를 얻을 수 있는 공간으로 여겼다. 가령 위(衛)의 대부 자행경자(子行敬子)가 제후들의 회합에 대축(大祝)인 자어(子魚)를 수행원으로 데려가려고 하자, 대축 자어는 출경할 수 있는 때는 군주가 출정을 하여 사직의 신이 함께 출경

32 물론 도성 내외의 치안 유지를 위해 징발한 자들을 단속하거나 담장을 수위하는 등 실제적인 조치를 취했지만, 화재의 대처는 재화를 초래한 신 및 도성 사방의 신에 대한 제사를 중심으로 이루어졌다(『春秋左傳』 昭公 18(B.C.524), pp.1395-1399, "火作…明日, 使野司寇各保其徵, 郊人助祝史, 除於國北, 禳火于玄冥·回祿, 祈于四鄘. …七月, 鄭子産爲火故, 大爲社, 祓禳於四方, 振除火災, 禮也. …晉之邊吏讓鄭曰, "鄭國有災, 晉君·大夫不敢寧居, 卜筮走望, 不愛牲玉. 鄭之有災, 寡君之憂也. …").

33 『春秋左傳』 襄公 9(B.C.564), pp.962-963, "九年春, 宋災, 樂喜爲司城以爲政…二師令四鄉正敬享, 祝宗用馬于四墉, 祀盤庚于西門之外."

34 『春秋左傳』 哀公 6(B.C.489), p.1636, "初, 昭王有疾, 卜曰, '河爲祟.' 王弗祭. 大夫請祭諸郊. 王曰, '三代命祀, 祭不越望. 江·漢·睢·漳, 楚之望也. 禍福之至, 不是過也. 不穀雖不德, 河非所獲罪也.' 遂弗祭."

할 때뿐이라며, 맹회에 참석하기 위해 출국을 할 수 없다고 말했다.[35] 출정할 때 사(社)의 신주를 들고 가는 행위가 신의 출정을 의미했던 것과 같이[36] 위(衛)의 대부 자행경자는 바로 맹회에 사(社)의 신이 함께 출행하기를 원했던 것이다. 전쟁이나 국외에서의 주요 사안에 신주를 대동하여 신의 가호를 구하는 행동은 한편으로 종묘·사직의 신이 머무는 곳은 신의 보호를 받을 수 있는 곳으로 여겼음을 보여준다.

이로 인해 당시 도성 내부는 그 외부 지역과 달리 일종의 성역으로 인식되었다. 제 경공(景公)이 노 정공(定公)과 협곡인 축기(祝其)에서 만나 회합을 끝낸 후 그곳에서 향례를 행하려 하자, 공자는 도성 밖에서는 향례를 행할 수 없다고 반대한 다음의 주장은 당시 도성에 대한 인식을 대변한다.

> (가)-③: 제 경공이 노 정공에게 향례를 행하려 하자 공자는 [제의] 양구거(梁丘據)에게 "제와 노 사이의 옛 전례에 대해 그대는 어찌 듣지 못했습니까? 일이 이미 성사되었는데 다시 향을 베푸는 것은 일을 맡은 자를 수고롭게 합니다. 또 종묘의 희존(犧尊)과 상존(象尊)은 국문 밖으로 꺼내올 수 없으며, [종·경 등의] 아악은 야(野)에서 연주하지

35 『春秋左傳』 定公 4(B.C.506), p.1535, "子魚辭, 曰, '…且夫祝, 社稷之常隷也. 社稷不動, 祝不出竟, 官之制也. …若嘉好之事, 君行師從, 卿行旅從, 臣無事焉.'"

36 社의 신주 외에 종묘에 있는 조상신의 위패를 군진에 포함시키는가의 문제는 주 무왕의 상 정벌 기사에 주 문왕의 신주를 싣고 간 사례와 『예기』 및 후대 주석가들의 설명 중에서 관련 내용을 확인할 수 있다. 아울러 춘추시대 전쟁에서 조상신이 갖는 중요한 의미를 생각할 때 군진에 조상신의 신주도 있었다고 추정할 수 있겠지만(高木智見, 「春秋時代の軍禮について」, 名古屋大學文學部 東洋史硏究室, 『名古屋大學東洋史硏究報告』 11, 1986, pp.12-13), 현재로서는 명확한 자료를 확인하기 어렵다.

않는 법입니다. [이곳에서] 향을 베풀어 모두 갖춘다면 예를 버리는 것이 됩니다. 만약 모두 갖추지 않는다면 쭉정이와 피를 사용하는 격입니다. 쭉정이와 피를 사용하면 군주를 욕보이게 되고, 예를 버리면 명성을 나쁘게 하게 됩니다. 그대는 어찌 이를 행하려 하십니까! 무릇 향을 베푸는 일은 덕을 밝히기 위한 것입니다. [덕을] 밝히지 못한다면 그만두는 것만 못합니다"라고 했다. 그래서 결국 [제에서는] 향례를 행하지 않았다.[37]

제 경공이 종묘의 기물과 악기를 사용하여 향례를 행하고자 했던 이유는 일반 연회에 비해 향례가 성대했기 때문이다. 공자는 보기(寶器)는 국문 밖으로 꺼낼 수 없다고 지적하며 도성 밖에서의 향례를 반대했는데, 이런 주장은 종묘·사직이 있는 도성 내부에서만 기물을 사용하여 조상신과 교류할 수 있다는 인식을 전제로 한다. 일국의 정치적 중심지였던 도성은 그 외부 지역과 달리 조상신과 사직의 신이 거하는 신성한 공간이었고, 그 외연인 도성의 성곽은 바로 국의 핵심 공간을 선으로 구분하는 하나의 경계였다.

(2) 변읍의 경계와 경(境)

춘추시대 주 왕실의 권위가 몰락하고 열국 간의 대립이 시작되면서, 각 제후국의 세력 범위는 끊임없이 변했다.[38] 조맹(趙孟)이 노의 숙손

37 『春秋左傳』 定公 10(B.C.500), pp.1578-1579, "夏, 公會齊侯于祝其, 實夾谷. …齊侯將享公. 孔丘謂梁丘據曰, "齊·魯之故, 吾子何不聞焉? 事旣成矣, 而又享之, 是勤執事也. 且犧·象不出門, 嘉樂不野合. 饗而旣具, 是棄禮也. 若其不具, 用秕稗也. 用秕稗, 君辱. 棄禮, 名惡. 子盍圖之! 夫享, 所以昭德也. 不昭, 不如其已也." 乃不果享."

38 춘추시대 열국의 강역 변화는 顧德融·朱順龍, 『春秋史』, pp.256-269 참조.

표(叔孫豹)를 변호하기 위해 초를 설득하는 다음의 기록은 당시 각국 간 경계의 성격을 단적으로 보여준다.

> (나)-①: 변경[疆埸]의 읍은 때로 저 나라 때로 이 나라에 [속하게 되는 것이지] 어찌 고정불변하겠습니까? 왕과 패자의 명령으로 그 봉강(封疆)을 획정하여 관리를 설치하고 표기(表旗)를 세우며 [봉강에 대한] 제령(制令)을 정하여 범하면 처벌하지만 한결같을 수는 없습니다. … 명령을 내리는 왕이 없게 되면서 제후들이 서로 다투어 영역을 확장하고 맹주가 바뀌니 어찌 또한 한결같겠습니까? … 봉강의 침삭(侵削)은 어느 나라인들 없겠습니까? … 거(莒)의 강(疆)에 대한 일을 초에서 간섭하지 말고 제후들도 번거롭게 [군대를 동원하지] 않는다면 좋지 않겠습니까? 거국(莒國)과 노국(魯國)이 운(鄆) 땅을 놓고 다투는 것은 오래된 일입니다. 실로 그 나라 사직에 큰 해가 없다면 관여하지 않는 것이 옳습니다.[39]

이 사건은 제후들이 괵(虢)에서 회합하는 중에 노의 계손숙(季孫宿)이 거(莒)를 공격하여 운(鄆)을 차지한 일이 발단이 되었다. 초의 공자 위(圍)는 맹회 중에 타국을 침범한 일은 신성한 맹약을 모독한 일이라고 비난하며 노의 사자를 죽이자고 제안했다. 당시 맹회에 참여했던 노의 숙손목자(叔孫穆子)는 조맹의 측근에게 뇌물을 주어 조맹으로 하여금 초의 공자 위(圍)를 설득하게 했고, 조맹은 위와 같이 제후국 사

39 『春秋左傳』 昭公 元年(B.C.541), p.1206, "疆埸之邑, 一彼一此, 何常之有? 王·伯之令也, 引其封疆, 而樹之官, 擧之表旗, 而著之制令, 過則有刑, 猶不可壹. …自無令王, 諸侯逐進, 狎主齊盟, 其又可壹乎? …封疆之削, 何國蔑有? …莒之疆事, 楚勿與知, 諸侯無煩, 不亦可乎? 莒·魯爭鄆, 爲日久矣. 苟無大害於其社稷, 可無亢也."

이의 봉강은 항상 일정할 수 없으며, 거국(莒國)과 노국(魯國) 사이의 분쟁에 관여하지 않는 것이 옳다고 조언했다. 여기서 당시 변경에 대한 몇 가지 사실을 알 수 있다. 첫째, 변경의 읍은 그 소유가 일정하지 않았다. 둘째, 변읍의 소유가 변하여 봉강을 다시 정할 때는 주왕이나 맹주의 명령에 따르거나 상대방 국가끼리 결정했다. 셋째, 봉강을 결정한 후 그 범위를 표시하는 표기(表旗)를 세우고 관리를 두어 관리했다. 즉, 조맹은 서주 이래 변읍은 인접국 간에 그 소유가 일정치 않으며 그 경계인 봉강은 수시로 변했다고 설명했다.

비록 봉강에 대한 조맹의 말을 서주시대까지 소급 적용할 수는 없지만, 거(莒)와 노(魯)가 운(鄆)을 놓고 오랫동안 분쟁했던 것처럼 춘추시대 열국 간에 극지(隙地)나 변읍의 소유를 둘러싼 잦은 무력 마찰이 있었던 것은 사실이다. 예컨대 거(莒)와 노(魯)는 증(鄫)의 토지를 놓고도 분쟁했는데, 노에서 서쪽 땅을 침범하자 거에서는 노의 동쪽 비(鄙)를 공격했고, 이에 증(鄫)의 토지에 대한 경계를 정하기도 했다.[40] 인접국 간의 토지소유권 분쟁에 다음과 같이 주변 제후들이 관여하기도 했다.

> (나)-②: [기원전 554년] 봄에 제후들이 기수(沂水) 가에서 돌아와 독양(督揚)에서 맹을 맺었는데, [맹약의 내용은] "대국이 소국을 침략하지 말자"는 것이었다. [노에서] 주(邾) 도공(悼公)을 잡은 것은 그가 우리 땅을 공격했기 때문이다. [서주 이래] 끝내고 사수(泗水) 가에 이르러 우리 토지의 경계를 정했는데[疆], 주(邾)의 토지를 취하여 곽수(漷水)로부터 [서쪽 땅을] 우리에게 되돌려주었다.[41]

40 『春秋左傳』 襄公 8(B.C.565), p.956, "莒人伐我東鄙, 以疆鄫田."
41 『春秋左傳』 襄公 19(B.C.554), "十九年春, 諸侯還自沂上, 盟于督揚, 曰, '大

(나)-③: [기원전 547년] 위(衛)에서 [손림보의 식읍인] 척(戚)의 동쪽 비(鄙)를 침략하자, 손림보(孫林父)는 진(晉)에 하소연했다. 진에서 [척의 동쪽 비인] 모씨(茅氏)를 수비하자, [위의] 식작(殖綽)이 모씨를 공격하여 진의 수비병 300명을 죽였다. … 진은 손림보의 일로 인해 제후들을 소집하여 장차 위를 토벌하려 했다. … 6월에 양공(襄公)이 진(晉) 조무(趙武), 송 향술(向戌), 정 양소(良霄), 조인(曹人)과 단연(澶淵)에서 모여 위를 토벌하고, 척의 토지에 대한 경계를 정했다[疆].[42]

(나)-①은 주(邾)와 노에서 벌어진 토지 분쟁을 해결하기 위해 제후들이 양국의 경계를 정한 기록이다. (나)-②는 위 내부의 분쟁을 진을 중심으로 한 제후들이 해결하는 내용으로, 위 헌공이 돌아온 후 위의 군대가 손림보의 식읍인 척 땅을 공격하자 손림보는 진에 도움을 청했고, 결국 진은 제후들을 소집하여 위를 공격한 후 척의 토지 경계를 정했다.

춘추시대 변읍의 소유권 분쟁뿐 아니라, 주변국을 공격하여 새로 취한 땅을 자국의 소유로 편입시키는 일 역시 자주 발생했다. 무력으로 탈취한 경우 빼앗은 국에서 그 땅의 경계를 다시 정했다. 제(齊)가 래(萊)를 멸망시켰을 때 제의 고후(高厚)와 최저(崔杼)가 그 경계를 정했는데,[43] 새로 취한 땅의 경계는 '봉(封)'을 하여 획정했던 것으로 보

毋侵小.' 執邾悼公, 以其伐我故. 遂次于泗上, 疆我田. 取邾田, 自漷水歸之于我."

42 『春秋左傳』 襄公 26(B.C.547), p.1115, "衛人侵戚東鄙, 孫氏愬于晉, 晉戍茅氏. 殖綽伐茅氏, 殺晉戍三百人. …晉人爲孫氏故, 召諸侯, 將以討衛也. …六月, 公會晉趙武·宋向戌·鄭良霄·曹人于澶淵, 以討衛, 疆戚田."

43 『春秋左傳』 襄公 6(B.C.567), "十一月, 齊侯滅萊, 萊恃謀也. …十一月丙辰, 而滅之. 遷萊于郳. 高厚·崔杼定其田." 초 장왕이 舒蓼를 멸망시킨 후에도 초에서 직접 그 경계를 정했다[疆](『春秋左傳』 宣公 8年(B.C.601), p.696, "楚

인다.[44] 가령 정의 공손신(公孫申)은 허(許) 땅을 취한 후 정계했고, 이후 정의 군대가 다시 허를 공격했을 때 이전에 숙신(叔申)이 봉한 땅을 대가로 받았다.[45] 비록 '봉(封)'이 구체적으로 어떤 절차인지 분명치 않지만, 정의 공손신이 정계한 땅을 '숙신이 봉한 땅'이라 칭했던 것처럼 새로 취한 땅의 범위에는 '봉(封)'을 하여 그 경계를 획정했다.

이상 춘추시대 봉강은 기본적으로 변읍에 속한 토지의 경계다.[46] 당시 봉강은 수시로 변했는데, 인접국 간의 토지 분쟁을 해결하기 위해 제후들이 정계하기도 했지만, 상대국을 무력으로 취한 후 직접 정계하기도 했다. 그리고 '강(疆)' 혹은 '봉(封)'을 하여 정계를 할 때는 일정한 표지를 만들어 그 봉강을 정했다. 『관자』 중 곽(郭)의 바깥에

爲衆舒叛, 故伐舒蓼, 滅之. 楚子疆之."). 노에서 鄆을 차지하고 莒의 정치적 혼란을 틈타 그 경계를 정했던 사례 역시 취득한 국에서 직접 정계하여 자국의 소유로 삼았음을 보여준다(『春秋左傳』 昭公 元年(B.C.541), pp.1216-1217, "莒展輿立, 而奪羣公子秩. 公子召去疾于齊. 秋, 齊公子鉏納去疾, 展輿奔吳. 叔弓帥師疆鄆田, 因莒亂也.").

44 특정한 지역을 공격한 후 해당 지역의 땅을 취하지 않았을 경우는 '入'이라 한다(『春秋左傳』 襄公 13(B.C.560), p.999, "夏, 邿亂, 分爲三. 師救邿, 遂取之. 凡書取, 言易也. 用大師焉曰滅, 弗地曰入.").

45 『春秋左傳』 成公 4(B.C.587), p.819, "冬十一月, 鄭公孫申帥師疆許田. 許人敗諸展陂. 鄭伯伐許, 取鉏任·泠敦之田."; 『春秋左傳』, 成公 14(B.C.577), p.870, "(八月) 戊戌, 鄭伯復伐許. 庚子, 入其郛. 許人平以叔申之封."

46 가령 제 환공과 관중의 대화를 전하는 기록 중 환공이 주변국과 친하기 위한 방법을 묻자, 관중은 가장 먼저 변경[疆場]을 자세히 살펴보아 침범한 땅은 돌려주고 그 봉강을 바르게 해야 한다고 언급했다(『國語』(上海師範大學古籍整理硏究所 校點, 上海古籍出版社, 1988) 「齊語」 4, "桓公曰, '吾欲從事於諸侯, 其可乎?' 管子對曰, '…審吾疆場, 而反其侵地. 正其封疆, 無受其資. …'"; 『管子』(黎翔鳳 撰, 『管子校注』, 中華書局, 2004) 卷8 「小匡」, p.424, "公曰, '親之奈何?' 管子對曰, '審吾疆場, 反其侵地, 正其封界, 毋受其貨財…則鄰國親我矣.'"). 이는 봉강이 자국에 속한 토지의 범위를 표시한 경계이므로 인접국과의 분쟁을 야기할 수 있는 봉강의 문제를 해결해야 주변국과 평화롭게 지낼 수 있다는 의미다.

토랑(土閬)이 위치한다고 하며, 토랑은 지대가 높으면 도랑을 파고 낮으면 제방을 쌓은 후 가지가 서로 얽히는 가시나무[荊棘]를 심는다고 했는데,[47] 이 토랑은 『주례』의 봉인(封人)이 만든 제후국의 경계와 동일한 형태다. 서주 시기 토지의 경계를 표시할 때도 수목을 봉(封)의 기점으로 삼았고,[48] 이후 전국시대에도 토지나 봉지는 자연지형이나 수목·흙으로 만든 루(壘)로 봉(封)을 만들어 경계했다. 이런 점에서 춘추시대 봉강은 변읍에 속한 토지의 경계로서, 서주 이래 자연지형 및 인공적으로 만든 도랑·제방 혹은 수목 등을 기점으로 토지의 범위를 표시한 경계라 할 수 있다.

이러한 봉강은 문헌 기록에 '경(境)'으로 표기되었고 일종의 '국경'으로 인식되었다. 예컨대 제 환공은 연 장공이 전송을 하다가 제의 경(境) 안까지 들어오게 되자, 연 장공의 행위가 무례한 것이 되지 않도록 해당 지역을 연에 속하게 한 후 도랑을 파서 경(境)으로 삼았다.[49] 제 환공이 도랑을 파서 연과의 경(境)을 표시한 방법은 봉강의 형태와

47 『管子』 卷57 「度地」, p.1051, "管仲對曰…內爲之城, 城外爲之郭, 郭外爲之土閬, 地高則溝之, 下則隄之, 命之曰金城. 樹以荊棘, 上相穡著者, 所以爲固也."

48 李朝遠, 『西周土地關係論』, 上海人民出版社, 1997, pp.294-296; 張經, 『西周土地關係硏究』, 中國大百科全書出版社, 2006, pp.198-199.

49 제 환공 23년(B.C.663), 산융이 연을 공격하자 연에서는 제에 위급함을 알렸고, 제 환공은 연을 구원하여 산융을 공격했다. 연 장공은 환공을 전송하다 제의 境 안까지 들어가게 되었고, 이에 환공은 "천자가 아니고 제후 간에 서로 전송할 때는 境을 나가지 않는 법이다. 나는 연에 대해 무례히 할 수 없다"라고 말하고, 바로 도랑을 파서 연의 군주가 이른 땅을 나누어 연나라에 주었다(『史記』 卷32 「齊太公世家」, p.1488, "二十三年, 山戎伐燕, 燕告急於齊. 齊桓公救燕, 遂伐山戎, 至于孤竹而還. 燕莊公遂送桓公入齊境. 桓公曰, '非天子, 諸侯相送不出境, 吾不可以無禮於燕.' 於是分溝割燕君所至與燕."). 물론 이는 제 환공이 패자가 되기에 충분한 덕망을 갖추었다는 점을 강조하기 위한 내용이지만, 당시 상대국의 境을 공지하고 있었다는 점이나 인위적으로 도랑을 파서 境을 표시했던 점을 보여주는 사례에 해당한다.

동일하며, 제와 연의 경(境)은 각국의 '국경'에 해당했다. 춘추시대 기록 중 봉강과 경(境)은[50] '강역(疆埸)'과 함께 변경을 지칭하는 용어로 사용되었다. 가령 초 평왕이 오의 변경 땅을 취했다가 오의 역습을 받아 변읍인 소(巢)와 종리(鍾離)를 잃게 된 사건에 대해, 오의 변경은 '오강(吳疆)', 초의 변읍은 '강역(疆埸)'이라 각각 표현했다.[51] 초 강왕이 관기(觀起)를 거열형(車裂刑)에 처한 후 그의 시체를 '사경(四境)'에 두루 보이게 했는데,[52] 이때 '사경(四境)'은 초의 모든 변경을 빗대어 표현한 말이다.[53] 봉강이 있는 경(境)은 국의 변경을 의미했지만, 한편으로 '입국'과 '출국'을 구분하는 기준이었다. 다음의 기록을 보자.

50 예컨대 정과 息 사이에 약속을 어긴 일이 있어, 息侯가 정을 공격하자 鄭伯은 息侯의 군대와 싸웠는데 양국의 군대가 싸운 변경 지역을 '境'이라 칭했다(『春秋左傳』 隱公 11(B.C.712), p.78, "鄭·息有違言, 息侯伐鄭, 鄭伯與戰于竟, 息師大敗而還."). 다른 예로 기원전 559년 각국의 대부들이 櫟에서의 전투를 보복하기 위해 晉侯를 좇아 秦을 공격했을 때 晉侯는 '境'에서 기다리며 六卿으로 하여금 제후의 군사를 이끌고 진격하게 했는데, 이때의 '境'은 涇水 근처 秦의 변경 지역을 가리킨다(『春秋左傳』 襄公 14(B.C.559), p.1008, "夏, 諸侯之大夫從晉侯伐秦, 以報櫟之役也. 晉侯待于竟, 使六卿帥諸侯之師以進. 及涇, 不濟.").

51 『春秋左傳』 昭公 24(B.C.518), pp.1452-1453, "楚子爲舟師以略吳疆. 沈尹戌曰, "此行也, 楚必亡邑. 不撫民而勞之, 吳不動而速之, 吳踵楚, 而疆埸無備, 邑, 能無亡乎? …吳人踵楚, 而邊人不備, 遂滅巢及鍾離而還."

52 초의 觀起가 초의 令尹인 子南의 총애를 받아 관록이 오르지 않았는데도 수레 10대를 끌 수 있는 말을 소유하게 되자, 초의 사람들이 그를 미워하고 강왕 역시 그를 제거하려고 하여 결국 관기는 거열형에 처해졌다(『春秋左傳』 襄公 22(B.C.551), p.1069, "楚觀起有寵於令尹子南, 未益祿而有馬數十乘. 楚人患之, 王將討焉. …王遂殺子南於朝, 轘觀起於四竟.").

53 유사한 예로 제나라의 최저의 난 이후 세력을 잡았던 경봉이 망하자 경봉의 총신이었던 盧蒲嫳은 북경으로 추방되었는데(『春秋左傳』 襄公 28(B.C.545), p.1150, "崔氏之亂, 喪羣公子…及慶氏亡, 皆召之…釋盧蒲嫳于北竟."), 북경은 제의 '四境' 중 북쪽 지역에 해당하며 의미상 변경 지역을 가리킨다.

(나)-④: 선자(宣子: 조순)가 산을 나가지 않고서 다시 돌아왔다. 태사가 기록하기를, "조순(趙盾)이 그의 군주를 죽였다" 하고 이를 조정에 보였다. 선자(宣子)가 "그렇지 않다"라고 말하자 [태사가] 대답하기를, "당신은 정경(正卿)으로서 망명하려다 경(境)을 넘지 않았고, 돌아와서 [군주를 죽인] 적을 치지 않고 있으니 [군주를 죽인 자가] 당신이 아니면 누구란 말이요?" 했다. 선자(宣子)가 말하기를, "오호라! 『시(詩)』에 이르기를 '내가 생각을 품어 스스로 근심거리를 남겼도다' 했는데, 바로 나를 두고 한 말이로다" 했다. 공자가 말하기를, "동호(董狐)는 옛 양사(良史)로서 법도대로 기록하여 숨기지 않았고, 조선자(趙宣子)는 옛 양대부(良大夫)로서 법도대로 오명을 받아들였다. 애석하다, 경(境)을 넘었다면 [오명을] 면했을 것을!"[54]

(나)-⑤: 겨울철에 초의 공자 낭(囊)이 정을 쳐서 정에서 채(蔡)를 공격한 일을 벌했다. [정의] 공자 사(駟)·국(國)·이(耳)는 초에 복종하고자 했고, 공자 공(孔)·교(蟜)·전(展)은 진의 [구원을] 기다리고자 했다. 공자 사가 말하기를, "…민이 위급한 문제이니 잠시 초에 복종하여 우리 백성들의 [위급함을] 해결하고, 진의 군대가 이르면 우리는 다시 그들을 따르면 됩니다. 공손히 폐백을 준비하여 [정으로] 오는 이를 기다리는 것이 소국의 도리입니다. 희생과 옥백(玉帛)을 갖추어 [진과 초에서 오는] 두 곳의 경(境)에서 기다리어, 이로써 강자를 대비케 하고 민을 보호하는 것입니다. 쳐들어오는 자가 해를 끼치지 않고 민이 피폐해지

54 『春秋左傳』 宣公 2(B.C.607), pp.662-663, "宣子未出山而復. 大史書曰, "趙盾弑其君," 以示於朝. 宣子曰, "不然." 對曰, "子爲正卿, 亡不越竟, 反不討賊, 非子而誰?" 宣子曰, "嗚呼!詩曰'我之懷矣, 自詒伊慼.' 其我之謂矣." 孔子曰, "董狐, 古之良史也, 書法不隱. 趙宣子, 古之良大夫也, 爲法受惡. 惜也, 越竟乃免."

지 않는다면 또한 좋지 않겠습니까?" 했다.(밑줄 필자)[55]

(나)-④는 경(境)을 기점으로 출국 여부를 구분한 사례로서, 조순은 산을 통해 망명을 가려다가 산을 벗어나지 않고서 돌아왔기 때문에 군주를 죽였다는 오명을 받았다. 조순의 출국 여부는 당시 진의 경(境)으로 인식되었던 산을 기준으로 결정되었다.[56] 경(境)은 타국에서 입국하는 기점이기도 했는데, (나)-⑤를 보면 정의 공자 사는 소국인 정은 희생과 옥백을 준비한 후 두 곳의 경(境)에서 초와 진의 세력을 맞이해야 한다고 주장했다. 두 곳의 경(境)은 바로 초와 진에서 정에 들어오기 위해 각각 지나게 되는 정의 '국경'을 의미한다.[57] 이는 쌍방이 공

55 『春秋左傳』 襄公 8(B.C.565), p.957, "冬, 楚子囊伐鄭, 討其侵蔡也. 子駟·子國·子耳欲從楚, 子孔·子蟜·子展欲待晉. 子駟曰, '…民急矣, 姑從楚, 以紓吾民. 晉師至, 吾又從之. 敬共幣帛, 以待來者, 小國之道也. 犧牲玉帛, 待於二竟, 以待彊者而庇民焉. 寇不爲害, 民不罷病, 不亦可乎?"

56 다른 예로서 정의 游販(字: 子明)이 晉으로 돌아가는 길에 아직 境을 빠져나가지 않았을 때, 다른 사람의 아내를 빼앗아 근처 읍에서 유숙했다가 죽임을 당했는데, 이 사건이 일어난 지역은 정의 境을 벗어나지 않은 정의 내부에 해당했다(『春秋左傳』 襄公 22(B.C.551), p.1070, "十二月, 鄭游販將歸晉, 未出竟, 遭逆妻者, 奪之, 以館于邑. 丁巳, 其夫攻子明, 殺之, 以其妻行."). 또 노 선공 8년(B.C.601)에 노의 公子 遂는 제를 방문하러 갔다가 당시 제 읍인 黃에 이르러 병을 이유로 돌아왔다(『春秋左傳』 宣公 8(B.C.601), p.693, "(經) 公子遂如齊, 至黃乃復."). 이에 대해 孔穎達은 「疏」에서 公子 遂가 제의 境을 들어간 후에 원래의 임무를 마치지 않고 돌아온 것은 법도에 맞지 않았다고 설명했다. 노의 公子 遂가 제의 읍에 이르렀다는 말이 곧 제의 境을 들어갔다는 것을 의미한다면, 境은 국에 속한 읍의 외곽 지역으로서 국의 출입 여부를 구분하는 기준이었다.

57 晉의 韓宣子가 초에 갔을 때 초에서 그를 맞이하지 않았기 때문에, 초의 公子 棄疾이 晉을 방문하여 그 境에 이르렀으나 晉 平公은 그를 맞이하지 않으려고 했다. 이에 叔向이 초의 잘못된 행위를 본받을 수 없다고 설득하자 晉侯는 境으로 나가 棄疾을 맞이하게 했는데(『春秋左傳』 昭公 6(B.C.536), p.1279, "韓宣子之適楚也, 楚人弗逆. 公子棄疾及晉竟, 晉侯將亦弗逆. 叔向

지하고 있는 특정한 지점이 출·입국을 구분하는 기준이자, 일종의 '국경'으로 인식했음을 의미한다.

요컨대 춘추시대 변읍의 경계인 봉강은 국의 외연을 의미하는 경(境)으로서, 일종의 '국경'으로 인식되었다. 물론 당시 국의 외연이 존재한다고 해서 그 내부 지역이 모두 일국의 소유로서 단일한 관할 권역에 속했다고 볼 수는 없다. 공실의 통제력은 국 내부 일정한 범위에 한정되었고, 공실에서 모든 채읍을 통할하지도 못했다.[58] 위 장공이 성에 올라 교(郊) 지역에 융족이 거하는 마을[戎州]을 발견하고는 융주(戎州)를 멸했던 일은[59] 제후국 내부에 융과 같은 독자적인 집단이 존재할 수 있었음을 보여준다.[60] 또 파(巴)의 한복(韓服)과 초의 사신이 등(鄧)의 남쪽 비(鄙)에서 우인(鄾人)의 공격을 받아 폐물을 빼앗기고 죽임을 당했던 일[61] 역시 당시 국의 경내에 위치한 비읍(鄙邑)에서 공실과 다

曰, '楚辟, 我衷, 若何效辟?…' 晉侯說, 及逆之."), 여기서 境은 晉의 '국경'으로서 境에 들어오면 곧 晉에 들어온 셈이었다.

58 『좌전』의 회맹 기록 중 국읍에서 참석하지 않는 회맹일지라도 소속 비읍에서 회맹이 이루어지고, 회맹 개최 시 필요한 제반 사항을 비읍에서 조달하는 사례는(小林伸二, 「春秋時代の會盟地について(一)」, 中國古代史硏究會 編, 『中國古代史硏究』 7, 硏文出版, 1997, pp.46-49), 당시 국 내부 공간에 대한 공실의 지배력에 한계가 있었음을 보여준다.

59 『春秋左傳』 哀公 17(B.C.478), p.1710, "初, 公登城以望, 見戎州. 問之, 以告. 公曰, '我, 姬姓也, 何戎之有焉?' 翦之."

60 다른 예로 정의 군대가 郜와 防을 공격하고 돌아온 후 도성으로 들어가지 않고 계속 郊에 머물러 있었을 때, 宋·衛의 연합군이 정으로 쳐들어가자 蔡의 군대도 그들과 연합했다. 宋·衛·蔡의 연합군은 戴를 공격했고, 鄭伯은 戴를 포위하여 연합군에 승리를 거두었는데(『春秋左傳』 隱公 10(B.C.713), p.69, "秋七月庚寅, 鄭師入郊, 猶在郊. 宋人·衛人入鄭, 蔡人從之伐戴. 八月壬戌, 鄭伯圍戴. 癸亥, 克之, 取三師焉."), 내용상 戴는 鄭의 郊에 있던 나라다.

61 『春秋左傳』 桓公 9(B.C.703), pp.124-125, "巴子使韓服告于楚, 請與鄧爲好. 楚子使道朔將巴客以聘於鄧, 鄧南鄙鄾人攻而奪之幣, 殺道朔及巴行人."

르게 독자적으로 행동할 수 있었음을 시사한다. 공실의 비읍에 대한 지배력이 공고하지 않았고, 경내에 국에 속하지 않은 집단이 존재할 수 있었다는 점에서 당시 경(境)은 지리적 범위를 한정하는 배타적인 성격의 경계는 아니다. 다만 경(境)은 타국과의 관계에서 일국의 외연으로서 바로 그 경(境)을 기준으로 국의 출입이 구분되었다. 이런 점에서 춘추시대 경(境)은 국의 지배가 미치는 범위로 인식되었던 관념상의 '국경'이라 할 수 있다.

2) 전국시대 군현지배의 등장과 국의 경계

상주시대는 물론 춘추시대까지도 종묘·궁의 위치와 기능은 중첩되거나 거의 혼연일치되었다. 춘추시대 궁은 궁묘(宮廟)라는 명칭에서 보듯이 군주의 거처이자 조상신을 모신 종묘의 성격을 띠고 있었다.[62] 종묘·궁은 조상신과 씨족공동체가 점복과 제의를 통해 교통하는 공간이었고, 이런 종묘·궁이 위치한 도성은 일종의 성역으로 인식되었다.

그러나 전국시대 이후 국의 공간구조와 그 성격은 크게 변했다. 첫째, 국의 정치적 공간은 종교·의례적 공간과 분리되었다. 전국시대 군주의 집정 공간인 궁은 종묘에서 분리되었고, 나아가 종묘보다 우위를 점했다. 궁의 조정이 세속 군주의 치소(治所)로 부상하면서 국가의 주요 의식은 이제 종묘가 아닌 조정에서 이루어졌다. 예를 들어 진(秦)에서 함양에 수도를 건설할 때 상앙은 종묘를 가장 먼저 세우는 전통을 무시하고 기궐(冀闕)이라 칭한 궁전을 제일 먼저 세웠다. 그리고 종묘에 만들었던 침(寢)을 능묘로 옮기고 선조의 제사는 능침에서 지내

62 李成九, 『中國古代의 呪術的 思惟와 帝王統治』, 一潮閣, 1997, pp.39-46 참고.

기 시작했다.[63]

둘째, 군주가 직접 관할하는 군현의 등장이다. 전국시대 군현지배의 등장은 이전의 신이 관장한다고 인식되었던 국의 공간이 세속 군주의 명령과 법제에 따라 재편되었음을 의미한다. 전국시대 군현지배의 등장 이후 춘추시대 존재했던 수많은 소국은 멸망하여 주요국의 현이나 관할 단위로 편제되었다. 사실상 전국시대 군현을 중심으로 한 공간구조의 재편은 세속 군주의 집권체제를 확립하기 위한 기초 작업이었다. 그 결과 춘추시대까지 정치적 중심지인 왕도(王都) 혹은 도성 외곽의 지역까지 군주의 직접적인 지배가 미치는 영역으로 확대되었다. 군현지배 등장 이후 국의 내부 공간은 정치적 중심지인 국도(國都) 혹은 경기(京畿)와 중앙에서 관할하는 군(郡)·국(國)이 집적된 형태였다. 국의 외부 공간은 각국의 영역이 확대됨에 따라 이전에 국과 국 간에 존재하던 극지(隙地)와 같은 제3의 공간은 점차 사라졌고 인접국은 서로 국경을 접하게 되었다.

다만 전국시대 각국의 군현지배는 서로 다른 양상을 띠고 있었고, 현재 남아 있는 자료로써 전국시대 각국의 상황을 전체적으로 종합 검토하는 일은 사실상 불가능하다. 최근 전국 진이나[64] 초의 군·현의 특징을 좀 더 구체적으로 확인할 수 있게 된 것도 전국시대 진·초 지역에서 작성한 행정문서가 발견된 덕분이다. 춘추시대 문헌 기록에 도성

63 진시황의 여산릉에도 침전이 세워졌으며, 선조에 대한 제사는 이제 종묘가 아닌 릉에서 행하게 되었다(우홍, 『순간과 영원: 중국고대의 미술과 건축』, 김병준 옮김, 아카넷, 2003, pp.264-292).

64 秦國 제민지배체제의 형성과 그 특징에 대해서는 운몽 수호지진간 자료를 통해 확인된 수전제도는 물론 관영산업과 화폐제도를 중심으로 한 경제정책 등 국가의 모든 제도와 정책을 편호제민의 안정과 보호라는 각도에서 분석한 李成珪, 『中國古代帝國成立史硏究: 秦國齊民支配體制의 形成』, 一潮閣, 1984 참조.

과 교(郊) 등 경(境) 내부 공간에 관한 언급이 많은 데 비해 전국시대 문헌 기록에는 인접한 국가와의 관계를 언급하면서 변경 관리에 관한 기사가 많이 보인다. 현재로서는 전국시대 국 내부 공간의 특징을 포괄적으로 살펴볼 수밖에 없으므로 이 절에서는 종래 전국 진·초의 행정 조직에 대한 연구를 바탕으로 전국시대 국의 내부 공간의 특징을 정리하고, 외부 경계의 형태와 그 특징을 살펴보고자 한다.

(1) 군주 직할지와 군현의 경계

전국시대 각국의 영역이 확대되면서 일국의 영역은 자연히 국도 주변의 정치적 중심지와 새롭게 편입된 군·현으로 구성되었다. 앞 장에서 검토한 대로 춘추시대 도성은 공실의 일족이 장악한 배타적인 공간이자, 종묘와 사직이 위치한 국의 핵심 구역이었다. 전국시대에도 국도는 군주의 거주 공간으로서 국의 중심이었다. 제의 대부인 국자(國子)는 "안읍(安邑)은 위국(魏國)의 기둥이었고, 진양(晉陽)은 조국(趙國)의 기둥이었으며, 언영(鄢郢)은 초국(楚國)의 기둥이었습니다"[65]라고 했는데, 이는 당시 국도가 국을 지탱하기 위한 핵심 지역이었음을 지적한 표현이다.

춘추후기부터 진(晉)·초(楚)·진(秦) 등 주요 국의 강역이 확대되면서 군주의 직할지 역시 도성 주변 지역으로 확대되었다. 예를 들어 초의 강역이 팽창하는 과정을 보면,[66] 초의 핵심구역은 국도인 영(郢)을

65 『戰國策』(范祥雍 箋證, 范邦瑾 協校, 『戰國策箋證』, 上海古籍出版社, 2006) 卷10 「齊」 3, p.615, "安邑者, 魏之柱國也. 晉陽者, 趙之柱國也. 鄢郢者, 楚之柱國也."

66 춘추전국시대 초의 강역 변화 과정과 그 성격은 朴俸住, 「戰國時代 楚國 統治體制 硏究: '縣邑' 支配體制의 展開와 楚文化」, 서울대학교 대학원 박사학위논문, 2000, pp.25-49 참고.

기점으로 방성(方城)에 이르는 지역까지 타원형 형태로 형성되었다. 초에서는 춘추시대부터 주변 제후국을 멸하고 군진의 성격을 띤 현을 설치했는데, 그 순서는 먼저 악서(鄂西)에서 방성 안쪽 요지에 현을 설치한 다음 방성 바깥 지역으로 확대되었다. 춘추 중기부터 초의 핵심구역은 방성을 기준으로 내외로 나뉘었다. 무왕에서 문왕 시기에는 타원의 남방부인 방성 안쪽 요지에 현을 설치했고, 성왕에서 목왕 시기에는 타원의 북방부인 방성 바깥 지대 외곽에 직할 현을 설치했다. 강왕에서 영왕 시기에는 동쪽으로의 진출 혹은 방어를 위해 방성 바깥 지역의 병력 재편과 증강이 주요 과제로 부각되었고, 영왕 때 안정된 현의 통치를 위해 방성 바깥 지역으로 다방면의 사민정책을 펴기도 했다. 물론 이후 초에서 진과 같은 중앙집권적인 지배체제가 등장하지 못했지만, 춘추시대 장기간의 영역 확대로 초왕의 근거지이자 정치적 중심지는 국도인 영에서 방성까지 이르는 넓은 지역으로 확장되었다. 함양을 중심으로 형성된 진의 내사(內史) 역시 전국시대 진의 강역이 확대되는 과정에서 군주의 직할지가 국도 주변 지역까지 확장된 결과다. 진왕의 직할지인 현은 국도 주변 지역부터 설치되었고,[67] 함양 주변에 현이 설치되었던 지역은 이후 진한시대 제국의 경기 지역으로서 황제권력의 핵심 근거지가 되었다.

전국시대 각국의 군현지배 등장 과정은 다소 차이가 있을지라도,[68] 점령 지역을 중앙의 직할지로 삼는 재편 과정은 대개 유사하게

67 后曉榮, 『秦代政區地理』, 社會科學文獻出版社, 2009, pp.122-149.

68 초의 현은 춘추시대부터 확인되며 기본적으로 최전선 기지로서 군진의 성격을 띠고 있었다. 군진을 운영할 때 軍賦·전조의 징수는 필수사항이었으므로, 초의 현은 대개 여러 개의 속읍을 영유했다. 전국시대 초의 지방행정조직은 '縣-里'의 계통과 '縣-寍-敔-邑'의 계통으로 다원화되었고, 제후국을 멸망시키고 설치한 현조차 중앙에서 직할하지 못하기도 했다(朴俸住, 「戰國時代

진행되었다. 비록 전국시대 각국의 내부 지역의 공간 편성이 어떠했는지 구체적으로 확인하기 어렵지만, 진의 경우 다음과 같이 국 내부 공간의 관리 형태를 확인할 수 있다.

(다)-①: [혜문공] 4년(B.C.334), 주 천자가 경대부 辰을 시켜 문·무왕에게 올린 조(胙)를 보낸 해 겨울 11월 신유일에 대양조(大良造)인 서장(庶長) 유(游)가 명을 선포하여 이르기를, "풍구(酆邱)에서 휼수(潏水)에 이르는 지역에 있는 두(杜)를 취하여 우서장(右庶長) 歜의 종읍(宗邑)으로 삼으라"고 했다. 이에 와서(瓦書)를 만들고 사어(司御)인 불갱(不更) 골(顝)을 시켜 종읍을 봉하게 했다. [와서에] 이르기를, "자자손손 [이 땅을] 종읍으로 삼으라"고 했다. 골은 [혜문공] 4년 겨울 11월 계유일에 [정계하여] 종읍을 봉했는데, [그 경계는] 상郭(桑𨛜)의 봉(封) 동에서 북으로 상언(桑堰)의 봉(封)까지 이르렀으며 [모두] 1리 20집(輯)이었다. [공란 3행] 대전(大田)의 좌(佐)인 오동(敖童) 미(未), 사(史)인 초(初)가 [처리했다.] 복(卜)이 [표목을] 심고[埶][69] 사(史)인 기(羈)가 기록하고, 사어(司御) 심(心)·지(志)는 봉(封)을 묻었다. [뒷면]"[70]

楚國 統治體制 硏究: '縣邑' 支配體制의 展開와 楚文化」, pp.10-82 참고). 이는 전국시대 각국의 지방지배 과정이나 방법이 상이했음을 뜻한다.

69 '埶'는 손에 植木을 들고 심는다는 의미로 볼 수 있으므로, '執'로 釋讀할 수 있다(尙志儒, 「秦封宗邑瓦書的幾個問題」, 『文博』 1986-6, p.46).

70 석문은 宗邑瓦書의 실물을 검증한 후 석독한 다음의 석문을 따랐다. 郭子直, 「戰國秦封宗邑瓦書銘文新釋」, 『古文字硏究』 14, 1986(2005年 重刊本), p.180, "四季, 周天子使卿夫=(大夫)辰來致文武之 酢(胙). 冬十壹月辛酉, 大良造庶長游出命曰: 「取杜才(在)酆邱到于潏水, 臥(以)爲右庶長歜宗邑.」 乃爲瓦書, 卑司御不更顝封之, 曰: 「子=孫=, 臥(以)爲宗邑」 顝臥(以)四季冬十壹月癸酉封之, 自桑𨛜之封臥(以)東, 北到于桑匽之 [正面] 封, 一里廿輯. [3行空白] 大田佐敖童曰未, 史曰初, 卜埶, 史羈手, 司御心, 志是霾(埋)封. [背面]"

(다)-②: 근처 군·현의 경계가 서로 접하는데 [접계한] 현이 둘 이상일 경우, □으로써 살펴보되 졸사(卒史)와 담당자[主者]에게 명하여 지도를 들고 어사에게 이르게 하면, 어사는 지도를 교감하여 다시 합하여 여지도를 만든다. 만약 서로 부합하지 않거나 사실이 아닌 점이 있으면 군수 이하 담당자[主者][71]

(다)-①은 혜문왕 4년에[72] 우서장 歜에게 종읍을 분봉하고 그 일을 흙을 구워 만든 기와에 기록한 문서다. 우서장 歜의 봉지는 두현(杜縣)에 속한 곳으로서, 와서에는 그 계한(界限)이 구체적으로 명시되어 있다. 즉, 종읍의 범위는 기본적으로 풍구(酆邱)에서 휼수(潏水)에 이르는 지역이며, 그 정계 형태는 桑𨻰의 봉(封)을 서쪽 경계로 삼고 상언(桑堰)의 봉(封)을 북쪽 경계로 삼았다. 서쪽 경계의 기점인 '桑𨻰'에서 '𨻰'은 '돈(墩)'자로 볼 수 있으며, '돈(墩)'은 흙을 쌓았거나 언덕이 높이 솟아 평지에 퇴(堆)가 있는 형태를 의미한다.[73] 북쪽 경계의 기점인 상언에서 언은 하수 연변에 쌓은 방죽을 의미한다. 곧 대양조 유가 선포한 명에 따르면 종읍의 범위는 풍구에서 휼수까지인데, 사어 골은 실제 봉지를 정계하면서 상𨻰에 봉을 만들어 풍구의 경계 기점으로 삼고 상언에 봉을 만들어 휼수의 경계 기점으로 삼았다고 이해할 수 있다.

釋文 중 '四季'는 '四年'의 오독이다.

71 陳偉 主編, 『里耶秦簡牘校釋』 第1卷, 武漢大學出版社, 2012, p.118, 8-224+8-412+8-1415, "其旁郡縣與椄(接)界者毋下二縣, 以□爲審, 卽令卒史主者操圖詣御史, 御史案讎更并, 定爲輿地圖. 有不讎·非實者, 自守以下主者" 簡文 인용 중 괄호 안의 숫자는 簡 번호, '□'은 석독 불가능한 글자, '☒'은 斷簡을 의미한다. 그리고 가차자는 ( ), 誤字는 〈 〉, 脫字는 【 】로 각각 표기했다.

72 『史記』 卷5 「秦本紀」, p.205, "(惠文君) 四年, 天子致文武胙."; 『史記』 卷15 「六國年表」, p.727, "三十五, (惠文王) 四, 天子致文武胙."

73 黃盛璋, 「秦封宗邑瓦書及其相關問題考辨」, 『考古與文物』 1991-3, p.86.

이는 『주례』의 봉인(封人)이 봉강을 만드는 방법이나 춘추시대 봉강을 표시하는 방법과 전한 시기 경계 표시 방법과도 유사하다. 와서(瓦書) 뒷면에 기록된 관리와 담당자의 이름은 실제 경계를 표시한 사람들로서, 그들은 표지에 표기한 후 경계 지점인 桑𨻶과 상언에 각각 봉을 세워 경계 표시를 했던 것으로 보인다. 이는 전국시대 진에서 군주의 명에 따라 봉지의 범위를 정확하게 결정한 후 분봉했음을 보여준다.

(다)-②는 비록 어느 시기에 작성한 문서인지 분명치 않으나, 이야진간(里耶秦簡)이 천릉현(遷陵縣)이 설치된 진왕 25년부터 진 이세 시기까지의 공문서이므로 전국시대 및 통일 진에서 현의 경계관리를 살펴볼 수 있는 자료다. 현재 전후 기록을 확인할 수 없으므로 정확한 내용은 알 수 없지만, 분명한 사실은 진에서 현을 설치한 후 그 관할 범위인 경계를 표시했고 현정에서 지도를 그려 관할 구역을 관리했다는 점이다.

이런 점은 1986년 감숙성(甘肅省) 천수현(天水縣) 방마탄(放馬灘) 진묘에서 발견된 전국시대 진에서 제작한 지도를 통해서도 확인할 수 있다. 방마탄 진묘는 그 묘장 연대가 기원전 239년 혹은 238년으로 추정되는데, 묘에서 출토된 지도에는 여러 성읍과 하천·계곡 및 관소 등이 표기되어 있고, 특히 대성(大城)에 규구(邽丘)라고 명기되어 있는 점으로 미루어 당시 진의 규현(邽縣)의 강역을 그린 지도로 보인다.[74] (다)-①에서 분봉한 지역은 두현(杜縣)에 속한 땅이었고 책명할 때 계한(界限)이 되는 지점을 구체적으로 언급할 수 있었던 것 역시 중앙에서 두현(杜縣)의 지도를 갖고 있었기 때문이었다.

이와 같이 전국시대 진에서는 현이나 봉읍의 경계를 정할 때 퇴

74 李成珪, 「秦의 地方行政組織과 그 性格: 縣의 組織과 그 活動을 中心으로」, 『東洋史學硏究』 31, 1989, p.36 참고.

(堆)나 제방에 봉을 만들어 경계의 기점으로 삼았으며, 군·현의 관리는 그 범위를 지도로 제작하여 중앙에 보고했다. 이는 춘추시대 경대부의 채읍이 공실의 직접적인 지배 범위에 속하지 않았던 반면, 전국시대에 이르면 군주의 직할지인 군·현은 물론 봉군의 봉지 역시 기본적으로 중앙에서 그 범위를 획정하여 관리했음을 시사한다.

(2) 지배 영역의 범위와 국경

춘추시대에도 변읍은 타국의 공격 대상이 되기도 했기 때문에 수비를 담당하는 관리를 배치하여 방비했다.[75] 초의 낭와(囊瓦)가 영윤(令尹)이 되어 영(郢)에 성을 쌓자 심(沈)의 윤(尹)이었던 술(戌)은 도성을 쌓는 것보다 변경의 경계를 바르게 정하고 주집(走集)을 높이 쌓아 방비하는 일이 더 중요하다며 영윤(令尹)을 비판했다.[76] 이때 '주집(走集)'은 변경 수비를 위한 초소 혹은 높이 쌓아올린 방어 시설로서, 사방의 경(境)을 수비하기 위한 거점으로 보인다.[77]

75 이를테면 정은 두 강대국인 晉과 楚 사이에서 晉과 연합할 명분을 만들기 위해 변경 관리를 시켜 송에 해를 끼치게 하고 송의 공격을 유도했다(『春秋左傳』 襄公 11(B.C.562), p.988, "鄭人患晉·楚之故…大夫說之, 使疆埸之司惡於宋. 宋向戌侵鄭, 大獲."). 이때 정의 변경 관리는 송의 변경을 침범함으로써 송을 자극한 것으로 보이는데, 이처럼 각국의 주요 변읍은 공격에 대비하기 위한 방비가 필요했다.

76 『春秋左傳』 昭公 23(B.C.519), p.1448, "夫正其疆埸, 修其土田, 險其走集…完其守備, 以待不虞, 又何畏矣? …土不過同, 愼其四竟, 猶不城郢. 今土數圻, 而郢是城, 不亦難乎?"

77 '走集'에 대해 두예는 변경의 壘壁이라 설명했고, 『會箋』에서는 變事가 있을 때 모여서 지키는 곳[走而集守之]이라 설명했다. 비록 다른 사례가 없어 의미가 분명치 않지만, '走集'은 변경의 수비를 위한 시설임은 분명하다. 앞서 언급한 『관자』 중 土閬 역시 '閬'이 높은 문을 의미한다는 점에서 봉강을 표시하기 위해 만든 인공 시설이자 변경의 요지에 설치한 수위 시설의 일종으로 짐작된다. 변경의 교통 요지에 설치했던 수위 시설을 가리키는 용어로

노 양공 때 계손숙(季孫宿)은 나라 안의 도둑 문제를 얘기하면서 "우리나라에는 '사봉(四封)'이 있어 도둑을 단속하는데 어찌 [도둑을] 단속할 수 없단 말입니까?"라고 했는데,[78] 여기서 '사봉(四封)'은 사방 변경을 말하지만 이를 통해 불법을 행한 자를 단속한다는 점에서 변경을 지키는 봉인(封人) 혹은 변경 관리를[79] 가리킨다. 『주례』 중 봉인은 왕기와 제후국의 봉강을 관리하는 자이지만, 춘추시대 기록에서 봉인은 대개 변경을 진수(鎭守)하는 관리의 성격을 띠고 있다. 봉인 관련 기록은 대부분 단편적이기에, 그 직무를 자세히 밝히기는 어렵다.[80] 다만 제(祭)의 봉인이었던 제중(祭仲)의 경우는 장공의 총애를 받아 경에 봉해졌고 이후 소공과 여공의 즉위에 직접적인 영향력을 행사했던 인물로서 비교적 자세한 기록이 남아 있다.[81] 제중은 장공 즉위 초부터 장공의 측근에서 간언할 수 있는 지위에 있었고,[82] 삼군(三軍) 중 좌군(左

'寓望'도 있는데, 이들 시설은 국의 수위를 맡았던 候人과 관련이 있는 것으로 보인다(杜正勝, 「周秦城市的發展與特質」, p.655).

78 『春秋左傳』 襄公 21(B.C.552), p.1056, "季孫曰, '我有四封, 而詰其盜, 何故不可? 子爲司寇, 將盜是務去, 若之何不能?'"

79 노의 변경 관리를 '疆吏'라고 칭하기도 했다(『春秋左傳』 桓公 17年, p.149, "夏, 及齊師戰于奚, 疆事也. 於是齊人侵魯疆, 疆吏來告.").

80 기록에 보이는 封人 중 潁谷 땅의 봉인이었던 潁考叔은 정 장공에게 헌물을 바친 후 장공과 함께 식사를 하면서 그로 하여금 모친 강씨에 대한 잘못을 뉘우치게 했고(『春秋左傳』 隱公 1(B.C.722), pp.14-15, "潁考叔爲潁谷封人, 聞之, 有獻於公. 公賜之食. 食舍肉…君子曰, 潁考叔, 純孝也, 愛其母, 施及莊公."), 당시 송의 읍이던 蕭의 봉인 高哀나, 祭의 封人 仲足은 제후의 총애를 받아 卿에 봉해졌다(『春秋左傳』 文公 14(B.C.613), p.606, "宋高哀爲蕭封人, 以爲卿, 不義宋公而出, 遂來奔."; 『春秋左傳』 桓公 11(B.C.701), p.132, "初, 祭封人仲足有寵於莊公, 莊公使爲卿.").

81 이후 仲足[祭仲]이 전권을 잡게 되자, 이를 제어하기 위해 厲公은 仲足의 사위 雍糾를 시켜 그를 살해할 것을 꾀하기도 했다(『春秋左傳』 桓公 15(B.C.697), p.143, "祭仲專, 鄭伯患之, 使其壻雍糾殺之. …祭仲殺雍糾.").

82 예컨대 정 장공이 즉위하여 모친 강씨의 강청에 따라 동생 共叔段을 京 땅에

軍)을 통솔했으며[83] 주 왕실과의 갈등 시에 주의 땅에 들어가 곡식을 취하는 등[84] 도발적인 행동을 했던 인물이기도 하다. 이로 미루어 제중은 정 장공 초기부터 군사력의 핵심에 위치한 사람이었다.[85] 아마도 제중은 제를 봉읍으로 받은 대부로서 봉인의 임무를 맡았을 것이며, 이후 경으로 발탁되었다. 즉, 제의 봉인 제중의 기사는 춘추시대 주요 변읍을 무인(武人)에게 봉한 후 그로 하여금 봉인으로서 변읍의 치안을 관리하게 했던 상황을 전한다.

춘추시대 열국 간의 무력 분쟁이 수시로 발생했던 상황에서 변경의 주요 거점에는 주집(走集)과 같은 방어 시설이 있었고, 봉인을 비롯한 변경 관리가 변읍을 중심으로 변경의 치안을 담당했다. 하지만 당시 변경에서의 무력 충돌은 자국 안보에 크게 위협적이지는 않았던 것 같다. 예컨대 제에서 노의 변경[疆]을 침범했다는 보고를 들은 노 환공은 "변경[疆埸]에 관한 일은 정해진 경계를 삼가 지켜 불의의 일을 대비하는 것이다. 대비를 다한 후에 일이 생겼다면 싸울 것이지 무슨 보

봉하자 그는 장공에게 동생의 세력이 성장하기 전에 제어하라고 간언했다(『春秋左傳』 隱公 1(B.C.722), pp.11-12, "及莊公卽位…請京, 使居之, 謂之京城大叔. 祭仲曰, '都, 城過百雉, 國之害也. …").

83 정이 衛를 공격할 때 정 제중[祭足]은 原繁·洩駕와 함께 三軍을 이끌었다(『春秋左傳』 隱公 5(B.C.718), p.45, "四月, 鄭人侵衛牧, 以報東門之役. 衛人以燕師伐鄭, 鄭祭足·原繁·洩駕以三軍軍其前.").

84 周 평왕이 붕어한 후 虢公을 우대하자 정에서 불만을 품게 되었을 때, 仲足[祭足]은 군사를 이끌고 周 왕기 안에 있는 溫 땅에 가서 麥을 취하고 이어 成周의 禾를 취했다(『春秋左傳』 隱公 3(B.C.720), p.27, "王崩, 周人將畀虢公政. 四月, 鄭祭足帥師取溫之麥. 秋, 又取成周之禾.").

85 鄭의 祝聃이 周 桓王에게 화살을 쏘아 그 어깨에 맞춘 후 장공은 그날 밤 祭仲[祭足]을 보내 환왕을 위문하게 했다(『春秋左傳』 桓公 5(B.C.707), p.105, "秋, 王以諸侯伐鄭, 鄭伯御之…曼伯爲右拒, 祭仲足爲左拒…祝聃射王中肩…夜, 鄭伯使祭足勞王, 且問左右.").

고할 일이 있겠느냐?"라며 오히려 덤덤하게 반응했다.[86] 이는 당시 변경의 무력 충돌은 상시 발생했고 제후의 입장에서 자국의 안보를 위태롭게 하는 큰일은 아니었음을 보여준다.

전국시대 군현지배의 등장 이후 춘추시대 존재했던 수많은 소국은 멸망하여 주요국의 현이나 관할 단위로 편제되었다. 이런 변화는 전국시대 전반에 걸쳐 진행되었고, 각국의 강역 역시 수시로 변했다. 전국시대 사료 중 각국 간의 경계가 서로 접한다[壤界]는 표현이나[87] 사방으로 어떤 나라와 경(境)을 맞대고 있는가[接境]에 대한 언급이 종종 보이는데,[88] 이는 춘추시대와 달리 각국의 영역이 서로 접하기 시작했음을 말한다.

조 무령왕이 호복(胡服)을 착용할 것을 결정한 후 공숙 성(成)에게 개혁의 이유를 설명하는 다음의 기사는 좋은 예다.

(라)-①: "[무령왕이 말하기를] 지금 우리나라는 동으로 황하와 박락수(薄洛水: 漳水)가 흐르고 있어 제·중산국과 함께 연하고 있으나 주즙(舟楫)의 기구는 갖추고 있지 않습니다. 상산(常山)에서 대(代)·상당(上

86 『春秋左傳』桓公 17(B.C.695), p.149, "夏, 及齊師戰于奚, 疆事也. 於是齊人侵魯疆, 疆吏來告. 公曰, "疆埸之事, 慎守其一, 而備其不虞. 姑盡所備焉. 事至而戰, 又何謁焉?"

87 이때 '壤界'는 서로 땅을 접하고 있다는 의미로서, 때로 토지 혹은 영토의 의미를 포함하고 있는 '壤'만을 사용하여 땅을 맞대고 있음을 표현하기도 했다(『戰國策』卷25「魏」4, p.1428, "秦攻韓之管, 魏王發兵救之. 昭忌曰, '夫秦强國也, 而韓·魏壤梁, 不出攻則已'"). 『戰國策』卷10「齊」3, p.615, "三國之與秦壤界而患急, 齊不與秦壤界而患緩." '壤界'와 같은 의미인 '爲界'라는 표현도 보인다(『戰國策』卷24「魏」3, p.1385, "孟嘗君曰: …今趙不救魏, 魏歃盟于秦, 是趙與强秦爲界也").

88 혹은 '接境壤界'가 동시에 사용되기도 한다(『史記』卷40「楚世家」, p.1727, "寡人與楚接境壤界, 故爲婚姻, 所從相親久矣.").

黨)에 이르기까지 동으로 연·동호의 경(境)이 있고, 서로는 누번(樓煩)·진·한의 변경[邊]이 있으나 기사(騎射)의 [병사로] 방비하지는 않습니다. 이에 과인은 주즙(舟檝)의 기구를 모으고 물가에 사는 민을 모집하여 황하와 박락수를 지키고자 하며, 호복으로 갈아입은 기사(騎射)들로써 연·삼호(三胡)[89]·누번·진·한의 변경을 수비하고자 합니다."[90]

무령왕이 수비가 필요하다고 지적한 곳은 동쪽의 황하·장수(漳水) 연안과 북쪽으로 연·동호의 경(境)과 접하고 있거나 누번·진·한의 변경과 마주한 지역이다. 내용상 이곳은 수병(水兵)과 기병을 배치하여 수비해야 하는 조의 변경을 가리키며, 당시 조는 제·중산국과 황하와 장수를 기준으로 경계를 정하고 있었다. 무령왕이 언급한 '연과 동호의 경(境)'과 '누번·진·한의 변경'에서 경(境)과 변경은 사실상 같은 의미로서, 당시 조는 사방 여러 나라와 경계를 접하고 있었다.[91]

89 『史記』에도 같은 내용이 실려 있으며, 『史記索隱』에 따르면 '三胡'는 林胡·樓煩·東胡라고 한다(『史記』 卷43 「趙世家」 13, p.1809, "變服騎射, 以備燕·三胡·秦·韓之邊." 「索隱」: 林胡, 樓煩, 東胡, 是三胡也). 한편 '參胡'을 '東胡'의 誤記로 보는 경우도 있으나, '參'과 '三'은 같은 의미이므로 『史記』의 기록과 같이 '三胡'로 보았다.

90 『戰國策』 卷19 「趙」 2, p.1048, "今吾國東有河·薄洛之水, 與齊·中山同之, 而無舟檝之用. 自常山以至代·上黨, 東有燕·東胡之境, 西有樓煩·秦·韓之邊, 而無騎射之備. 故寡人且聚舟檝之用, 求水居之民, 以守河·薄洛之水, 變服騎射, 以備其〈燕〉參胡·樓煩·秦·韓之邊."

91 다른 예로 齊의 대부였던 國子가 魏·趙·楚는 秦과 국경을 접하고 있어서[壤界] 秦의 공격에 대해 위급한 상황이나 齊는 그렇지 않다고 언급한 기록 역시 당시 인접국의 영토가 서로 접하고 있었음을 보여준다. 즉, 齊의 대부 國子는 이전에 魏·趙·楚의 땅이 秦과 접하게 되자[壤界], 秦은 魏를 쳐서 安邑을 취했고 趙를 쳐서 晉陽을 취했으며 楚를 쳐서 鄢郢을 취했다고 하고, 魏·趙·楚는 秦과 경계를 접하고[壤界] 있었기 때문에 위급했으나 齊는 秦과 경계를 접하고[壤界] 있지 않아 위급하지 않다고 설명했다(『戰國策』 卷10 齊3,

그렇다면 당시 각국의 외부 경계는 어떤 형태로 존재했을까? 경계가 접하기 시작하면서 각국에서는 변경에 요(徼)·정(亭)·장(鄣)·새(塞) 등의 수비 시설을 설치하고 상비병을 배치하여 방비했다. 이런 수비 시설은 변경의 주요 거점이자 국의 외부 경계의 일부를 구성했다. 요·정·장·새와 같은 수비 시설 외에 변경에 설치된 관소나 하구(河口) 역시 강역을 구분하는 주요 기점으로서, 경계의 일부이자 경계를 출입하기 위한 국문(國門)에 해당했다.

변경의 수비 시설이나 관소·량(梁)이 설치된 곳뿐 아니라, 변경에 위치한 군이나 변읍 역시 경계의 일부로 여겼다. 이후 진한시대와 달리 전국시대 군은 모두 변경에 설치되었고, 군을 설치한 주요 목적은 변경 수비를 공고히 하는 데 있었다. 가령 소진은 초 위왕에게 합종책을 유세하면서, 초의 영역을 서로는 검중군(黔中郡)·무군(巫郡)이 있고, 동으로는 하주(夏州)·해양(海陽)이 있으며, 남으로는 동정(洞庭)·창오(蒼梧)가 있고, 북으로는 분경(汾陘)의 새(塞)와 순양(郇陽)이 있으며 사방 5천 리에 달한다고 설명했다.[92] 강역을 묘사하면서 변경의 수비 시설인 분경(汾陘)의 새와 함께 검중군·무군과 같은 군의 명칭이나 여러 지명을 언급한 것은 각 지명이 초를 방비하기 위한 주요 거점이자 경계의 일부였기 때문이었다.[93] 주(周)의 성혼(城渾)이 신성(新城) 땅을 지

p.615, "安邑者, 魏之柱國也. 晉陽者, 趙之柱國也. 鄢郢者, 楚之柱國也. 故三國欲與秦壤界, 秦伐魏取安邑, 伐趙取晉陽, 伐楚取鄢郢矣. …三國之與秦壤界而患急, 齊不與秦壤界而患緩."). 이때가 언제인지 명시되지 않았으나, 秦이 魏·趙·楚의 옛 국도였던 安邑·晉陽·鄢郢을 취한 이후라는 점에서 齊王 建(B.C.264~221)의 통치 시기로 보인다.

92 『戰國策』 卷14 「楚」 1, p.787, "蘇秦爲趙合從, 說楚威王曰, '楚, 天下之强國也. 大王, 天下之賢王也. 楚地西有黔中·巫郡, 東有夏州·海陽, 南有洞庭·蒼梧, 北有汾陘之塞·郇陽, 地方五千里….'"

93 『史記』「蘇秦列傳」에도 동일한 내용이 실려 있는데(『史記』 卷69 「蘇秦列傳」,

나다가 초에서 주력하여 방어해야 할 지역을 조언하면서도 신성이 진의 의양(宜陽)과 마주하고 있으므로 신성을 군의 중심지[主郡]로 지정하라고 제안했다.[94] 이는 당시 진과 접경하고 있었던 초에서 신성을 거점으로 삼아 진의 변경인 의양을 막고 있었으며, 신성과 의양은 각각 자국의 변경에 해당했음을 의미한다. 그리고 신성을 군의 중심지로 정하라는 제안에서 보듯이 당시 군은 변경에 위치했고 군의 중심지는 변경 수비의 요지에 해당했다.

또 소진은 위의 강역을 묘사할 때 남쪽은 홍구(鴻溝)·진(陳)·여남(汝南)·유허(有許)·언(鄢)·곤양(昆陽)·소릉(邵陵)·무양(舞陽)·신처(新郪), 동쪽은 회(淮)·영(潁)·기(沂)·황(黃)·자조(煮棗)·해염(海鹽)·무소(無疎), 북쪽은 하외(河外)·권(卷)·연(衍)·연(燕)·산조(酸棗)가 있다고 하며 주요 지명을 기준으로 위의 영역을 설명했다. 특히 위의 서쪽 변경은 장성을 쌓아 경계[界]로 삼았다고 표현했는데,[95] 이는 서쪽을 제외한 동·남·북쪽 변경은 언급된 주요 지명이 경계를 이루고 있음을 의미한다. 초와 진의 접경 지역에 위치한 상어(商於) 역시 변경의 주요 거점이었다. 예를 들어 한 양왕(B.C.311~B.C.296) 때 초에서 한의 옹씨(雍氏) 땅

pp.2259-2260, "乃西南說楚威王曰…西有黔中·巫郡, 東有夏州·海陽, 南有洞庭·蒼梧, 北有陘塞·郇陽, 地方五千餘里…";「索隱」, "按, 地理志無海陽. 劉氏云 '楚之東境'")「索隱」에서 海陽을 楚의 東境으로 설명한 점도 이 지역이 境에 위치했음을 짐작게 한다.

94 『戰國策』 卷14「楚」1, pp.775-776, "城渾出周, 三人偶行, 南游于楚, 至于新城. 城渾說其令曰, …宜陽之大也, 楚以弱新城圍之. …今邊邑之所恃者, 非江南·泗上也. 故楚王何不以新城爲主郡也, 邊邑甚利之. …遂南交于楚, 楚王果以新城爲主郡."

95 『戰國策』 卷22「魏」1, pp.1262-1263, "蘇子爲趙合從說魏王曰: '大王之地, 南有鴻溝·陳·汝南·有許·鄢·昆陽·邵陵·舞陽·新郪, 東有淮·潁·沂·黃·煮棗·海鹽·無疎, 西有長城之界, 北有河外·卷·衍·燕·酸棗, 地方千里.'"

을 포위하여 한이 진(秦)에 도움을 요청했다. 이에 진의 공손매(公孫眛)는 한의 공중(公仲)에게 진의 감무(甘茂)와 초의 상국(相國)이 경(境)에서 만나서 새(璽)를 거두어들였다고 하지만, 실상은 무언가 밀약이 있을 것이라고 조언했다.[96] 『사기』 기록에는 진과 초의 대신이 상어에서 만났다고 했는데,[97] 상어는 진이 초로부터 빼앗은 땅이자 진의 변읍이었다. 이렇게 진의 상어와 같이 변경에 위치한 지역은 변경 수비의 주요 거점이자, 강역의 범위를 나타내는 경계의 일부였다.[98]

전국시대 기록에서 이러한 국의 외부 경계는 '경(境)', '계(界)', '강(疆)'이라 지칭되었다. 이런 경계는 변경의 요새 지역이나 군과 같이 비교적 넓은 지역을 포함하기 때문에 국경선이 아니라 국경지대의 성격을 띠었다. 즉, 각국 강역의 외연에 해당하는 경(境)은 때로 군대가 주둔하거나 각국 대표자들이 회담을 하는 변경[疆場]의 국경지대였다.

96 『戰國策』 卷27 「韓」 2, p.1544, "司馬康三反之郢矣, 甘茂與昭獻(獻)遇於境, 其言曰收璽, 其實猶有約也." 여기서 璽는 초의 군대를 동원할 수 있는 일종의 兵符로 보이며, 璽를 거두어들인다는 행위는 楚에서 마치 秦의 중재에 따라 楚의 군대를 철수시킨다는 뜻을 표한 것이다.

97 『史記』 卷45 「韓世家」 15, p.1873, "司馬庚三反於郢, 甘茂與昭魚遇於商於, 其言收璽, 實類有約也." 한편 『索隱』에서는 '收璽'를 昭魚가 秦으로 와서 秦의 官印을 받으려 하는 의미로 설명했는데(注11: 『索隱』 劉氏云, 詐言昭魚來秦, 欲得秦官之印璽.), 전체 내용으로 볼 때 초의 군대를 철수시킨다는 의미를 내포한 행위로 보아야 한다.

98 魏의 晉鄙가 10만의 무리를 거느리고 鄴에 주둔하고 있었을 때, 公子無忌는 兵符를 훔쳐와서 晉鄙를 대신하고자 했다. 晉鄙는 "지금 제가 10만의 무리를 거느리고 境에 주둔하여 나라의 重任을 담당하고 있는데, 이제 수레 한 대의 (單身으로) 와서 이를 대신하려 하시니 어찌된 일입니까?"라고 하며 公子의 말을 믿지 않았다. 이때 晉鄙는 鄴을 境이라고 표현했는데, 이는 자신이 10만 명 규모를 거느리고 주둔하고 있었던 鄴은 魏의 변경에 해당했기 때문이었다(『史記』 卷77 「魏公子列傳」, p.2381, "至鄴, 矯魏王令代晉鄙. 晉鄙合符, 疑之, 舉手視公子曰, '今吾擁十萬之眾, 屯於境上, 國之重任, 今單車來代之, 何如哉?' 欲無聽.").

진이 동주를 파하고 이궐(伊闕)에서 위와 싸워 위의 장군인 서무(犀武)를 죽인 후 승세를 타고 위의 경(境)에 주둔하고 있자 위에서는 공손연을 시켜 진과 강화하기를 원했는데,[99] 이때 진의 군대가 머물렀던 곳은 위의 변경 지역이었다.[100] 또 상어에서 진과 초의 대신이 밀약한 것과 같이 때로 경(境)에서 각국의 대표자가 회견했는데,[101] 이때도 경(境)은 변경의 국경지대를 의미했다.

다만 전국시대 변경에 세워진 장성의 경우 국의 외부 경계로서, 선의 형태를 띤 국경이었다. 춘추시대에도 성을 길게 쌓아 방어하는 경우가 있었지만, 본격적으로 변경에 장성을 쌓아 방어선을 구축하기 시작한 것은 전국시대 이후다. 기원전 361년 위의 서쪽 경계가 진과 접하게 되자 위에서는 장성을 쌓아 진과의 경계로 삼았다. 당시 위의 장성은 남쪽으로 화주(華州)의 정현(鄭縣)에 이르고, 서북으로 위수(渭水)를 지나 낙수(洛水) 가의 동쪽 언덕에 달했으며, 북쪽으로는 상군(上郡) 부주(鄜州)의 땅까지 이르렀다.[102] 제에서는 태산 근처 개현(蓋縣)에 장성을 쌓아 방비했는데, 노현(盧縣)에도 장성이 있어 동쪽으로 동해에

99 『戰國策』 卷22 「魏」 1, p.1302, "秦敗東周, 與魏戰于伊闕, 殺犀武, 魏令公孫衍乘勝而留于境, 請卑辭割地以講于秦." 다만 '魏令公孫衍乘勝而留于境'의 구절은 문맥상 순서가 뒤바뀐 것으로 보이며(『戰國策箋證』, pp.1302-1303, 箋證2), 본서에서는 '魏令公孫衍'을 '乘勝而留于境' 구절 뒤로 연결하여 해석했다.

100 변경을 수비하는 군대가 境內의 屯聚에 주둔하며 보안을 공고히 하고 적국을 공격할 좋은 기회를 엿보았던 점을 고려하면(『荀子』 卷6 「富國」 10, pp.196-197, "境內之聚也保固, 視可, 午其軍, 取其將, 若撥麷."), 秦의 군대가 주둔했던 곳은 境外의 지역이라 할 수 있다.

101 『戰國策』 卷25 「魏」 4, p.1434, "樓梧約秦·魏, 將令秦王遇于境."

102 『史記』 卷5 「秦本紀」, p.202, "孝公元年…楚·魏與秦接界. 魏築長城, 自鄭濱洛以北, 有上郡."(注3) 『正義』: "魏西界與秦相接, 南自華州鄭縣, 西北過渭水, 濱洛水東岸, 向北有上郡鄜州之地, 皆築長城以界秦境. 洛即漆沮水也."

이르렀다고 한다.

제 장성의 주요 기점에 대해서는 기록마다 조금씩 차이가 있지만,[103] 제의 장성은 대체로 제수(濟水)의 평음(平陰)에서 시작하여 태산의 북쪽을 지나 최종적으로 낭야대(琅邪臺)에서 동해와 이어지는 형태다. 문제는 이러한 장성은 제의 변경이 아니라 사실상 임치(臨淄)와 변경의 가운데 지역이라는 점이다. 이는 전국시대 위·초·한의 장성이 대개 접경 지역에 위치한 것과는 차이가 있다. 그렇지만 제의 장성 역시 그 일부는 변경에 위치했다. 제 선왕이 산봉우리에 장성을 쌓아 동쪽으로 동해에 이르고 서쪽으로 제주(濟州)까지 1,000여 리에 달하며 장성으로써 초를 방비했다는 기록은 좋은 예다. 곧, 제의 장성 역시 기본적으로는 변경 방어를 목적으로 건설했고, 특히 초의 강역이 확대되어 제와 접경하게 되자 그곳에 장성을 쌓아 초와의 방어선으로 삼았던 것이다. 장의는 제의 계한(界限)으로서 제수(濟水)·황하와 같은 자연 지형과 함께 변경에 만든 호구[鉅坊(巨防)]나[104] 장성을 언급했는

103 예컨대 태산의 서북 지역에 장성이 있어 황하에 연하여 태산까지 1,000여 리에 이르며 낭야대에서 동해로 이어진다고 하는 설명, 장성은 서북쪽으로 濟州의 平陰縣에서 시작하여 황하와 연하여 태산을 지나 濟州의 淄川을 거쳐 서남쪽으로 兗州의 博城縣 북쪽에 이르며, 동으로는 密州 낭야대에 이르러 동해로 들어간다는 설명이 있다(『史記』 卷40 「楚世家」, p.1730, "還蓋長城以為防"; "(注14) 『集解』 徐廣曰, 盆縣在樂安, 蓋縣在泰山. 濟北盧縣有長城, 東至海也. 『索隱』 長城當在濟南. 『正義』 太山郡記云, 太山西北有長城, 緣河徑太山千餘里, 至琅邪臺入海. 齊記云, 齊宣王乘山嶺之上築長城, 東至海, 西至濟州千餘里, 以備楚. 括地志云, 長城西北起濟州平陰縣, 緣河歷太山北岡上, 經濟州淄川, 即西南兗州博城縣北, 東至密州琅邪臺入海. 蓟代記云齊有長城巨防, 足以為塞也.").

104 '鉅坊' 혹은 '巨防'은 盧縣에 있던 防門을 말하며(『史記』 卷69 「蘇秦列傳」, p.2267, "燕王曰, '吾聞齊有清濟·濁河, 可以為固, 長城·鉅防足以為塞, 誠有之乎?'"(注6) 「集解」 徐廣曰, "濟北盧縣有防門, 又有長城東至海"; 『後漢書』 卷30 「郡國志」 3, 兗州 濟北國, "盧…有防門."(注2) "左傳襄十八年齊禦晉平

데,[105] 이는 제의 강역이 확대되면서 내지에 속하게 된 장성이 아니라, 낭야와 거(莒) 동북쪽과 같이 변경으로서 초와 접경하는 지역의 장성을 지칭한 것이다.

요컨대 한 나라의 정치·군사적 세력이 미치는 범위를 강역으로 보고 강역의 외연을 국경이라 했을 때, 전국시대 국경은 군·변읍 등 변경 주요 지역의 외연을 연결한 경계로서, 주요 거점에는 새·정·장·장성 등의 수비 시설이나 사람이 통행할 수 있는 관소·량(梁) 등의 시설이 설치되었고, 병사가 주둔하거나 담당 관리가 배치되어 변경의 수비와 치안을 관리했다.

전술한 대로 춘추시대 봉강 역시 경(境)으로서 '국경'으로 인식되었다. 하지만 춘추시대 '국경'은 배타적 지배 공간의 지리적 한계로서 경계를 넘나드는 사람의 이동을 통제하거나 관리하는 실제적인 경계는 아니었다. 당시 경내 지역은 군주의 통치권역을 의미하지 않았고, 봉강은 주요 요지에 관리를 두어 치안을 유지하는 곳이었을 뿐 봉강에서 사람들의 이동을 일일이 통제하지 않았다. 반면 전국시대 각국의 개혁은 민을 호적에 등록하여 지배하는 방향으로 진행되었다. 편호제민을 통한 지배체제는 기본적으로 본적지에 거주하는 농민을 통치 대

陰, 壍防門, 杜預曰在縣北. '杜預曰在縣北' 按, 今杜注作 '平陰城在濟北盧縣東北, 其城南有防, 防有門.'"), 이는 齊 靈公 때 제후국의 공격을 막기 위해 판 호구로 보인다(『春秋左傳』 襄公 18(B.C.555), p.1037, "冬十月會于魯濟, 尋溴梁之言, 同伐齊. 齊侯禦諸平陰, 塹防門而守之, 廣里.").

105 張儀는 秦 惠王에게 "濟水는 맑고 황하는 탁하여 界限으로 삼기 족했고, 장성과 鉅坊(巨防)은 塞로 삼기 족했습니다."(『戰國策』 卷3 「秦」 1, pp.172-173, "臣敢言往昔, 昔者, 齊南破荊, 中破宋, 西服秦, 北破燕…濟淸河濁, 足以爲限, 長城鉅坊足以爲塞."; 『韓非子』([淸]王先愼 撰, 鍾哲 點校, 『韓非子集解』, 中華書局, 1998) 卷1 「初見秦」 1, p.4, "齊之淸濟濁河, 足以爲限, 長城巨防, 足以爲塞.")라고 하며 옛 齊의 강역을 설명했다.

상으로 하며 본적지를 벗어나는 민의 이동은 관부의 허락하에서만 허용되었다. 상앙 변법을 반영한 진율(秦律)이나 초의 사법문서 중 도망자[亡人] 관련 처벌 내용은[106] 이를 반영한 결과다. 전국시대 각국의 상황을 일괄적으로 설명할 수는 없지만, 소속 민의 안정적인 지배 방법을 강구했던 각국의 제도 개혁 속에서 일반 민의 타국으로의 이동은 점차 통제되고 국외 이동은 관부의 승인을 받은 경우로 한정되었을 것으로 보인다. 관부의 허락을 받거나 타국을 왕래하며 활동했던 상인이나 유세객의 경우에도 일정한 검문을 거친 후 각국의 국문을 출입할 수 있었다. 전국시대 변경 출입 관리의 변화는 전국시대 국의 외연으로서의 경(境)이 사람과 물자의 왕래와 이동을 통제·관리하는 실제적인 국경의 성격을 띠게 되었음을 뜻한다. 이는 또한 전국시대 이후 법제에 근거한 공간 지배가 시작되어, 지리상에 형성된 배타적 성격의 국경이 등장했음을 의미한다.

2. 춘추시대 경계의 출입과 통과의례

고대 중국 사람들은 자신의 거주지를 벗어나 타지로 떠날 때 여정의 안녕을 기원하는 길제사를 지냈다. 도신(道神)에 대한 제사가 언제부터 시작되었는지 분명치 않지만, 길제사는 자신이 거주하는 공간과 달리 일정한 경계 너머의 외부 공간은 도신(道神)의 도움을 받아야 하는 위험한 지역이라는 인식을 전제로 한다. 갑골문 중 상왕이 대읍[商]으로 출입하는 날짜·방향·장소에 대한 길흉을 점쳤던 내용 역시 일종

106 包山楚簡 중 85簡과 87簡은 亡人에 대한 처벌 규정이 楚에도 존재했음을 보여준다(陳偉, 『包山楚簡初探』, 武漢大學出版社, 1996, pp.206-207 참고).

의 안전한 공간인 대읍과 그렇지 않은 외부 공간을 구분하는 공간에 대한 인식의 차이가 존재했음을 보여준다. 즉, 갑골문에 왕이나 왕실에 속한 사람이 상읍을 출입할 때 일시·장소 등 출입에 관한 세부 사항을 신의 뜻에 따라 결정했던 이유는 조상신의 보호가 있는 내부 공간을 벗어날 때 생기는 두려움을 극복하고 외부에서 부정한 요소가 들어오지 못하도록 막아야 했기 때문이었다. 상주 시기 왕도의 중심부에 위치한 종묘에서는 조상신과 씨족 공동체가 소통하기 위해 점복이나 청동 제기 및 신주를 이용한 제의를 행했는데,[107] 이런 신과 인간 간의 교류와 연합은 왕도와 같은 정치적 중심지를 신성하게 여기는 근거가 되었다.

사실 춘추시대까지도 종묘·궁의 위치와 기능은 중첩되거나 거의 혼연일치되었고 제정은 엄격히 분리되지 않았다. 춘추시대 궁은 궁묘라는 명칭에서 보듯이 군주의 거처이자 조상신을 모신 종묘였다. 이는 궁이 신전의 원초적 형태인 대(臺)와 마찬가지로 신전의 성격을 보유하고 있었고, 그곳이 신권(神權)의 체현을 자임한 군주의 거처로 연화(演化)된 자연스러운 결과였다.[108] 종묘·궁은 조상신과 씨족 공동체가 점복과 제의를 통해 교통하는 공간이었고, 이런 종묘·궁이 위치한 도성은 일종의 신성한 공간으로 인식되었다.

그렇지만 춘추시대에는 이전 시기와 달리 각 지역 간의 활발한 왕래가 이루어졌다. 『춘추좌전』의 기록에 따르면, 당시 열국 간에는 상시적인 사신뿐 아니라 조근·빙문·회맹·향연 등을 위한 외교 사절단

107 Maria Khayutina, "The Sacred Space of an Aristocratic Clan in Zhou China(11th-3rd Centuries B.C.) under Transformation: An Attempt at Interpretation," pp.112-113 참고.

108 李成九, 『中國古代의 呪術的 思惟와 帝王統治』, pp.39-46 참고.

이 끊임없이 왕래했다.[109] 제후가 즉위할 경우 소국에서는 해당 국가에 입조하여 축하했고 대국에서는 빙문을 했으며,[110] 제후들은 5년마다 서로 조현하는 것이 예에 해당했다.[111] 열국 간 왕래에는 공무 여행 외에 혼인·장례와 같은 경조사에 참여하거나 정치적 망명 등 개인적인 여행도 포함되었다. 평상시 외에 출정 혹은 변경에서의 무력 도발을 위해 이동하는 경우도 많았다. 국을 왕래할 때 자국의 경계를 출입할 때와 타국을 지나는 경우는 그 성격이 달랐으며, 각각 경계를 출입하기 위한 일정한 절차가 존재했다.

만약 춘추시대 도성의 내부가 교(郊) 지역과 달리 조상신의 가호를 얻을 수 있는 신성한 공간으로 인식되었다면, 이런 공간 인식은 분명 외부와의 교류 절차와 형식에 중요한 영향을 끼쳤을 것이다. 또 경계를 출입하는 절차와 형식은 서로 다른 집단 간의 교류 방법을 보여줄 뿐 아니라, 공간을 구분하는 경계의 성격이나 당시 공간 인식을 파악할 수 있는 중요한 근거가 된다.

이 절에서는 춘추시대 국의 공간구조와 그 특징을 이해하기 위해 국의 출입 절차와 형식을 분석하고자 한다. 일반적으로 춘추시대 열국 간의 왕래 절차는 『의례』에 보이는 빙례의 내용을 기초로 이해하지만,[112] 『의례』에 기록된 의례 절차가 춘추시대에 실제로 행해졌는가는 신중한 검토가 필요하다. 이에 본 연구에서는 『춘추좌전』에 보이는 열

109 춘추시대 열국 간의 외교 의례와 절차 및 사신단의 선발 및 구성에 대한 내용은 徐杰令, 『春秋邦交研究』, 中國社會科學出版社, 2004, pp.1-113 참조.

110 『春秋左傳』 襄公 1(B.C.572), p.918, "冬, 衛子叔·晉知武子來聘, 禮也. 凡諸侯卽位, 小國朝之, 大國聘焉, 以繼好·結信·謀事·補闕, 禮之大者也."

111 『春秋左傳』 文公 15(B.C.612), p.609, "夏, 曹伯來朝. 禮也. 諸侯五年再相朝, 以脩王命, 古之制也."

112 高木智見, 「春秋時代の聘禮について」, 『東洋史研究』 47-4, 1989, pp.113-116.

국 간의 왕래 사례를 분석하고 당시 문헌 기록에 반영된 국의 출입 절차와 형식을 재구성하고자 한다.

1) 국의 출입과 의례 절차

춘추시대 제후국 간의 빈객 왕래를 중심으로 한 외교 관계는 매우 중요했고[113] 상대국 빈객이 자국을 방문했을 때는 예법에 맞게 접대해야 했다. 만약 상대국 사신이나 일행을 홀대하면 무력 분쟁으로 확대되기도 했다. 예컨대 융이 주 왕실을 방문했을 때 범백(凡伯)이 빙례에 따라 접대하지 않았다가 이후 융의 공격을 받고 붙잡혔던 일은[114] 상대를 홀대한 일이 무력 보복으로 연결된 사례다.[115] 식후(息侯)가 자신의 부인 될 사람에 대해 채후(蔡侯)가 빈(賓)으로 접대하지 않자 채를 공격했던 일 역시 자국을 지나는 빈객의 접대 문제가 때로 무력 분쟁의 원인이 되었음을 보여준다.[116]

113 『춘추』 기록 중 80%가 제후국 간의 전쟁·회맹·조빙과 같은 외교 관계에 관한 내용이며, 공자 역시 제후국이 존립하기 위한 주요 요건으로 종묘·빈객·軍旅를 잘 관리하는 문제를 언급했는데, 이는 당시 사회에서 국가 간 관계가 국가의 존립과 연결되는 중요한 문제였음을 보여준다(高木智見, 「春秋時代の聘禮について」, pp.111-113).

114 『春秋左傳』 隱公 7(B.C.716), pp.54-55, "初, 戎朝于周, 發幣于公卿, 凡伯弗賓. 冬, 王使凡伯來聘. 還, 戎伐之于楚丘以歸."

115 다른 예로 제 환공이 망명하여 譚을 지날 때 譚에서 그를 禮로 대하지 않았고, 결국 齊에서는 이 일을 공격의 빌미로 삼아 譚을 공격하여 멸망시켰다(『春秋左傳』 莊公 10(B.C.684), pp.184-185, "齊侯之出也, 過譚, 譚不禮焉. 及其入也, 諸侯皆賀, 譚又不至. 冬, 齊師滅譚, 譚無禮也.").

116 『春秋左傳』 莊公 10(B.C.684), p.184, "蔡哀侯娶于陳, 息侯亦娶焉. 息嬀將歸, 過蔡. 蔡侯曰, '吾姨也.' 止而見之, 弗賓. 息侯聞之, 怒, 使謂楚文王曰, '伐我, 吾求救於蔡而伐之.' 楚子從之. 秋九月, 楚敗蔡師于莘, 以蔡侯獻舞歸."

타국인을 빈으로 맞아 대접하는 일과 마찬가지로 회맹이나 조빙을 위해 타국을 지날 때 예에 맞게 행동하는 것도 중요했다. 타국을 출입하는 일은 그 목적에 따라 크게 두 가지로 나눌 수 있다. 첫째, 조빙과 같이 방문국의 도성까지 들어가는 경우이고, 둘째, 다른 지역으로 가기 위해 국의 도성 밖 경내로 지나는 경우다. 이하 도성의 출입과 교(郊) 지역의 출입으로 나누어 국의 출입 절차를 살펴보기로 하자.

(1) 도성의 출입 의례

우선 자국인의 국외 출행 절차를 살펴보면, 춘추시대 국외로의 출행은 각 신분별로 정해진 목적에 한해서만 가능했다. 예를 들어 노 장공이 제에 가서 사제(社祭)에 참관하려 했는데, 조귀(曹劌)는 제후가 출행할 수 있는 경우는 맹회 참석, 제후 간 또는 천자에 대한 조빙, 적국으로 출정할 때뿐이며 그 외의 출행은 예가 아니라고 반대했다.[117] 이런 원칙은 다음의 사례에서도 확인된다.

> (가)-① [기원전 667년] 봄철에 장공이 조(洮)에서 기(杞)의 백희(伯姬)를 만난 일은 민사(民事)가 아니었다. 천자는 덕의(德義)를 선양하는 일이 아니면 순수(巡狩)하지 않고, 제후는 민을 위한 일이 아니고서는 출행하지 않으며, 경은 군명(君命)이 아니면 경(境)을 나가지 않는다. … 가을철에 공자 우(友)가 진(陳)에 가서 원중(原仲)을 장사지낸 것은 예가 아니었다. 원중은 공자 우의 오랜 친구였다.[118]

117 『春秋左傳』 莊公 23(B.C.671), pp.225-226, "二十三年夏, 公如齊觀社, 非禮也. 曹劌諫曰, "不可. 夫禮, 所以整民也. 故會以訓上下之則, 制財用之節. 朝以正班爵之義, 帥長幼之序. 征伐以討其不然. 諸侯有王, 王有巡守, 以大習之. 非是, 君不擧矣. 君擧必書. 書而不法, 後嗣何觀?"

118 『春秋左傳』 莊公 27(B.C.667), pp.235-236, "二十七年春, 公會杞伯姬于洮,

노 장공은 개인적인 일로 도성을 떠나 조에 갔던 일이나 공자 우가 군명(君命) 없이 진(陳)에 가서 옛 벗인 원중의 장례에 참석했던 일은 예에 맞지 않는 행동이었다. 이처럼 천자·제후·경·대부는 사사로이 국외로 나갈 수 없었다. 노 은공이 도성을 나가 당(棠)에 가서 물고기 잡는 것을 보려고 하자 장희백(臧僖伯)이 안 된다고 충간(忠諫)을 하고,[119] 왕실의 경사(卿士) 제백(祭伯)이 주왕의 명을 받지 않고 노에 왔기 때문에 이를 별도로 기록한 일[120] 등은 제후 및 경·대부의 국외 출입에 일정한 원칙이 있었음을 대변한다.

자국인의 국외 출행은 그 성격에 따라 평상시와 전시(戰時)로 구분된다. 먼저 평상시 제후의 출행 절차는 그 시작과 끝이 종묘에서 진행되었다. 즉, 출국하기 전에 먼저 종묘에 고했고, 출행에서 돌아와서도 종묘에 고해야 했다. 종묘에 복명을 한 후에는 군신과 함께 향연을 행했는데, 만약 출행하여 공훈을 세웠을 경우 간책(簡策)에 기록하여[121] 종묘에 고했다.[122] 제후의 명을 받아 경·대부 등이 사신으로 출국하는 경우에도 의식의 시작과 끝은 종묘에서 이루어졌다. 사신은 종

非事也. 天子非展義不巡守, 諸侯非民事不擧, 卿非君命不越竟. …秋, 公子友如陳葬原仲, 非禮也. 原仲, 季友之舊也."

119 『春秋左傳』 隱公 5(B.C.718), pp.42-43, "三年而治兵, 入而振旅. 歸而飮至, 以數軍實."

120 『春秋左傳』 隱公 1(B.C.722), p.19, "十二月, 祭伯來, 非王命也."

121 『春秋左傳』 桓公 2(B.C.710), p.91, "冬, 公至自唐, 告于廟也. 凡公行, 告于宗廟. 反行, 飮至·舍爵·策勳焉, 禮也." 孔穎達의 疏에서 인용한 「釋例」에 따르면 『春秋』 經文에 맹회는 105회, 魯公이 출행한 경우는 176회인데, 이 중 돌아온 사실을 기록한 것은 82회라고 한다. 기록하지 않은 94회는 모두 종묘에 고하지 않았기 때문이라 생각할 수 있다(『春秋左傳』 桓公 2(B.C.710), p.84 注).

122 『春秋左傳』 襄公 13(B.C.560), p.998, "十三年春, 公至自晉, 孟獻子書勞于廟, 禮也."

묘에서 군명(君命)을 받아 떠난 후 돌아와서는 종묘에서 복명을 해야 했다. 만약 사행에서 돌아와 정식으로 복명하지 못할 경우 도성 밖에서 흙을 쌓아 임시로 단을 만든 후 부사(副使)에게[123] 대신 복명을 하기도 했다. 예컨대 노 선공이 죽은 후 장손허가 양중의 집안인 동문씨를 쫓아내자, 공손귀보는 사행에서 돌아오다가 도성으로 들어오지 않고 부사인 개(介)에게 복명을 한 후 제로 도망했다.[124] 아마 부사는 종묘로 돌아가 사신을 대신하여 복명했을 것인데, 공손귀보처럼 사행을 떠났던 자가 부사를 보내서라도 대신 복명을 했던 이유는 자신의 사행이 종묘로부터 받은 명령이라고 인식했기 때문이다.

출정의 절차도 기본적으로 종묘를 중심으로 이루어졌다. 평상시의 출행 때와 같이 군주는 재계를 하고[125] 종묘에 제사를 지내 출정을 고했고, 군주가 출정하지 않을 경우 출정하는 자는 군주로부터 명을 받았다. 전쟁에서 돌아오면 먼저 종묘에 복명했는데, 성복에서의 전투에서 승리한 후 귀환한 군대가 개선의 음악을 울리며 진의 도성으로 들어온 후 생포한 포로와 베어온 적군의 귀를 종묘에 고하여 바쳤던

123 고대 조빙·맹회·제사 등의 의례를 행할 때에는 반드시 담당자를 돕는 사람이 필요했는데, 이를 '相禮'라 하고 부사 혹은 부관을 '相'이라 칭했다(『春秋左傳』 桓公 18(B.C.694), p.153, "秋, 齊侯師于首止, 子亹會之, 高渠彌相.").

124 『春秋左傳』 宣公 18(B.C.591), pp.778-779, "冬, 公薨. …遂逐東門氏. 子家還, 及笙, 壇帷, 復命於介. 既復命, …遂奔齊." 유사한 예로서 정에 伯有의 난이 발생했을 때 游吉 역시 晉에 갔다가 돌아오는 길이었고, 난리 소문을 들은 후 도성으로 들어가지 않고 부사인 介에게 복명한 후 晉으로 도망했다(『春秋左傳』 襄公 30(B.C.543), pp.1175-1177, "庚子, 子晳以駟氏之甲伐而焚之. …伯有聞鄭人之盟己也, 怒. …於是游吉如晉還, 聞難, 不入. 復命于介. 八月甲子, 奔晉.").

125 예컨대 초 무왕이 전쟁을 하기 위해 병사들에게 戟을 나누어주어 隨를 공격하려 했을 때, 그는 먼저 재계를 했다(『春秋左傳』 莊公 4(B.C.690), p.163, "四年春正三月, 楚武王荊尸, 授師子焉, 以伐隨. 將齊.").

일은[126] 좋은 예다. 복명이 끝나면 출행 때와 같이 주연을 베풀고 공훈에 따라 상을 내렸다. 다만 평상시와 달리 출정 때는 종묘에서 무기를 받거나,[127] 사(社)에 제사를 지내고 사(社)의 신주와 함께 출정하는 등의 절차가 추가되었다.[128]

제후 및 경·대부가 사사로이 국외로 나갈 수 없었고, 국외로의 출입 시에 각각 종묘·사직에 고했던 이유는 제후 및 경·대부는 모두 종묘·사직에 모신 신에 대한 의례를 중심으로 결합되었고 각각은 신의 명으로서 받은 자신의 임무를 다해야 할 책임이 있었기 때문이었다. 당시 대부가 출분(出奔)을 하면, 주변국에 "모씨(某氏)의 수신(守臣)인 모(某)가 종묘를 지키지 못하게 되었으므로 감히 고합니다"라고 알렸는데, 이는 대부의 망명이 제후의 종묘를 지킬 책임을 저버린 행위로 여겼음을 의미한다.[129] 위의 대부 자행경자(子行敬子)가 제후들의 회합에 대축(大祝) 자어(子魚)를 데려가려고 하자, 자어가 자신은 선조의 명을 받들어 사직의 신을 섬기는 종으로서[130] 출정할 때 신주와 함께 국외로 나갈 뿐이라고 했던 것도 바로 이 때문이었다.

국의 사직과 종묘를 지켜야 할 의무를 지닌 제후·경·대부들의 국

126 『春秋左傳』 僖公 28(B.C.632), pp.471-472, "秋七月丙申, 振旅, 愷以入于晉, 獻俘·授馘, 飮至·大賞, 徵會·討貳."

127 『春秋左傳』 莊公 8(B.C.686), p.173, "八年春, 治兵于廟, 禮也."

128 衛의 大祝 子魚가 출정할 때 社에 제사를 지내고 희생을 써서 鼓에 피를 바른 후 大祝이 사주를 받들어 들고 따르게 된다고 한 것을 보면(『春秋左傳』 定公 4(B.C.506), p.1535, "子魚辭, 曰, '…君以軍行, 祓社·釁鼓, 祝奉以從, 於是乎出竟. …'"), 당시 출정할 때 社의 신주도 가지고 나갔다. 다만 현재로서는 그 사실을 분명히 밝혀줄 자료를 확인하기는 어렵다.

129 『春秋左傳』 宣公 10(B.C.599), pp.706-707, "凡諸侯之大夫違, 告於諸侯曰, '某氏之守臣某, 失守宗廟, 敢告.'"

130 『春秋左傳』 定公 4(B.C.506), p.1535, "子魚辭, 曰, '臣展四體, 以率舊職, 猶懼不給而煩刑書. 若又共二, 徼大罪也. 且夫祝, 社稷之常隸也. …'"

외 망명은 자신의 지위를 포기하는 행위였기 때문에, 일단 망명을 한 후에는 기존의 지위를 박탈당했다. 그리고 환국했을 때는 종묘에서 지위를 회복하는 절차가 필요했다.[131] 예를 들어 주 경왕(敬王)은 도망했다가 성주(成周)로 돌아와서는 먼저 양왕의 묘(廟)에서 국인들과 맹을 맺어야 했다.[132] 환국하는 과정에서 국인들과 맹을 맺는 일은 다른 환국 사례에서도 공통적으로 보이는데,[133] 이는 당시 국의 내부가 종묘와 사(社)의 신에 대한 의례를 중심으로 결합된 국인들이 거하는 패쇄적인 공간으로서 국의 구성원으로 복귀하기 위해서는 국의 구성원들과의 결맹이라는 일종의 의례가 필요했음을 의미한다.[134]

다만 주목할 점은 망명 때 박탈되었던 지위를 회복하기 위해 국인들과의 화해와 재결합을 위한 결맹도 필요했지만,[135] 최종적으로 자

131 환국을 기술할 때 본국에서 그를 맞이하여 특정 지위로 세웠을 때는 '入'이라 하고, 복위했을 때는 '復歸'라 하며, 제후들이 그를 받아들였을 때는 '歸'라 하고, 惡名으로 돌아왔을 때는 '復入'이라 한다(『春秋左傳』 成公 18(B.C.573), pp.911-912, "…書曰, '復入.' 凡去其國, 國逆而立之曰, '入', 復其位, 曰, '復歸', 諸侯納之, 曰, '歸', 以惡曰 '復入.'")고 했으나, '入'과 '復'은 상호 혼용되기도 하기 때문에 이 원칙이 그대로 적용되었는지는 분명치 않다. 다만 游吉의 경우 '復歸'라 했는데, 원래의 지위를 회복한 것으로 볼 수 있으므로 이 설명을 적용할 수 있다.

132 『春秋左傳』 昭公 26(B.C.516), p.1475, "癸酉, 王入于成周. 甲戌, 盟于襄宮. …十二月癸未, 王入于莊宮."

133 예를 들어 정 문공이 공자들을 奚아내자 公子 蘭은 晉으로 도망했다가 晉 문공의 鄭 정벌에 따라왔다가 晉의 후원을 받아 태자로 즉위했다. 그때 孔將鉏·侯宣多는 公子 蘭을 맞아 祖廟大宮에서 盟을 맺고 그를 태자로 세웠다(『春秋左傳』 宣公 3(B.C.606), pp.674-675, "公逐羣公子, 公子蘭奔晉, 從晉文公伐鄭. …與孔將鉏·侯宣多納之, 盟于大宮而立之, 以與晉平.").

134 齋藤道子, 「春秋時代の'國': '國'空間の性質とその範圍」, pp.80-84.

135 정에 난리가 발생했다는 소식을 들은 游吉은 晉으로 돌아오다 부사인 介에게 복명한 후 晉으로 도망했으나, 駟帶가 그를 奚아 酸棗에 이르자 駟帶와 맹을 맺고 公孫肸로 하여금 도성에 들어가 대부들과 맹을 맺게 한 후 복귀

신의 환국을 종묘에 고해야 했다는 사실이다. 경왕이 담편(儋翩)의 난을 피하여 왕성(王城)을 벗어났다가 제후들의 도움을 받아 왕성으로 돌아왔을 때 먼저 묘(廟)에 들어가 환국을 고했던 일이나,[136] 진의 중이가 진의 후원을 받아 진으로 돌아와 제후로 즉위했을 때에도 곡옥무공(曲沃武公)의 묘(廟)인 무궁(武宮)에 먼저 아뢨던 일[137] 등은 좋은 예다. 평상시와 전시의 국외 출행 절차에서 종묘에 고하는 일이 시작과 끝이 되었던 점을 상기하면, 종묘에 고하지 않은 국외로의 출행은 책명을 받은 자로서 그 명을 저버린 행위에 해당했다. 이 때문에 환국 시 종묘에 고하는 행위는 단순히 국내로 출입하기 위한 의례의 차원을 넘어 본래의 지위를 회복하기 위한 재책명(再策命)의 의미를 포함하는 과정이었다. 요컨대 종묘에서 책명을 받은 군주 및 경·대부는 종묘와 사직을 지켜야 하는 일종의 '종'으로서 국을 수호해야 할 책임이 있었고, 이 때문에 국외로의 이동은 종묘에 모신 신의 허락을 받아 신분별로

했다. 여기서 游吉은 망명을 했기 때문에 원래의 대부 지위를 박탈당했지만, 자신을 대신하여 公孫肸이 국도에 들어가 대부들과 맹을 맺은 후 원래의 지위를 회복했다. 반면 經文에 "정나라 사람들이 良霄[伯有]를 죽였다"라고 하여 伯有에 대해서는 대부라 칭하지 않았는데, 이는 그가 국외로 망명했다가 돌아왔으나(『春秋左傳』 襄公 30(B.C.543), pp.1175-1177, "庚子, 子皙以駟氏之甲伐而焚之. …伯有聞鄭人之盟己也, 怒. …於是游吉如晉還, 聞難, 不入. 復命于介. 八月甲子, 奔晉. 駟帶追之, 及酸棗. 與子上盟, 用兩珪質于河. 使公孫肸入盟大夫. 己巳, 復歸. 書曰 '鄭人殺良霄', 不稱大夫, 言自外入也."), 지위를 회복하는 절차를 거치지 않았기 때문이었다.

136 儋翩의 난을 피하여 姑蕕에 머물고 있던 敬王을 單子·劉子가 가서 慶氏로부터 맞아들이자, 敬王은 王城에 들어가서 公族인 黨氏네서 머무르가 이후 莊王의 廟에 가서 환국을 아뢰었다(『春秋左傳』 定公 7(B.C.503), p.1561, "冬十一月戊午, 單子·劉子逆王于慶氏. 晉籍秦送王. 己巳, 王入于王城, 館于公族黨氏, 而後朝于莊宮.").

137 『春秋左傳』 僖公 24(B.C.636), p.413, "丙午, 入于曲沃. 丁未, 朝于武宮. 戊申, 使殺懷公于高梁."

정해진 목적에 한해서만 가능했다.

다음으로 외부인이 조빙 등의 목적으로 타국의 도성까지 출입하는 절차를 검토해 보자. 우선 주 왕실과 제후국 간의 왕래를 살펴보면, 제후국에서는 왕실에 장례가 있거나[138] 조문품 등을 전달해야 할 경우[139] 왕실에 사자를 파견하여 예를 행했다. 일반 제후가 조근할 경우, 정 장공이 주 왕실의 경사(卿士)로서 제 희공을 인도하여 주왕을 조근하게 했던 것과 같이[140] 왕실의 경사 혹은 총애를 받는 제후의 인도를 받아 주왕을 알현했다. 제후국에서 주에 도착하면, 주왕은 사람을 보내 용무를 먼저 물었다.[141] 왕실을 조근할 때의 절차가 제후국 간의 의식과 어떤 차이가 있었는가는 확인하기 어렵지만, 조맹이 주왕을 찾아갔을 때 유(劉)의 정공(定公)을 시켜 그를 영(潁)에서 위로하게 하여 조맹 일행이 낙수가 굽어 흐르는 어귀에 머물렀던 것처럼[142] 왕실에서는 빈객을 맞이하여 위로하고 숙소를 제공했다.

제후국 간의 빙문은 정기적인 빙문은 물론 여러 목적의 빙문이 있었다.[143] 노 소공이 진에 가서 교에서 위로를 받는 일[郊勞]에서 예물을 바치는 일[贈賄]까지 예에 어긋남이 없도록 행동했고, 이에 대해 진

138 『春秋左傳』 隱公 3(B.C.720), p.28, "武氏子來求賻, 王未葬也."

139 『春秋左傳』 隱公 1(B.C.722), p.16, "秋八月, 天王使宰咺來歸惠公·仲子之賵."

140 『春秋左傳』 隱公 8(B.C.715), p.60, "八月丙戌, 鄭伯以齊人朝王, 禮也."

141 『春秋左傳』 襄公 26(B.C.547), p.1124, "晉韓宣子聘于周, 王使請事."

142 『春秋左傳』 昭公 1(B.C.541), p.1210, "天王使劉定公勞趙孟於潁, 館於雒汭."

143 『춘추좌전』에 보이는 노와 다른 제후국 간의 빙문 횟수는 魯에서 晉에 대해 24회, 齊에 대해 16회로 가장 많다. 물론 『춘추좌전』에 모든 빙문 사례가 기록된 것이 아니기 때문에 정확한 횟수로 볼 수 없지만(高木智見, 「春秋時代の聘禮について」, pp.117-118), 당시 열국 간 빙문의 성격을 파악할 수 있는 근거가 된다.

후(晉侯)는 노 소공이 예를 잘 지킨다고 평했듯[144] 교노(郊勞)와 증회(贈賄)는 빈객이 행하는 의례 중 가장 중요한 절차였다. 물론 진의 여숙제(女叔齊)는 노 소공이 교노에서 증회까지 예를 어김이 없을지라도 그가 예의 정신을 버리고 의식만을 추구했다고 비판했지만,[145] 제의 국장자(國莊子)가 노에 빙문 와서 교에서 위로(慰勞)를 받는 일부터 증회까지 모두 예에 맞게 행동했다는 기록처럼[146] 각 절차에서 예를 지키는 일은 중요했다.

『의례』에는 자국에서 출발할 때부터 귀국할 때까지의 절차가 자세히 정리되어 있다.[147] 물론 『의례』에 보이는 빙례 절차가 당시 그대로 행해졌다고 할 수는 없지만, 빙문 시 행했던 기본 절차는 참고할 수 있다. 먼저 방문 국에 도착하여 교에 이르면 단을 쌓고 해당국에서 베푸는 위로[郊勞]를 받은 후 유숙할 곳으로 가서 머물렀다. 예컨대 정 자산이 정백을 수행하여 초에 입조하러 갔을 때 그는 교에 이르러 유궁(帷宮)을 만들고 정문(旌門)을 설치했지만 단을 만들지는 않았다. 이에 대해 자산은 대국에서 소국에 갈 때는 단을 쌓지만, 소국이 대국을 찾아갔을 때는 단을 만들지 않는다고 설명했다.[148] 원래 국군(國君)이 다

144 『春秋左傳』 昭公 5(B.C.537), p.1266, "公如晉, 自郊勞至于贈賄, 無失禮. 晉侯謂女叔齊曰, '魯侯不亦善於禮乎?'"

145 『春秋左傳』 昭公 5(B.C.537), p.1266, "(女叔齊)對曰, '魯侯焉知禮!' 公曰, '何爲? 自郊勞至于贈賄, 禮無違者, 何故不知?' 對曰, '是儀也, 不可謂禮.'"

146 『春秋左傳』 僖公 33(B.C.627), pp.496-497, "齊國莊子來聘, 自郊勞至于贈賄, 禮成而加之以敏."

147 『儀禮』(李學勤 主編, 『儀禮注疏』, 北京大學出版社, 1999) 卷19, 「聘禮」 8, pp.362-433 참조.

148 『春秋左傳』 襄公 28(B.C.545), pp.1143-1144, "九月, 鄭游吉如晉, 告將朝于楚以從宋之盟. 子産相鄭伯以如楚. 舍不爲壇. …子産曰, '大適小, 則爲壇. 小適大, 苟舍而已, 焉用壇?'"

른 나라에 이르면 풀을 제거하여 터를 닦은 후 흙을 쌓아 단을 만들고 그곳에서 교노(郊勞)의 절차를 행하는 법인데, 당시 정은 억지로 초에 입조해야 하는 입장이었기 때문에 소국의 군주로서 단을 만들지 않았던 것이다. 이로 미루어 군주의 빙문이 아닌 일반 사신들의 경우 별도로 단을 만들지 않고 교노(郊勞)를 행했던 것 같다. 교노가 끝나면 빈관(賓館)을 안내 받고 그곳에서 머물렀다. 노의 숙궁(叔弓)은 진의 한선자(韓宣子)가 빙문한 일을 보답하기 위해 진을 빙문했는데, 그는 노 소공이 손님 대접을 받으려 하지 말라는 명을 이유로 교노와 빈관에서의 유숙을 사양했다.[149] 반면 숙궁이 등(滕) 성공의 장례에 참석하기 위하여 등에 갔을 때, 부사로서 함께 갔던 공자 복초(服椒)가 등으로 들어가 빈관을 제공받자 숙궁 역시 따라들어갔다.[150] 이처럼 진에 갔을 때의 숙궁의 사양은 노에서 진에 대해 특별한 겸양을 표현하기 위한 행동이었고, 일반적으로 사절단은 방문 국에서 제공하는 빈관에서 빙문할 때까지 머물렀다. 만약 방문 국의 군주가 빈객을 맞이하지 않을 경우 사절단은 빈관에서 장기간 체류하기도 했다.[151]

빈객이 도착했다는 소식을 들으면 주국(主國)에서는 빈객을 맞이

149 『春秋左傳』 昭公 2(B.C.540), p.1229, "叔弓聘于晉, 報宣子也. 晉侯使郊勞, 辭曰, '寡君使弓來繼舊好, 固曰, 女無敢爲賓, 徹命於執事, 敝邑弘矣, 敢辱郊使? 請辭.' 致館, 辭曰, '寡君命下臣來繼舊好, 好合使成, 臣之祿也. 敢辱大館!'"

150 『春秋左傳』 昭公 3(B.C.539), pp.1240-1241, "五月, 叔弓如滕, 葬滕成公, 子服椒爲介. 及郊, 遇懿伯之忌, 敬子不入. 惠伯曰, '公事有公利, 無私忌. 椒請先入.' 乃先受館. 敬子從之."

151 魯 襄公이 薨去했을 때 晉을 방문했던 鄭伯과 子産 일행은 晉侯를 만나지 못했다. 빈관에 머물고 있던 子産은 빈관의 담을 헐고 車馬를 안으로 들이게 했는데(『春秋左傳』 襄公 31(B.C.542), pp.1186-1189, "公薨之月, 子産相鄭伯以如晉, 晉侯以我喪故, 未之見也. 子産使盡壞其館之垣而納車馬焉. …"), 이는 당시 방문국의 상황에 따라 빈관에 체류하기도 했음을 보여준다.

할 준비를 했다.[152] 그리고 빈객을 맞이해서는 옥기를 종묘의 당상(堂上)에서 수수(授受)했다. 사자가 들고온 규(珪)와 같은 옥기는 본국의 종묘에 보관하던 보기(寶器)이자 해당국의 정체(正體)를 상징하는 중요한 물건이었기 때문에, 옥의 수수는 접빈 절차에서 가장 중요했다. 이 때문에 옥을 수수하는 위치와 자세 또한 중요했는데, 주빈이 대등한 신분일 경우에는 중당(中堂)에서, 손님의 신분이 주인에 비해 낮을 때는 중당(中堂)과 동쪽 기둥 사이에서 각각 수수했다. 정백이 진에 가서 전해에 결맹한 일을 배사(拜謝)했을 때, 정백은 옥을 동쪽 기둥[東楹]의 동편에서 전했다. 정백과 진후(晉侯)는 군주로서 대등한 관계인데도 불구하고 정백은 진후를 패주로 여기고 동쪽 기둥보다 더 동쪽으로 나아가 옥을 주었던 것이다. 이는 진의 사정백(士貞伯)이 비판한 것처럼 정백이 군주로서의 자신의 지위를 버린 지나친 겸양이었다.[153] 또한 옥을 수수하는 자세 역시 예법에 맞아야 했는데, 자공은 주(邾) 은공(隱公)이 노에 조문 왔을 때 주 은공이 옥을 줄 때 너무 높이 들어 우러러보는 자세가 되었고, 정공이 그 옥을 받을 때 너무 낮추어 내려다보는 자세가 되었다며 비판했다.[154]

옥을 수수한 후에는 주국에서 향연을 베풀었다. 제 경공이 진을

152 晉의 韓宣子가 楚 靈王의 부인이 될 공녀를 전송하기 위하여 叔向과 함께 초에 갔을 때, 초 영왕이 대부들을 불러 접빈할 방법을 논의하게 한 일은 좋은 예다(『春秋左傳』 昭公 5(B.C.537), pp.1266-1268, "晉韓宣子如楚送女, 叔向爲介. 鄭子皮·子大叔勞諸索氏. …及楚. 楚子朝其大夫.").

153 『春秋左傳』 成公 6(B.C.585), pp.825-826, "六年春, 鄭伯如晉拜成, 子游相, 授玉于東楹之東. 士貞伯曰, '鄭伯其死乎! 自棄也已. 視流而行速, 不安其位, 宜不能久.'"

154 『春秋左傳』 定公 15(B.C.495), pp.1600-1601, "十五年春, 邾隱公來朝. 子貢觀焉. 邾子執玉高, 其容仰; 公受玉卑, 其容俯. 子貢曰, '以禮觀之, 二君者, 皆有死亡焉…'"

방문하여 진에 옥을 주자 진 경공은 제 경공에게 향연을 행했는데, 한궐(韓厥)이 당상(堂上)으로 올라가 경공에게 술을 권한 것처럼, 향연은 대부들과 빙객(聘客)이 함께 모여 옥을 수수했던 당상에서 이루어졌다.[155] 일반적인 연회와 달리 향연은 일정한 절차가 있었고, 연회 중 가장 융중(隆重)했다.[156] 향연이 끝나면 『의례』에는 자국에서 군주로부터 받아 가져온 규를 돌려받고 돌아간다고 했지만, 실제로 옥을 돌려주었는가는 분명치 않다. 다만 빈객이 돌아갈 때는 『의례』에서처럼 주국에서 예물을 주어 보냈다.[157] 이처럼 빙문은 방문국의 도성 안까지 들어갈 뿐 아니라, 당상에서 옥을 수수하고 향연을 했던 것처럼 해당국의 정치적 핵심 공간까지 출입하는 의례 절차에 해당했다.

(2) 교(郊) 지역의 출입 의례

춘추시대 경(境)은 공실의 주술적 지배가 미치는 범위로서 국의 출입을 구분하는 하나의 경계로 인식되었다. 위 헌공이 망명을 떠날 때 위의 경(境)에 이르자 제단을 만들고 동행한 축종(祝宗)을 시켜 자신의 선

155 『春秋左傳』 成公 3(B.C.588), pp.815-816, "齊侯朝于晉, 將授玉. …晉侯享齊侯. 齊侯視韓厥. 韓厥曰, '君知厥也乎?' 齊侯曰, '服改矣.' 韓厥登, 擧爵曰, '臣之不敢愛死, 爲兩君之在此堂也.'"

156 魯 昭公이 齊에 갔을 때 齊侯가 그에게 향연을 베풀고자 하자, 魯의 子家子는 "(우리 군주께서는) 朝夕으로 제의 조정에 오시는데, 어찌 향례를 받으시겠습니까? 그저 술을 드시면 됩니다"라고 했는데, 이는 향례가 일반 주연과는 달랐음을 의미한다(『春秋左傳』 昭公 27(B.C.515), p.1489, "冬, 公如齊, 齊侯請饗之. 子家子曰, '朝夕立於其朝, 又何饗焉, 其飮酒也.'").

157 예를 들어 季武子가 宋을 빙문하고 많은 예물을 받아 돌아와서 복명하자 魯 襄公은 그에게 향연을 베풀어주었다(『春秋左傳』 襄公 20(B.C.553), p.1054, "冬, 季武子如宋, 報向戌之聘也. 褚師段逆之以受享, 賦常棣之七章以卒. 宋人重賄之. 歸, 復命, 公享之.").

조에 무고(無辜)를 고하라고 시켰는데,[158] 이는 출경한 이후에는 제사로써 고할 수 없고 경(境) 이내를 조상신에게 고할 수 있는 지역이자 국의 범위로 여겼던 당시 인식을 보여준다.

비록 도성 외부 지역에 대한 국의 지배력이 공고하지 않았지만 경(境) 이내 지역은 주술적 지배의 범위로 인식되었기 때문에, 타국의 사신이나 군대가 경(境) 이내 지역으로 지나가야 할 경우 가도(假道)를 청하여 해당국의 허가를 받아야 했다. 만약 가도를 하지 않고 타국을 지나갈 경우 무력 분쟁을 촉발하기도 했다. 다음의 사례를 보자.

(나)-①: 초 장왕이 신주(申舟)로 하여금 제를 빙문하게 하고 말하기를, "[송을 통과할 때] 송에 대해 가도하지 말라"고 했다. 또 공자 풍(馮)을 시켜 진을 빙문하게 하고 정에 대해 가도하지 말게 했다. 신주는 맹제(孟諸)에서 사냥할 때의 일로 송의 미움을 받고 있었기에 말하기를, "정은 사리에 밝고 송은 사리에 어두우니, 진으로 가는 사신은 해가 없을 것이나 저는 반드시 죽을 것입니다"라고 했다. 장왕은 "너를 죽인다면, 내가 송을 공격하겠다"라고 했다. [신주는 자신의 아들인] 서(犀)를 장왕에 보이고는 떠났다. 송에 이르자 송나라 사람이 그를 저지했다. 화원은 말하기를 "우리나라를 지나면서 가도하지 않음은 우리를 [초의] 비(鄙)로 여기는 것이다. 우리를 초의 비로 여긴다면 [송은] 망할 것이다. 그 사자를 죽인다면 반드시 우리를 공격할 것인데, 우리를 공격한다면 또한 우리는 망할 것으로 망하기는 마찬가지다"라고 하고는

158 『春秋左傳』 襄公 14(B.C.559), pp.1012-1013, "遂行, 從近關出. …子鮮從公. 及竟, 公使祝宗告亡, 且告無罪. 定姜曰, "無神, 何告? 若有, 不可誣也. 有罪, 若何告無? …告亡而已, 無告無罪!"

신주를 죽였다. … 가을철 9월에 초 장왕이 송을 포위했다.[159]

즉, 초 장왕은 제에 신주를 사자로 보내면서 송을 통과할 때 가도하지 말라고 했다. 초 장왕은 가도하지 않는 행위가 상대국의 비읍을 침범하는 것이라는 점을 이용하여 의도적으로 신주를 보내 송을 자극했고, 결국 가도하지 않은 행위에 불만을 품은 송이 초의 사신 신주를 죽이자 이 일을 빌미로 초는 송을 공격했다.

사실 가도를 허락하는 행위는 국의 내부에 상대국의 외교 사절단 혹은 군대가 들어올 수 있는 기회를 제공하는 것이었고, 때로 거짓으로 가도한 후 공격하기도 했기 때문에 가도를 허락할 때는 신중한 결정이 필요했다. 예컨대 진(晉)의 순오(荀吳)는 거짓으로 제의 군사와 만나는 척하고 선우(鮮虞) 측에 가도하여, 마침내 고(鼓)의 도성인 석양(昔陽)에 들어갔고, 비(肥) 역시 멸망시켰다.[160] 진 헌공이 괵을 공격할 때 우(虞)에 가도했는데, 궁지기(宮之奇)는 가도를 반대했으나 우(虞)에서는 진(晉)에 가도를 허락했으며, 이 일로 진의 공격을 받아 우는 멸망했다.[161]

159 『春秋左傳』 宣公 14(B.C.595), pp.755-756, "楚子使申舟聘于齊, 曰, '無假道于宋.' 亦使公子馮聘于晉, 不假道于鄭. 申舟以孟諸之役惡宋, 曰, '鄭昭·宋聾, 晉使不害, 我則必死.' 王曰, '殺女, 我伐之.' 見犀而行. 及宋, 宋人止之. 華元曰, '過我而不假道, 鄙我也. 鄙我, 亡也. 殺其使者, 必伐我. 伐我, 亦亡也. 亡一也.' 乃殺之. …秋九月, 楚子圍宋."

160 『春秋左傳』 昭公 12(B.C.530), p.1334, "晉荀吳僞會齊師者, 假道於鮮虞, 遂入昔陽. 秋八月壬午, 滅肥, 以肥子緜皐歸." 여기서 肥와 鼓는 鮮虞의 屬國으로 보인다.

161 『春秋左傳』 僖公 5(B.C.655), pp.307-312, "晉侯復假道於虞以伐虢. 宮之奇諫曰, '虢, 虞之表也. 虢亡, 虞必從之…弗聽, 許晉使. …冬十二月丙子, 朔, 晉滅虢. 虢公醜奔京師. 師還, 館于虞, 遂襲虞, 滅之. 故書曰, '晉人執虞公', 罪虞, 且言易也."

만약 가도를 청하여 상대국에서 허락하지 않으면, 부득불 먼 길을 돌아가는 불편을 감수해야 했다.[162] 조(曹)를 공격하기 위해 진 문공이 위에 가도를 청했으나 위에서는 허락을 하지 않았고, 결국 진의 군대는 길을 돌아 남하(南河)에서 강을 건너야 했다.[163] 그러나 대규모 군대가 이동하는 경우 지름길을 통하는 일이 여러 가지로 유리했기 때문에 보물을 주어 가도를 요청하기도 했다.[164]

가도하는 구체적인 절차에 대해서는 『의례』에 자세한 설명이 있다. 『의례』에 따르면 가도할 때는 해당국의 경(境)에서 부사를 보내 가도를 요청하게 하고, 상대국에서 승낙을 하면 여행에 필요한 음식과 물자를 제공받을 수 있었다. 또 해당국에서 경(境)까지 길을 안내해주

162 郲人이 翼에 성을 쌓고 離姑에서 돌아가는 길에 魯의 땅인 武城을 지나가면 魯나라 사람들이 자신들을 가지 못하게 막을 것을 알았음에도 불구하고 武城을 통과하는 길을 선택했다가 郲의 군대와 徐鉏·丘弱·茅地 등은 武城 사람들에게 사로잡혔다. 그들이 위험을 감수하고 武城을 통과한 이유는 離姑에서 산을 따라 남쪽으로 돌아가다 비를 만날 경우 빠져나오지 못할 것이라는 계산 때문이었다(『春秋左傳』 昭公 23(B.C.519), pp.1441-1442, "郲人城翼, 還, 將自離姑. 公孫鉏曰, '魯將御我.' 欲自武城還, 循山而南. 徐鉏·丘弱·茅地曰, '道下, 遇雨, 將不出, 是不歸也.' 遂自離姑. 武城人塞其前, 斷其後之木而弗殊, 郲師過之, 乃推而蹶之, 遂取郲師, 獲鉏·弱·地.")

163 『春秋左傳』 僖公 28(B.C.632), p.451, "二十八年春, 晉侯將伐曹, 假道于衛. 衛人弗許. 還, 自南河濟, 侵曹·伐衛."

164 예컨대 晉의 荀息은 虢을 공격하기 위해 虞에 假道를 청할 때 屈에서 난 駿馬와 垂棘의 璧을 虞에 뇌물로 주었다. 이에 대해 晉의 獻公은 자국의 보물을 虞에 주는 것을 반대했지만 荀息은 虞로부터 길을 빌린다면 결국 虞를 멸망시킬 수 있다는 점을 들어 獻公을 설득했고, 荀息이 준비한 뇌물을 받은 虞의 군주는 宮之奇의 반대에도 불구하고 晉의 假道를 허락했다(『春秋左傳』 僖公 2(B.C.658), pp.281-282, "晉荀息請以屈產之乘與垂棘之璧假道於虞以伐虢. 公曰, '是吾寶也.' 對曰, '若得道於虞, 猶外府也.' …乃使荀息假道於虞…虞公許之, 且請先伐虢. 宮之奇諫, 不聽, 遂起師. …先書虞, 賄故也.").

고, 경(境)에 이르면 서(誓)를 하고 떠났다.[165] 이런 절차가 춘추시대에 그대로 행해졌는지는 분명치 않고, 『춘추좌전』에 보이는 사례를 통해 그 절차를 재구성해 볼 수 있다. 초의 공자 기질(棄疾)이 진으로 가는 길에 정을 통과하면서 가도한 일은 좋은 예다. 즉,

> (나)-②: [기원전 536년] 초의 공자 기질이 진에 간 것은 [작년에 한선자가 공녀를 수행하여 초에 온 일을] 보답함이었다. 정을 지남에 정의 한호·공손교·유길이 정백을 따라 사(相)에서 초의 일행을 위로하려 하자, 공자 기질은 감히 만나지 않으려 사양했으나 굳이 청했기에 그들과 만났다. [공자 기질은 정백을] 만날 때 초왕을 알현하듯이 하여 승마(乘馬) 8필을 주며 개인 신분으로 만났다. 자피(子皮)를 만남에 초의 상경(上卿)을 만나듯이 하여 말 6필을 주었고, 자산은 말 4필을 주었고, 자대숙(子大叔)을 만나서는 말 2필을 주었다. [공자 기질은 일행에게] 짐승의 꼴이나 땔나무의 채취를 금하고, 밭에 들어가지 말고 나무를 베지 말고 경작물을 채취하지 말고 [집의 나무기둥을] 뽑아 사용하거나 강제로 구하지 못하게 했다. 서(誓)하여 이르기를, "명을 어기는 자가 있으면 군자라면 [관직을] 폐하고 소인이라면 지위를 강등하리라!"고 했다. [정에] 머물면서 난폭한 일을 하지 않았으며 정의 사람들이 이들로 인해 근심하지 않았다. 왕래할 때 이와 같이 행하자 정의 삼경(三卿)[罕虎·公孫僑·游吉]은 모두 공자 기질이 장차 왕이 될 것이라 여겼다.[166]

165 『儀禮』 卷19, 聘禮 8, pp.365-367, "若過邦, 至于竟 使次介借道, 束帛將命于朝, 曰: "請帥."「奠幣」. 下大夫取以入告, 出許, 遂受幣. 餼之以其禮, 上賓大牢, 積唯芻禾, 介皆有餼. 士帥, 沒其竟. 誓于其竟."

166 『春秋左傳』 昭公 6(B.C.536), pp.1278-1279, "楚公子棄疾如晉, 報韓子也. 過鄭, 鄭罕虎·公孫僑·游吉從鄭伯以勞諸相, 辭不敢見. 固請, 見之. 見如見王.

초의 공자 기질이 정에 대해 가도할 때 그는 예법에 맞게 행동했고, 이를 본 정의 경들은 그가 장차 왕이 될 인물로 여기게 되었다. 공자 기질은 일행에게 정의 사람들에게 피해가 될 행동을 하지 못하게 하고, 이에 대해 서(誓)를 하여 엄히 경계했다.『의례』에서는 가도를 한 후 경(境)에서 서(誓)를 하는 것으로 기록되어 있으나, 위의 기록에서는 정에 머물기 전에 서(誓)를 하여 금기를 정했다. 공자 기질이 서(誓)한 내용은 가도를 허락할 경우 해당국에서 어떤 피해를 감수해야 하는가를 보여주기도 하는데, 가도의 절차에 서(誓)가 포함된 이유는 바로 상대국에 대한 피해를 방지하기 위해 서약이 필요했기 때문이었을 것이다.

한편『의례』에 기록된 내용과 같이 가도할 경우 상대국에서는 필요한 음식과 물자를 제공했다. 일반적으로 타국의 군주가 자국을 가도하여 지나갈 경우 해당국에서는 대부를 보내 군주 일행을 위로했다.[167] 노 양공이 정을 지날 때 정백이 부재하여 백유(伯有)가 나와서 양공 일행을 위로했는데, 그 태도가 공경스럽지 못했다. 이에 목숙(穆叔)은 "백유가 정에서 벌을 받지 않는다면 정은 반드시 큰 화가 있을 것이다. 공경스러움은 민이 주로 삼아야 할 것인데 그것을 버리고 어떻게 선조

以其乘馬八匹私面. 見子皮如上卿, 以馬六匹. 見子産以馬四匹. 見子大叔以馬二匹. 禁芻牧採樵, 不入田, 不樵樹, 不采蓺, 不抽屋, 不强匄. 誓曰, '有犯命者, 君子廢, 小人降!' 舍不爲暴, 主不慁賓. 往來如是, 鄭三卿皆知其將爲王也."

167 예컨대 衛 襄公이 楚에 가는 길에 鄭을 지나가게 되자, 鄭에서는 印段을 보내 棐林에서 襄公을 위로하게 했다. 印段은 衛의 사절단에 대해 빙문하는 객처럼 대우했고, 衛에서는 이를 높이 평가했는데 이는 빙문하는 빈객을 맞아 郊에서 위로하는 절차와 假道하여 지나가는 객에 대한 절차가 달랐음을 보여준다(『春秋左傳』 襄公 31(B.C.542), pp.1190-1191, "十二月, 北宮文子相衛襄公以如楚, 宋之盟故也. 過鄭, 印段迋勞于棐林, 如聘禮而以勞辭. 文子入聘. 子羽爲行人, 馮簡子與子大叔逆客. 事畢而出, 言於衛侯曰, '鄭有禮, 其數世之福也, 其無大國之討乎! …'").

를 이어 그 가(家)를 지켜나가겠는가?"라고 비판했는데,[168] 이는 빙문할 때뿐 아니라 가도하는 타국의 일행을 예로 대하는 일 역시 중요했음을 의미한다.[169] 특히 제후가 직접 교에 나가 가도하는 이들을 접대하는 일은 그들에 대한 특별 대우였고, 대국에 공경을 표하는 행위이기도 했다.[170] 예컨대 공자 기질이 지나간다는 소식을 듣고 정의 군주와 삼경은 그를 찾아와 위로했는데, 군주까지 나와서 접대하는 행동은 가도하는 공자 기질에 대한 특별 대우였다. 이 때문에 공자 기질 역시 처음에는 사양을 했고, 이후 정의 제후와 경들을 만나서는 개인 자격으로 각 신분에 맞는 예물을 준비했다. 초의 영왕이 굴생을 막오로 임명하고 영윤인 자탕과 함께 진에 가서 공녀를 맞이하게 했을 때도, 그들은 정을 지나가게 되었고 정백은 직접 자탕과 굴생을 맞아 위로했다. 정백이 가도하는 진이나 초의 사신들을 직접 위로한 것은 진후가 형구(邢丘)까지 나와 초로 가는 공녀를 전송하여 초에 대한 공경을 표했던 것과 같이[171] 강대국에 대한 특별한 공경을 표한 행동이었다.

168 『春秋左傳』 襄公 28(B.C.545), p.1151, "爲宋之盟故, 公及宋公·陳侯·鄭伯·許男如楚. 公過鄭, 鄭伯不在, 伯有廷勞於黃崖, 不敬. 穆叔曰, "伯有無戾於鄭, 鄭必有大咎. 敬, 民之主也, 而棄之, 何以承守? …"

169 蔡侯가 晉에서 돌아올 때 鄭을 지나가게 되었고, 鄭伯이 그에게 饗을 베풀었으나 蔡侯의 태도가 공경스럽지 않았다. 이에 鄭 子産은 蔡侯를 비판했는데(『春秋左傳』 襄公 28(B.C.545), p.1142, "蔡侯歸自晉, 入于鄭. 鄭伯享之, 不敬. 子産曰, 蔡侯其不免乎! 日其過此也…."), 이는 假道를 허락한 主國뿐 아니라 假道를 하여 지나가는 자들 역시 禮에 맞게 행동해야 했음을 보여준다.

170 예를 들어 晉의 趙孟이 송에서 환국할 때 鄭을 지나가자 鄭伯은 子展·伯有·子西·子産·子大叔·印段·公孫段과 함께 垂隴으로 나와 그에게 享을 베풀었다(『春秋左傳』 襄公 27(B.C.546), p.1134, "鄭伯享趙孟于垂隴, 子展·伯有·子西·子産·子大叔·二子石從.").

171 『春秋左傳』 昭公 5(B.C.537), p.1265, "以屈生爲莫敖, 使與令尹子蕩如晉逆女. 過鄭, 鄭伯勞子蕩于氾, 勞屈生于菟氏. 晉侯送女于邢丘. 子産相鄭伯會晉侯于邢丘."

이처럼 도성 이외 교 지역을 지나갈 때도 예를 갖추어 상대국에 가도를 요청하여 서(誓)를 하거나 그들의 접대를 받아야 했으며, 주국에서도 가도하는 자들에 대해 교에 나가 음식을 접대하는 등 적절한 응대를 해야 했다. 타국을 지나갈 때 가도를 청하지 않고 상대국을 통과할 경우 무력 분쟁을 야기할 수 있었고, (나)-①에서 초의 사신이었던 신주와 같이 가도를 하지 않았을 경우 통행을 저지당하거나 살해되기도 했다. 그러나 (나)-①에서 초의 공자 풍은 정을 지나면서 가도하지 않았으나 별다른 문제는 없었던 것으로 보이며, 당시 도성이 아닌 경 이내 지역을 통행하는 모든 사람의 왕래를 통제하지도 않았다. 예컨대 진의 란영이 망명하여 주를 지날 때 개인적으로 약탈을 당하는 문제를 제외하면 통행을 제재받지 않았다.[172] 초에 잡혀 있던 오자서가 탈출할 때 자루 속에 숨어서 소관(昭關)을 빠져나올 수 있었다는 기록은[173] 초의 변관에 출입을 관리하는 관리가 존재했음을 보여주지만, 춘추시대 변관에서 민간의 이동을 통제하지는 않았던 것으로 보인다.[174] 더구나 변관과 같은 특수한 수비 시설이 아닌 변읍이 위치한 경의 출입에 대한 관리의 제재 사실은 확인하기 어렵다. 요컨대 춘추시대 경(境)은 국의 주술적 지배의 범위를 의미했고, 타국의 경을 출입하기 위한 가도는 해당국을 지배하는 조상신과 사직의 신에게 통행 허가를 요청하는 일종의 통과의례에 해당했다.[175]

172 欒盈은 周의 서쪽 鄙에서 약탈을 당했으나, 주왕의 선처로 자신의 물건을 되돌려받았으며 候人의 안내를 받아 周를 지나갈 수 있었다(『春秋左傳』 襄公 21(B.C.552), pp.1061-1062, "欒盈過於周, 周西鄙掠之. 辭於行人曰…使司徒禁掠欒氏者, 歸所取焉, 使候出諸轘轅.").

173 『史記』 卷79 「范睢蔡澤列傳」, p.2407, "伍子胥橐載而出昭關."

174 陳槃, 「春秋列國的交通」, 『歷史語言研究所集刊』 37下, 1967, pp.898-901.

175 물론 타국인이 境에서 假道를 청하는 일은 해당국을 지나가는 자신들의 안전이나 편의를 위해 현실적으로 필요한 절차이기도 했다. 예를 들어 晉과 秦

2) 제사 예물의 교환과 통과의례

지금까지 국의 각 경계를 넘어 다른 지역으로 왕래할 때 필요한 절차를 살펴보았다. 춘추시대 의례가 행해지는 종교적 공간과 정치적 공간은 구분되지 않았고, 종묘·사직이 위치한 도성은 일종의 성역으로 인식되었다. 또한 각 경계를 출입하기 위해서는 일정한 통과 절차가 필요했다. 춘추시대 경계를 넘나드는 왕래 절차에서 한 가지 공통점은 경계를 출입하는 빈객은 항상 예물을 준비하여 증여했다는 점이다.

춘추시대 접빈 의례에서 예물의 증여는 중요한 절차로서, 빈객은 반드시 예물[贄]을 갖추어야 했다. 예컨대 오에서 위후를 홀대하자 이를 해결하기 위해 자공은 오의 대재를 만나고자 했는데, 자공이 예물로 쓸 속금(束錦)을 먼저 구했던[176] 이유는 당시 방문할 때 예물을 갖추어야 했기 때문이었다. 춘추시대 빙문하는 사자는 자국의 종묘에 보관하던 규·장(璋) 등의 옥기와 향례에 보답하기 위한 폐물을 갖추어야 했고, 가도할 때에도 속백(束帛)과 같은 폐물을 준비했다. 각국을 왕래하는 사신을 '옥백의 사자'라[177] 칭하고 사신들의 왕래를 '교지왕래(交

의 군대가 鄭을 포위하여 대치하고 있을 때 鄭 文公은 燭之武를 보내 秦 穆公을 설득하게 했는데, 그 요지는 鄭을 멸하지 말고 秦이 동쪽으로 행할 때 사신들의 왕래에 부족한 것을 공급하게 한다면 秦에 유리한 점이 있을 것이라는 내용이었다(『春秋左傳』 僖公 30(B.C.630), p.480, "(九月甲午)…若舍鄭以爲東道主, 行李之往來, 共其乏困, 君亦無所害."). 이는 사신들이 왕래할 때 부족한 물자를 공급할 나라가 필요했고, 사신들이 통과할 때 饗宴을 베푸는 일은 사신들의 여정에 실질적인 도움이 되었음을 의미한다.

176 『春秋左傳』 哀公 12(B.C.483), p.1672, "秋, 衛侯會吳于鄖. …吳人藩衛侯之舍. …乃請束錦以行.

177 『春秋左傳』 宣公 10(B.C.599), p.707, "…所有玉帛之使者則告, 不然, 則否."

贄往來)'라고 표현한 것[178] 역시 조빙이나 열국 간의 왕래에서 예물이 필수적이었음을 대변한다.

춘추시대 방문할 때 사용하는 예물은 신분별로 그 종류가 달랐다.[179] 그리고 신분에 따라 정해진 예법을 어길 경우 비난을 받았다. 노 장공 때 애강이 노에 오자 장공은 종실 부인들로 애강을 적(覿)하게 했는데, 당시 부인들은 폐(幣)를 들고 애강을 적(覿)했다. 이에 대해 어손은 종실 부인들이 남자들의 지(贄)인 폐(幣)를 사용하여 예법에 어긋났다고 비판했다. 어손의 말에 따르면, 당시 남자는 대자(大者)의 경우 옥백, 소자(小者)는 짐승·조류를 지(贄)로 사용하여 신분의 귀천을 나타내고, 여자는 개암[榛]·밤·대추·말린 고기를 지(贄)로 사용하여 정성과 공경을 표시했다.[180] 예서에는 남자는 규·벽·종·황·장 혹은 환규·신

이는 대부의 망명을 이웃 제후국에 알릴 때 서로 사신을 왕래하는 범위에서만 고한다는 내용으로, 외교 사신을 '玉帛之使者'라고 칭했다.

178 『春秋左傳』 成公 12(B.C.579), p.856, "癸亥, 盟于宋西門之外, '…交贄往來, 道路無壅…'"

179 『儀禮』 士相見禮에는 신분에 따라 贄의 종류가 상세하게 구분되어 있지만(楊寬, 「"贄見禮"新探」, 『西周史』, 上海人民出版社, 1999, p.793), 『儀禮』의 내용을 춘추시대에 그대로 적용할 수는 없다. 좋은 예로 齊의 國夏와 高張이 魯의 서쪽 鄙를 공격했을 때, 晉의 士鞅(范獻子)·趙鞅(趙簡子)·荀寅(中行文子)은 魯를 구원했고, 이에 魯 定公은 瓦에서 晉의 군사를 만났다. 이때 晉의 范獻子는 염소[羔]를 들었고 趙簡子와 中行文子는 모두 기러기[鴈]를 贄로서 들고나왔다. 『儀禮』 士相見禮에 上大夫는 염소[羔]를, 下大夫는 기러기를 贄로 삼는다고 했는데(『春秋左傳』 定公 8(B.C.502), pp.1565-1566, "夏, 齊國夏·高張伐我西鄙. 晉士鞅·趙鞅·荀寅救我. 公會晉師于瓦, 范獻子執羔, 趙簡子·中行文子皆執鴈. 魯於是始尙羔."), 魯에서는 이때 비로소 염소를 귀하게 여겨 上大夫의 贄를 염소로 정했다.

180 『春秋左傳』 莊公 24(B.C.670), pp.229-230, "秋, 哀姜至, 公使宗婦覿, 用幣, 非禮也. 御孫曰, '男贄, 大者玉帛, 小者禽鳥, 以章物也. 女贄, 不過榛·栗·棗·脩, 以告虔也. 今男女同贄, 是無別也. 男女之別, 國之大節也. 而由夫人亂之, 無乃不可乎?'"

규·궁규·곡벽·포벽의 5옥과 적증(赤繒)·흑증(黑繒)·백증(白繒)의 3백(帛) 및 염소[羔]·기러기[雁]인 2생(牲) 및 꿩[雉]이나 집오리[鶩]·닭을 지(贄)로 사용하고, 여자는 헛개[椇]·개암·포(脯)·수(脩)·밤·대추 등을 지(贄)로 사용한다고 하는데,[181] 사실 예서에 보이는 지(贄)의 품목은 크게 볼 때 어손의 말과 일치한다.

그렇다면 왜 이런 옥백이나 금수 및 과실을 지(贄)로 사용했을까? 이에 대해 규·장·벽과 같은 서옥은 원래 석부(石斧)·석도(石刀)에서 그 기원을 찾을 수 있으므로 이들 서옥은 금수와 함께 수렵에 종사한 남성의 신분을 상징하고, 채집한 과실은 여성의 신분을 나타냈다고 설명하기도 한다.[182] 물론 지(贄)로 사용하는 항목이 초기 사회에서의 남녀의 역할과 연관이 있고, 규·벽·장의 연원을 석제 도구로 볼 수 있기 때문에 지(贄)의 항목은 수렵·채집 문화의 전통이 반영된 것으로 볼 수 있는 여지도 있다. 그러나 지(贄)는 빙문과 같이 다른 집단에 속한 사람과의 만남 절차에서 필요했기 때문에, 지(贄)의 본래적 의미를 확인하기 위해서는 '타자'와의 만남에서 지(贄)가 갖는 의미를 검토해야 한다.

춘추시대 지(贄)에 포함된 물자는 다양한 용도로 쓰였지만, 흥미로운 점은 지(贄)의 품목과 제사·맹서 등 신과 교통할 때 사용한 제물이 서로 유사하다는 사실이다. 가령 당시 사람들은 전쟁의 승리를 기원할 때 벽이나 옥패와 같은 옥기를 사용했다. 진 강공은 진과의 전투를 앞두고 황하에 벽을 던져 승리를 기원했고,[183] 위의 태자 괴외(蒯聵)는 정과 전쟁할 때 자신의 패옥을 걸고 정의 선조에 도움을 구하는 기도를 했다.[184]

181 楊寬, 「"贄見禮"新探」, pp.791-792.

182 楊寬, 「"贄見禮"新探」, pp.797-804.

183 『春秋左傳』 文公 12(B.C.615), p.591, "秦伯以璧祈戰于河."

184 『春秋左傳』 哀公 2(B.C.493), pp.1616-1617, "衛大子禱曰, '曾孫蒯聵敢昭告皇祖文王·烈祖康叔·文祖襄公…佩玉不敢愛.'" 玉佩를 사용한 것에 대해 楊

결맹 역시 신 앞에서의 약속이었기 때문에 신에 바치는 옥백을 준비했고,[185] 신 앞에서 타인을 저주할 때도 수퇘지·개·닭 등을 희생해 제사에 사용했다.[186]

제물은 제사의 성격에 따라 그 종류가 달랐지만,[187] 희생과 옥백은 제물의 대명사였다. 화재를 막기 위한 제사에는 관(瓘)과 옥으로 만든 잔[斝]과 옥찬(玉瓚) 등의 옥기를 제물로 사용했고,[188] 일식이 발생하여 사(社)에 제사할 때는 옥백류(玉帛類)를 가리키는 폐물을 사용했다.[189] 특히 여러 옥기는 천자와 제후의 지(贄)이자, 승전이나 재해 방

伯峻은 원래 선조에 고할 때는 圭·璧을 사용해야 하지만, 출정을 나왔기에 佩玉을 사용했다고 설명했다.

185 盟은 神 앞에서의 상호 약속이기 때문에 盟을 받들기 위해 신에 대한 제물인 玉帛이 필요했다(『春秋左傳』 哀公 12(B.C.483), p.1671, "公會吳于橐皐, 吳子使大宰嚭請尋盟. 公不欲, 使子貢對曰, '盟, 所以周信也, 故心以制之, 玉帛以奉之, 言以結之, 明神以要之.")

186 鄭伯은 潁考叔을 죽게 한 자를 저주할 때 豭와 犬·鷄를 써서 제사를 지냈다(『春秋左傳』 隱公 11(B.C.712), p.76, "鄭伯使卒出豭, 行出犬·鷄, 以詛射潁考叔者.").

187 『禮記』「月令篇」에 계절에 따라 사용하는 제물과 제복이 다른 것처럼 당시 제사의 종류에 따라 다른 제물을 준비했던 것으로 보인다(『春秋左傳』 莊公 32(B.C.662), pp.251-252, "秋七月, 有神降于莘. …王曰, '若之何?' 對曰, '以其物享焉. 其至之日, 亦其物也.' 王從之.").

188 혜성이 출현한 후 鄭의 裨竈는 子産에게 宋·衛·陳·鄭에 같은 날 화재가 발생할 것이기 때문에 鄭에서 瓘·斝·圭瓚[玉瓚]을 바쳐 신에 제사한다면 鄭에는 화재가 일어나지 않을 것이라 제안했다. 물론 子産은 이를 허락하지 않았지만(『春秋左傳』 昭公 17(B.C.525), pp.1391-1392, "鄭裨竈言於子産曰, '宋·衛·陳·鄭將同日火. 若我用瓘斝玉瓚, 鄭必不火.' 子産弗與."), 화재를 방지하기 위한 제사에 瓘·斝·圭瓚[玉瓚]을 제물로 사용했음을 알 수 있다.

189 일식이 발생하자 魯의 祝史는 社에 제사할 때 사용할 폐물을 요청했는데(『春秋左傳』 昭公 17(B.C.525), pp.1384-1385, "夏六月甲戌朔, 日有食之. 祝史請所用幣. 昭子曰, '日有食之…諸侯用幣於社, 伐鼓於朝, 禮也.'"), 이는 일식을 방지하는 社의 제사에 玉帛類인 폐물을 사용했음을 의미한다.

지와 같은 국운이 달린 문제를 기원할 때 제물로 사용했다. 당시 규·벽 등의 옥기는 실제 값을 치르는 데 사용하기도 했던 값비싼 보화였다.[190] 옥기가 보화였기 때문에 초 문왕은 죽기 전에 총신인 신후(申侯)에게 망명하라고 권하면서 벽을 주었고,[191] 양공은 속금(束錦)·승마(乘馬)·오 수몽의 정(鼎)과 함께 벽을 진의 6경(六卿)에게 뇌물로 주기도 했다.[192] 우공은 동생인 우숙이 좋은 옥을 가지고 있자 결국 그것을 차지했는데,[193] 이는 당시 사회에서 옥기가 제후가 탈취 대상으로 삼을 만큼 귀중품이었음을 의미한다.

당시 옥기는 단순한 보물 이상으로 주술적 힘을 지닌 일종의 영험한 물건으로 여겼다. 왕자조는 성주의 보규(寶珪)를 황하에 던져 하신(河神)에 복을 기원했는데, 왕자조가 보규를 하신에게 바친 이유는 규가 하신과 자신을 매개하는 신성한 물건이라고 믿었기 때문이었다. 그런데 다음 날 황하의 뱃사공이 하신에게 던진 규를 주웠고, 이 규는 왕

190 鄭 莊公이 祊 땅과 許田을 맞교환할 때 璧을 거래에 사용한 일은 좋은 예다(『春秋左傳』 桓公 1(B.C.711), p.82, "三月, 鄭伯以璧假許田, 爲周公·祊故也.").

191 『春秋左傳』 僖公 7(B.C.653), p.316, "初, 申侯, 申出也, 有寵於楚文王. 文王將死, 與之璧, 使行…旣葬, 出奔鄭."

192 『春秋左傳』 襄公 19(B.C.554), p.1045, "公享晉六卿于蒲圃, 賜之三命之服. 軍尉·司馬·司空·輿尉·候奄, 皆受一命之服. 賄荀偃束錦, 加璧·乘馬, 先吳壽夢之鼎."

193 玉器나 寶劍 등은 군주가 탐할 만큼 귀한 물건에 속했다(『春秋左傳』 桓公 10(B.C.702), p.128, "初, 虞叔有玉, 虞公求旃, 弗獻. 旣而悔之…遂伐虞公."). 楚 令尹 子常은 蔡 昭公이 두 개의 佩玉과 두 벌의 가죽 옷[裘]을 가지고 楚에 와서는 昭王에게 佩玉 하나와 가죽 옷 한 벌을 바친 후 나머지는 蔡侯 자신이 착용하자, 子常이 蔡侯의 것을 탐냈다. 그러나 蔡侯가 주지 않자 子常은 그를 3년이나 楚에 붙잡아두기도 했다(『春秋左傳』 定公 3(B.C.507), p.1531, "蔡昭侯爲兩佩與兩裘以如楚, 獻一佩一裘於昭王. …蔡侯亦服其一. 子常欲之, 弗與, 三年止之.").

자조를 공격하려던 음불녕에게로 넘겨졌다. 신기한 일은 음불녕이 규를 팔려고 하자 그 규는 돌로 변했다는 사실이다.[194] 이는 규가 일반적인 보물과 달리 주술성을 지닌 신물(神物)이었음을 뜻한다.

특히 옥기는 주술성을 보유한 영험한 물건으로서 책명의 신물(信物)로 사용되었다. 원래 책명 의식은 종묘에서 행했고 의미상 조상신의 승인을 받아 그 명령을 따르는 것이었기 때문에, 책명의 신표인 서옥은 신의 명령을 내포한 물건이었다. 주 양왕은 진 혜공에게 책명을 내릴 때 소(召) 무공과 내사(內史) 과(過)를 진에 보내 책명의 신표인 서옥을 혜공에게 전달했다. 그런데 혜공은 서옥을 받을 때 태도가 바르지 못했고, 이에 내사 과는 주왕에게 진 혜공이 서옥을 받을 때 태만했다고 비판하며 그 후손이 없을 것이라 보고했다.[195] 제후가 서옥을 받을 때의 자세가 중요했던 이유는 서옥이 곧 주 왕실의 종묘에서 내린 신성한 명령을 내포하기 때문이었다.

제후국의 종묘에 보관한 규·장·벽 등의 서옥은 바로 제후의 권위뿐 아니라 제후를 책명한 주왕의 명령을 내포한 신물(信物)로서 신성한 의미를 지니고 있었다. 이런 점에서 춘추시대 망국의 군주가 항복할 때 상복을 입은 채 두 손을 포박한 뒤 벽을 입에 물고서 복종의 예를 행했던 일은 주목된다. 예를 들어 초 영왕이 제후들의 군대와 함께

194 『春秋左傳』 昭公 24(B.C.518), p.1452, "冬十月癸酉, 王子朝用成周之寶珪沈于河. 甲戌, 津人得諸河上. 陰不佞以溫人南侵, 拘得玉者, 取其玉. 將賣之, 則爲石."

195 『春秋左傳』 僖公 11(B.C.649), pp.337-338, "天王使召武公·內史過賜晉侯命, 受玉惰. 過歸, 告王曰, '晉侯其無後乎! 王賜之命, 而惰於受瑞, 先自弃也已, 其何繼之有?…" 이때 晉 惠公이 즉위하여 책명 혹은 爵命을 내린 것인지 분명치 않지만, 책명할 때 그 신표로서 瑞玉을 하사했다. 『國語』「周語」와 「晉語」의 내용을 근거로 볼 때 惠公은 옥을 받으면서 옥을 낮게 들고 절한 후 머리를 조아리지 않았던 것으로 보인다.

뢰(賴)를 멸했을 때 뢰의 군주는 두 손을 뒤로 결박하고 벽을 입에 문 채 항복했다. 뢰의 군주에 대해 초왕은 초거의 의견에 따라 성왕이 허(許)의 희공에게 행한 대로 직접 그 결박을 풀고 입에 문 벽을 받아들였는데,[196] 항복할 때 군주가 입에 문 벽은 바로 청동기와 함께 종묘에 보관한 보기(寶器)였다. 그렇다면 항복할 때 왜 벽을 입에 물었을까?

벽을 입에 물었던 이유에 대해 두예는 벽을 지(贄)로 보아 두 손을 결박했기 때문에 손으로 들지 못하고 입에 문 것이라 설명했다. 초 장왕이 정을 공격하여 도성에 진입했을 때 정 양공은 윗옷을 벗어 몸을 드러내고 양을 끌며 항복했는데,[197] 이때 양은 신복(臣服)할 때 바치는 '질(質)'로서 정백은 스스로 '위질(委質)'하여[198] 초왕에게 신복함을 표현했다. 이런 점에서 항복할 때 벽을 입에 무는 행동을 '위질위신(委質爲臣)'의 의식으로 보고, 벽을 지(贄)의 일종으로 이해한 것이다.[199] 한편으로 항복할 때 군주가 상복을 입고 벽을 입에 물었다는 점에서, 이 벽을 사자(死者)임을 자인한 군주의 함옥(含玉)으로 보기도 한다.[200]

초 성왕 때 허(許)의 희공은 성왕에게 항복의식을 행했다. 당시 초 성왕은 대부 봉백(逢伯)에게 희공을 대우할 방법을 물었고, 봉백은 주

196 『春秋左傳』 昭公 4(B.C.538), pp.1253-1254, "遂以諸侯滅賴. 賴子面縛銜璧, 士袒, 輿櫬從之, 造於中軍. 王問諸椒擧, 對曰, '成王克許, 許僖公如是. 王親釋其縛, 受其璧, 焚其櫬.' 王從之."

197 『春秋左傳』 宣公 12(B.C.597), p.719, "十二年春, 楚子圍鄭…三月, 克之. …鄭伯肉袒牽羊以逆"

198 '委質'은 서주 및 춘추 시대 책명 의식이 끝난 다음 책명을 받은 자가 군주에게 충성을 다짐하면서 예물을 바치는 의식으로서, 맹자가 신하가 되기 위해 타국으로 떠날 때 반드시 質을 싣고 가야 한다고('出疆必載質') 했던 이유 역시 군신 관계를 맺기 위해서는 '委質'의 예를 행해야 했기 때문이었다.

199 楊寬, 「"贄見禮"新探」, pp.810-818.

200 『春秋左傳』 僖公 6(B.C.654), p.314, '銜玉'에 대한 楊伯峻 注.

무왕이 직접 미자(微子)의 결박을 풀어주고 벽을 받아 불제(祓除)하여 그를 예우했던 방법을 제안했다.[201] 초 성왕은 이 제안에 따라 허 희공의 벽을 받아 불제한 후 그를 예우했던 것으로 보이는데, 다만 문제는 항복한 군주의 벽을 불제하는 이유다.

춘추시대 국은 종묘·사직의 신과 국인이 연합한 신(神)·인(人) 공동체였고, 망국은 국인들뿐 아니라 신에게도 혈식(血食)이 끊어지는 심각한 위기였음을 상기하면,[202] 당시 항복의식은 단순히 군주만의 항복이 아닌 종묘·사직의 신을 포함한 신·인 공동체의 항복이어야 했다. 진후(陳侯)는 정에 항복할 때 상복을 입은 채 사(社)의 신주를 들었고 관인들은 종묘의 기물을 들고 나왔는데, 이는 진후뿐 아니라 종묘와 사의 신도 함께 항복함을 의미했다. 정의 공자 전이 진(陳)에서 철수할 때 정의 축관(祝官)을 시켜 진의 사를 불제하게[203] 한 이유를 항복의식에 동참한 사의 신 역시 부정을 제해야 했기 때문으로 볼 수 있다면, 당시 항복의식은 기본적으로 사람뿐 아니라 신주로 표현되는 신의 항복까지 병행된 것이었다. 이런 점에서 항복하는 군주가 입에 문 벽은 신이 빙의한 옥기로서 신의 항복을 상징하는 보기(寶器)로 이해할

201 『春秋左傳』 僖公 6(B.C.654), p.314, "冬、蔡穆侯將許僖公以見楚子於武城. 許男面縛, 銜璧, 大夫衰絰, 士輿櫬. 楚子問諸逢伯. 對曰, '昔武王克殷, 微子啓如是. 武王親釋其縛, 受其璧而祓之, 焚其櫬, 禮而命之, 使復其所.' 楚子從之."

202 高木智見, 「春秋時代の神·人共同体について」, pp.149-150.

203 『春秋左傳』 襄公 25(B.C.548), pp.1102-1103, "初, 陳侯會楚子伐鄭, 當陳隧者, 井堙·木刊, 鄭人怨之. 六月, 鄭子展·子産帥車七百乘伐陳, 宵突陳城, 遂入之. 陳侯扶其大子偃師奔墓…子展命師無入公宮, 與子産親御諸門. 陳侯使司馬桓子賂以宗器. 陳侯免, 擁社, 使其衆男女別而纍, 以待於朝. 子展執縶而見, 再拜稽首, 承飮而進獻. 子美入, 數俘而出. 祝祓社, 司徒致民, 司馬致節, 司空致地, 乃還."

수 있다. 정에서 진(陳)의 사를 불제했던 것처럼 초 성왕 역시 허의 항복을 받은 후 벽을 불제하여 그 부정을 제거했는데, 이는 벽이 공실에 속한 신의 항복을 상징했기 때문이었다.[204]

이처럼 종묘에 보관한 규·벽·장 등의 옥기는 주술성을 지닌 물건으로, 신과 교통할 수 있는 매개물이자 때로 종묘의 신이 빙의한다고 여겼던 국의 보기(寶器)였다. 이 때문에 타국으로 빙문을 가는 사신이 들고간 규·장·벽 등의 지(贄)는 값비싼 물건 이상의 의미를 지녔다. 다음은 빙례에서 규·장 등의 지(贄)가 갖는 의미를 단적으로 보여준다.

(다)-① 진(秦) 강공이 서걸술(西乞術)을 보내 [노에] 빙문하게 하고, 또 진(晉)을 공격하려 한다고 전했다. 양중(襄仲)이 [진의 사신이 옥을 주자] 옥을 사양하며 말하기를, "진(秦)의 군주께서 선군의 우호를 잊지 않으시고 우리 노나라에 왕림하시어 그 사직을 진무하시며 거듭 대기(大器)를 주시는데, 과군(寡君)께서는 감히 옥을 사양하십니다"라고 하자, 서걸술이 대답하기를, "변변치 않은 폐기(敝器)오니 사양하실 것

204 齋藤道子, 「春秋時代における統治權と宗廟」, 伊藤淸司先生退官記念論文集編輯委員會 編, 『中國の歷史と民俗』, 第一書房, 1991, pp.242-244. 아울러 당시 죽은 시체를 만지는 행위를 부정하게 여겨 불제했던 일을 고려하면, 항복한 종묘·사직의 신을 불제한 이유를 이해할 수 있다. 예컨대 魯 襄公이 초에 머물고 있을 때 楚에서 고인인 康王을 염하여 壽衣를 관에 넣어 보내는 일[襚]을 시키자, 襄公이 그것을 꺼려했다. 이에 穆叔은 염을 한 시체[殯]를 祓除한 후 襚하면 괜찮다고 하며, 巫를 시켜 복숭아나무 가지와 갈대비로 殯을 먼저 祓除하게 했다(『春秋左傳』 襄公 29(B.C.544), p.1154, "二十九年春王正月, 公在楚, 釋不朝正于廟也. 楚人使公親襚, 公患之. 穆叔曰, '祓殯而襚, 則布幣也.' 乃使巫以桃·茢先祓殯. 楚人弗禁, 旣而悔之."). 이는 사체를 부정하게 여겼던 당시 인식을 반영하는데, 降服 의식에서 스스로 死者임을 자인한 군주나 종묘·사직의 신은 모두 부정한 상태로 인식되었고 이 때문에 불제를 행하여 부정을 제거할 필요가 있었을 것이다.

이 못됩니다.” 양중[주인]이 세 번 사양하자, 서걸술[賓]이 답하기를, “과군께서는 노의 군주를 섬기어 주공·노공[伯禽]에 복을 구하기를 원하시어 변변찮은 선군의 폐기를 저를 시켜 집사(執事)에 드리게 하시고, 이것으로써 서절(瑞節)을 삼아 우호의 명(命)을 맺게 하셨습니다. 그러므로 과군의 명에 따라 [옥을 바쳐] 양국의 우호를 맺으려는 것입니다. 이러므로 감히 옥을 드립니다”라고 했다. 양중은 “군자(君子)가 없으면 어찌 나라를 세우겠는가? 진(秦)은 비루(鄙陋)한 나라가 아니다”라고 말하고 서걸술에게 많은 예물을 주어 보냈다.[205]

노의 양중은 진의 사신이 옥을 주자 거듭 사양했는데, 그 이유에 대해 두예는 진과 우호 관계를 맺고 싶지 않았기 때문으로 설명했지만, 양백준(楊伯峻)의 의견처럼 주인이 묘문(廟門) 앞에서 빈이 바친 옥을 세 번 사양했던 빙례의 절차를 고려하면, 의식에 따라 서로 겸양하며 사양한 것으로 볼 수 있다. 여기서 노의 양중은 진의 군주가 왕림하여 사직을 진무한다고 표현했고, 진의 서걸술 역시 진후가 노의 종묘에 모신 주공·노공[伯禽]에게 복을 구하기 위해 선군의 옥기를 보냈다고 했다. 즉, 진의 사신이 들고온 옥기는 바로 진후의 선군을 상징하는 물건이었고, 비록 사신이 노의 종묘를 방문하러 왔지만 그 의미상 사신이 아닌 진의 선군이 옥기에 빙의하여 노의 선조를 방문하러 온 것이었다.

이렇게 본다면 열국 간의 빙문은 단순히 사람을 방문하는 것이 아

205 『春秋左傳』 文公 12(B.C.615), pp.588-589, “秦伯使西乞術來聘, 且言將伐晉. 襄仲辭玉, 曰, ‘君不忘先君之好, 照臨魯國, 鎭撫其社稷, 重之以大器, 寡君敢辭玉.’ 對曰, ‘不腆敝器, 不足辭也.’ 主人三辭. 賓答曰, ‘寡君願徼福于周公·魯公以事君, 不腆先君之敝器, 使下臣致諸執事, 以爲瑞節, 要結好命, 所以藉寡君之命, 結二國之好, 是以敢致之.’ 襄仲曰, ‘不有君子, 其能國乎? 國無陋矣.’ 厚賄之.”

니라, 방문국의 신·인 공동체를 함께 방문하는 절차였고, 사신이 들고 가는 지(贄)는 한편으로 종묘의 신을 참배하기 위한 의미가 있었다. 특히 자국의 종묘에서 보기(寶器)인 규·장·벽 등을 꺼내어 지(贄)로 사용할 경우, 그 옥기는 주국의 종묘에 바치는 예물이자 자국의 신이 함께 빙문하러 왔음을 상징하는 매개물이었다.

규와 같은 옥기를 책명의 신물(信物)로 사용한 것처럼 옥기는 때로 국을 보지(保持)하는 종묘·사직의 신이 빙의하여 그 권위를 보장해 주는 상징물이자, 사신이 빙문할 때 신이 함께 해당국을 방문했음을 의미하는 매개물의 기능을 했다. 신에게 바치는 제물과 지(贄)가 유사성을 갖는 이유는 바로 신과의 교류에서 규·벽 등의 옥기 혹은 희생이라는 매개물이 필요했던 것처럼, 타국을 방문할 때도 신과 만나는 형식이 적용되었기 때문이었다. 즉, 춘추시대 빙례 혹은 접빈 절차는 신·인 공동체 간의 상호 만남을 위한 제의의 형식을 띠고 있었고, 이 때문에 열국 간의 경계를 출입하기 위해서는 신과 인간을 매개할 예물이 필요했다고 볼 수 있다. 결론적으로 춘추시대 국의 각 경계를 출입하는 절차는 곧 신에 대한 의례를 전제로 한 일종의 통과의례의 성격을 띠고 있었다.

3. 전국시대 경계 출입과 통행자 관리

『의례』에 기록된 빙례 절차에는 경계를 출입할 때 타계(他界)의 부정을 제거하는 일종의 통과의례가 포함되어 있다. 곧 가도하여 타국의 영역을 지난 후 경(境)에서 서(誓)를 하고,[206] 귀국하여 입국하기 전에는 양

206 『儀禮』 卷19 「聘禮」 8, pp.365-367, "若過邦, 至于竟…士帥, 沒其竟. 誓于其

제(禳祭)를 행한다.[207] 서(誓)는 쌍방이 신 앞에서 약속하는 의식이고, 양제(禳祭)는 일종의 불제 의식으로서 여행 중의 재흉을 제거하기 위한 제사다. 『의례』의 이런 절차가 언제부터 행해졌는지 확인하기 어렵지만, 경계 공간에서 행하는 이러한 불제 의식은 중국 고대 사회의 경계에 대한 인식을 반영한다. 고대 중국인은 자신의 영역 공간을 신의 보호를 받는 성역으로 인식했고, 경계를 출입할 때는 타계(他界)의 부정을 제거하는 일종의 통과의례가 필요했던 것이다.

춘추시대까지 지역 간 왕래에서 경계를 출입하기 위한 다양한 통과 절차가 필요했던 이유는 기본적으로 당시 타계(他界)에 대한 막연한 두려움에서 생겨난 경계의식이 있었기 때문이었다. 예를 들어 초 영왕이 장화(章華)의 대궁(臺宮)을 완성하고 제후들을 초청하여 낙성식을 행할 때, 노 소공은 초로의 출행 여부를 결정하지 못하다가 생전에 초로 출행한 경험이 있는 양공이 도신(道神)에 제사를 지내는 꿈을 꾼 후에야 초로 가기로 결정했다.[208] 사실 양공 역시 생전에 초로 가기 전에 꿈에서 주공이 길제사를 지내는 꿈을 꾼 후에야 출행할 수 있었다. 이는 당시 중원의 제후가 초라는 '비중원(非中原)' 지역으로 갈 때 국외 여행에 대한 두려움을 느꼈으며, 이런 두려움을 극복하기 위해 조상신이 행로를 인도하고 보호해주기를 구했음을 의미한다.[209] 곧 노 소공

竟…."

207 『儀禮』 卷23 「聘禮」 8, pp.433-434, "使者歸, 及郊, 請反命. 朝服, 載旜. 禳, 乃入."

208 『春秋左傳』 昭公 7(B.C.535), pp.1286-1287, "公將往, 夢襄公祖. …三月, 公如楚."

209 당시 선조가 꿈에 나타나 전쟁이나 군주 즉위 문제 등 국가 대사에 중요한 영향력을 행사하기도 했는데(高木智見, 「夢にみる春秋時代の祖先神」, 名古屋大學文學部 東洋史研究室, 『名古屋大學東洋史研究報告』 14, 1989, pp.9-13), 이는 꿈에 선조가 나타나는 일을 일종의 계시로 여겼음을 의미한다.

이 초로 출행하는 문제를 양공의 가호를 확인한 후에야 결정할 수 있었던 것처럼, 당시 국외로의 출행은 신의 가호가 머무는 '안전한' 공간을 떠나 신의 가호가 미치지 않는 지역으로 간다는 인식이 있었다.

춘추시대 열국 간의 외교 관계에서 빙례(聘禮)의 예법에 맞는지 여부는 상대를 평가하는 중요한 기준이었고,[210] 경계를 출입하는 복잡한 절차를 정하여 예를 강조한 것은 서로 간의 신의를 확인하기 위한 일종의 보호 장치이기도 했다. 그렇지만 예법을 무시하고 100뢰(牢)를 요구하는 패자가 등장하는 등[211] 춘추후기 예제 질서의 와해는 제후국에서 자국의 안전을 확보하기 위해 더는 의례만을 의존할 수 없는 시대적 변화를 초래했다.

물론 춘추시대까지의 예제는 전국시대에도 동일하지는 않았지만 일정 정도 국가 간의 예절로서 지켜졌다. 『순자』는 제후국 간의 외교 관계의 중요성과 함께 사신이 가지고 가는 규·벽은 심히 큰 것으로 준비하고, 예물 역시 넉넉히 갖추어야 한다는 것을 주장했다.[212] 당시 외

210 예를 들어 魯 昭公이 晉에 가서 郊에서 위로를 받는 일부터 예물을 바치는 데까지 예에 어긋남이 없도록 행동했고, 이에 대해 晉侯는 魯 昭公이 예를 잘 지킨다고 평했다(『春秋左傳』 昭公 5(B.C.537), p.1266, "公如晉, 自郊勞至于贈賄, 無失禮. 晉侯謂女叔齊曰, '魯侯不亦善於禮乎?'").

211 예컨대 吳王 夫差는 魯 哀公과 만났을 때 100마리 희생[百牢]을 써서 자신을 접대하라고 요구했다. 吳王의 요구에 魯의 景伯은 周의 법도에 따르면 천자 역시 12牢를 넘지 않는다고 설명했으나, 吳王은 듣지 않았다(『春秋左傳』 哀公 7(B.C.488), pp.1640-1641, "夏, 公會吳于鄫. 吳來徵百牢. …景伯曰, '…周之王也, 制禮, 上物不過十二, 以爲天之大數也. 今棄周禮, 而曰必百牢, 亦唯執事.' 吳人弗聽.").

212 『荀子』([淸] 王先謙 撰, 沈嘯寰·王星賢 點校, 『荀子集解』, 中華書局, 1988) 卷6 「富國」, p.198, "將脩小大强弱之義以持愼之, 禮節將甚文, 珪璧將甚碩, 貨賂將甚厚." 그리고 사신이 들고가는 옥은 일의 성격에 따라 구분하여, 大聘[聘]을 행할 때는 珪를 사용하고, 小聘[問]일 때는 璧을 쓰며, 다른 사람을 부를 때는 瑗을 쓰고, 절연할 때는 玦을 사용하며, 절연한 사람과 관계를 회

교 사신이 방문 목적에 따라 실제로 다른 종류의 옥기를 사용했는지 확인하기는 어렵지만, 사신이 타국을 방문할 때 옥기를 예물로 사용한 것은 분명하다.[213] 춘추시대 국외로 망명했다 돌아오는 사람이나 사신을 경(境)이나 교(郊)에서 맞이했던 것처럼, 전국시대에도 국외에 나갔다가 국내로 돌아오는 사람은 경이나 교에서 맞이했다. 맹상군이 제에서 쫓겨났다가 다시 돌아올 때 담습자(譚拾子)는 경(境)에서 그를 맞이했고,[214] 위(魏)의 공숙좌(公叔痤)가 한·조와 회북(澮北)에서 싸워 조의 장수인 낙조(樂祚)를 사로잡아 돌아오자 위 혜왕은 그를 교(郊)에서 맞이했다.[215] 자국인이 국내로 들어올 때뿐 아니라, 타국 사신이나 중요한 인물의 왕래에도 경계까지 전송하거나 나가서 맞이했다.[216]

복할 때는 環을 사용한다고 했다(『荀子』 卷19 「大略」 27, p.487, "聘人以珪, 問士以璧, 召人以瑗, 絶人以玦, 反絶以環.").

213 秦律에는 '竇玉'의 의미가 제후국의 객이 出使하여 마땅히 옥으로써 왕을 (聘)問하는 것이라 했다(『睡虎地秦墓竹簡』(睡虎地秦墓竹簡整理小組 編, 文物出版社, 1990) 「法律答問」, p.142, "可(何)謂'竇玉'? '竇玉', 者(諸)候(侯)客節(卽)來使入秦, 當以玉問王之謂毆(也).").

214 『戰國策』([西漢]劉向 集錄, 范祥雍 箋證, 范邦瑾 協校, 『戰國策箋證』, 上海古籍出版社, 2006) 卷11 「齊」 4, p.637, "孟嘗君逐於齊而復反, 譚拾子迎之於境." 한편 『風俗通』 窮通篇에는 譚拾子가 '譚子'로, '境'자가 晝로 되어 있는데, 晝는 『孟子』 公孫丑 下에 보이는 齊의 邑이다(『戰國策箋證』, p.638, 箋證 2 참고).

215 『戰國策』 卷22 「魏」 1, p.1257, "魏公叔痤爲魏將, 而與韓·趙戰澮北, 禽樂祚. 魏王說, 迎郊, 以賞田百萬祿之." 특히 郊에 비해 境에서 맞이하는 일은 최상의 환대를 의미했다. 魏 公子 無忌가 秦의 군대를 격파하고 돌아왔을 때 趙王과 平原君은 직접 界로 나가 그를 맞이하여 趙를 구원해준 公子 無忌에 대한 극진한 환대를 표현했다(『史記』 卷77 「魏公子列傳」, p.2382, "趙王及平原君自迎公子於界, 平原君負韊矢, 為公子先引.").

216 智伯이 衛를 습격하고자 그 태자를 망명하는 것처럼 위장하여 衛로 달아나게 했을 때, 衛의 南文子는 사람을 境에 보내 태자를 맞이하게 하되 五乘이 넘는 수레를 타고 오면 그를 들이지 말게 했다(『戰國策』 卷32 宋衛, p.1839, "智伯欲襲衛, 乃佯亡其太子, 使奔衛. 南文子曰, '太子顔爲君子也, 甚愛而有

그러나 전국시대 이후 군주의 정치는 조상신을 모신 궁묘가 아니라 조정에서 이루어졌고, 자연히 종묘에 대한 제의의 성격이 있던 빙례는 그 성격이 바뀌었다. 가령 조 혜문왕(B.C.298~B.C.266) 때 조에서 초의 화씨벽(和氏璧)을 얻게 되자 진의 소왕은 서신을 보내 진의 15개 성과 화씨벽을 바꾸자고 요청했다. 조에서는 인상여(藺相如)를 진에 보내 이 문제를 해결하게 했는데, 인상여는 조왕이 화씨벽을 보낼 때 진을 존중하여 경의를 표하는 의미에서 5일 동안 몸을 재계하고 벽을 보내는 등 예법에 따랐으므로 진왕도 5일간 재계하고 조정에서 구빈(九賓)의 예로 사신을 맞이해야만 화씨벽을 줄 수 있다고 요구했다.[217] 조왕이 보낸 사신인 인상여는 진의 조정에서 빙례를 행했는데, 이는 춘추시대까지 신에게 바치는 예물인 지(贄)를 준비하여 신을 모신 사당에서 빙문하던 의례와 달리, 전국시대의 접빈 의례는 세속 군주에 대한 의례로 그 성격이 변했음을 보여준다.[218]

전국시대 세속 군주의 주요 치소인 조정에서 진행된 접빈 절차는

寵. 非有大罪而亡, 必有故.' 使人迎之於境曰, '車過五乘, 愼勿納也.' 智伯聞之, 乃止."). 이는 타국의 특정인이 망명할 때 境에서 그를 맞이했음을 의미하며, 犀首가 張儀를 齊의 疆까지 전송했다는 표현처럼(『戰國策』 卷9 齊2, p.562, "明日, 張子行, 犀首送之, 至於齊疆.") 예우로서 境까지 나가 전송하기도 했다.

217 『史記』 卷81 「廉頗藺相如列傳」, p.2440, "乃謂秦王曰, 和氏璧, 天下所共傳寶也, 趙王恐, 不敢不獻. 趙王送璧時, 齋戒五日, 今大王亦宜齋戒五日, 設九賓於廷, 臣乃敢上璧, 秦王度之."

218 한편 戰國 秦의 章臺와 같이 臺 역시 사자를 접견하는 장소였는데, 한대 국가의 주요 행사를 거행했던 미앙궁의 前殿이 臺形 건축물이었다는 사실은 세속 군주가 집정하는 朝 역시 원래 臺에서 기원했음을 시사한다. 그런데 전국시대 臺는 이미 신전의 원초적 형태로서 가졌던 신성성은 거의 상실한 채 享樂 장소의 대명사로 전락한 상태였고, 춘추시대까지 聖所로서 神性을 내포했던 데서 세속정치의 중심으로 전화된 공간이었다(李成九, 『中國古代의 呪術的 思惟와 帝王統治』, pp.44-45 참고).

더 이상 신·인 공동체 간의 만남을 의미하는 통과의례가 아니었다. 전국시대 성읍에 속한 씨족 공동체의 생명력을 담보하던 조상신에 대한 제의는 더는 인민 통합에 필수불가결한 요소가 아니었고, 사제의 성격을 탈피한 세속 군주는 국가의 대사를 신위가 있는 성소에서 집행하지 않았다. 따라서 군주와 사신의 접견 역시 세속적 정치권력과의 대면이었지 더는 신위(神位)와 함께하는 신·인 공동체 간의 만남은 아니었다. 자연히 제의의 성격을 띤 경계 출입 절차 역시 좀 더 현실적인 통과 절차로 그 성격이 바뀌게 되었다. 진에서 제후국의 빈객이 찾아오면 진으로 들어오기 전에 그 수레의 바퀴 축[衡軛]을 연기로 그을려서 말에 기생하는 해충[騷馬蟲]을 처치했던 일은,[219] 전국시대 경계를 출입하는 형식이 제사 예물을 준비하여 출입하는 통과의례가 아니라, 기생충의 유입을 막는다는 현실적인 목적의 정화의식으로 변했음을 상징적으로 보여준다.

그렇다면 전국시대 각국의 경계는 어떻게 관리되었을까? 전국시대 변경 수비는 국가의 존립을 좌우하는 중대한 문제였다. 각국에서는 험요지에 관·새·정(亭)·장(障)을 설치하여 수비하거나, 장성을 건축하여 방어 시설을 확충했다.[220] 맹상군이 도망할 때 통행증[傳]을 고쳐야 했고, 관소에 도착해서도 거짓 닭 울음소리로 관문을 연 다음 통행증을 보여준 후 통과할 수 있었다는 사례나,[221] 상앙이 도망하여 어느 객사에 머물고자 했으나 객사에 통행증이 없는 사람을 머물게 하면 처

219 『睡虎地秦墓竹簡』「法律答問」, p.135, "'者(諸)侯客來者, 以火炎其衡厄(軛).' 炎之可(何)?當者(諸)侯不治騷馬, 騷馬蟲皆麗衡厄(軛)軼鞪轅靷, 是以炎之."

220 楊寬, 『(增訂本) 戰國史』, 上海人民出版社, 1998, pp.317-325 참조.

221 『史記』 卷75 「孟嘗君列傳」, pp.2354-2355, "齊湣王二十五年…孟嘗君得出, 卽馳去, 更封傳, 變名姓以出關, 夜半至函谷關…孟嘗君至關, 關法雞鳴而出客, 孟嘗君恐追至, 客之居下坐者有能為雞鳴, 而雞齊鳴, 遂發傳出."

벌받는다는 이유로 주인에게 거절당한 내용을 보면,[222] 전국시대 진의 경우 국내 지역 이동 시 통행증을 소지해야 관소를 통과하거나 객사에 투숙할 수 있었다.[223] 그런데 전국시대 사인(士人)들은 관록(官祿)을 구하거나 선생을 찾기 위해 각국을 이동했고, 이들이 각국에서 여행상의 큰 제약을 받았던 것 같지는 않다.[224] 사인(士人)들뿐 아니라 여불위와 같은 대상인 역시 타국을 왕래하며 장사했고, 군주의 명을 받아 외교정책을 수행했던 외교 사신들도 각국의 변경을 넘나들며 활동했다.[225]

222 『史記』 卷68 「商君列傳」 8, p.2236, "商君亡至關下, 欲舍客舍. 客人不知其是商君也, 曰, 商君之法, 舍人無驗者坐之."

223 아울러 전국시대에도 시행되었을 것으로 보이는 진율 중 국경 넘어 도망하는 '闌亡者'에 대한 고발 관련 규정이나(『睡虎地秦墓竹簡』 「法律答問」, p.104, "告人曰邦亡, 未出徼闌亡, 告不審, 論何也? 爲告黥城旦不審."; 「法律答問」, p.125, "有秩吏捕闌亡者, 以界乙, 令詣, 約分購, 問吏及乙論何也? 當貲各二甲, 勿購.") 도망하는 사람을 도와준 자를 처벌하는 조항(『睡虎地秦墓竹簡』 「效律」 游士律, p.80, "●有爲故秦人出, 削籍, 上造以上爲鬼薪, 公士以下刑爲城旦.") 등은 모두 秦에서 국내는 물론 국외로의 불법 이동을 엄격하게 금했던 당시 상황을 반영한다.

224 李成珪, 「戰國時代 秦의 外交政策」, 서울大學校 東洋史學研究室 編, 『古代中國의 理解』 2, 지식산업사, 1995, pp.68-69 참고.

225 유세객·상인 및 외교 사신들은 전국시대 관련 기록 중 각국의 변경을 출입하며 이동했던 대표적인 사람들이다. 이 외에 徙民과 같이 정치상의 이유로 강제 이주되는 경우나 정치적 망명과 같은 특수한 이동이 있겠지만, 본서는 상시 변경을 출입하며 활동했던 사람들을 주요 대상으로 했다. 한편 전국시대 사료의 성격상 정확한 紀年을 확인하기 어려운 경우가 많고, 문헌 기록 중 『전국책』이나 제자서는 편찬 시기가 불확실하고 수사적 혹은 철학적 논변의 성격을 띠고 있기 때문에 실제 사실이 아닌 경우도 포함되어 있다. 이런 한계로 현재는 전국시대 사회 특징에 대한 전체적인 윤곽을 확인할 수 있을 뿐이다(전국시대 관련 사료의 종류와 그 한계에 대해서는 楊寬, 『戰國史』, pp.10-41; Mark Edward Lewis, "Warring States: Political History," Michael Loewe and Edward L. Shaughnessy, eds., *The Cambridge History of Ancient*

이 절에서는 바로 이런 문제의식하에 전국시대 내지와 변경에서의 통행관리 방식과 각지를 이동했던 사신·유세객 및 상인의 활동을 중심으로 각 경계의 출입 절차와 방법을 국내·외 경계로 나누어 살펴보고자 한다.

1) 내지의 통행과 징세

『주례』에 보이는 관인 중 국내의 주요 경계 지점에서 출입을 관리하는 임무를 맡은 자는 사문(司門)·사관(司關) 및 시의 관리다. 『주례』는 특정 시기 실제 사실을 반영한 기록으로 보기 어렵지만, 국도의 성문이나 관문 및 시문에서 관리가 출입자를 기찰(譏察)하고 정해진 통행세를 징수하는 내용은 춘추시대 이후 각 경계의 출입 관리 방식의 변화를 반영한다.

> (가)-①: 사문(司門)은 열쇠와 자물쇠[管鍵]를 받아서 국문의 개폐를 담당한다. 격식에 맞지 않는 물건을 휴대한 자를 사찰하고, [국문을 출입할 때] 화회(貨賄)에 부과하는 세를 징수하며, 무릇 [소지한] 재물이 금령을 어기면 그것을 몰수한다.[226]
>
> (가)-②: 사관(司關)은 국의 화물에 대한 절(節)을 검사하며, [그에 대해] 사문(司門)·사시(司市)와 서로 연락한다. 화회(貨賄)의 [관소] 출입을 맡아 송사의 처리와 화물의 금령 및 관세와 [창고에 보관하는] 보

China: From the origins of civilization to 221 B.C., Cambridge University Press, 1999, pp.588-593 참조).

226 『周禮』 卷15, 「司門」, pp.436-437, "司門, 掌授管鍵以啓閉國門. 幾出入不物者正其貨賄凡財物犯禁者擧之."

관세 징수를 담당한다. 무릇 [관세를 내지 않기 위해] 화물을 소지하고 관소로 출입하지 않는 자가 있으면 그 화물은 몰수하고 그 사람은 벌한다. 화회(貨賄)를 [관외로] 운반하려는 자에 대해서는 절(節)과 전(傳)을 발급하여 화물을 통행하게 한다. 나라에 흉년이 들거나 역병이 유행하면 관문의 세는 징수하지 않지만, 기찰(譏察)은 [평시처럼] 한다.[227]

(가)-③: 무릇 개시(開市)하여 [사람들이] 시에 들어오면 서(胥)는 편장(鞭杖)을 들고 문을 지킨다. …화회(貨賄)를 운반할 때는 새절(璽節)로써 출입하게 한다.[228]

(가)-④: 서(胥)는 소속한 이사(二肆)의 정무를 담당하며, 편장(鞭杖)을 들고 [시문] 앞을 순찰하여 정해진 시간을 어기고 장사하는 일을 금지하고 부정한 자를 체포하는 일을 맡는다. 무릇 죄를 지은 자는 매질을 하고 벌금을 부과한다.[229]

위의 (가)-①은 사문, (가)-②는 사관, (가)-③·④는 시문의 출입을 맡은 관리의 임무다. 이들은 모두 각 문을 출입하는 사람과 소지한 화물을 기찰하고 반출·입하는 화물에 징세하는 임무를 맡았다. 사관의 임무 중 화물을 관외로 반출하려는 사람에게 절과 전을 발급해주는 일이 있는데, 이에 대해 정현은 통관하려는 상인이 민간에서 화물을 구하여 새절이 없는 경우 관소에서 새절과 통행증인 전을 발급하며,

227 『周禮』 卷15 「司關」, pp.438-441, "掌國貨之節以聯門市. 司貨賄之出入者掌其治禁與其征廛. 凡貨不出於關者擧其貨罰其人. 凡所達貨賄者則以節傳出之. 國凶札則無關門之征猶幾."

228 『周禮』 卷14 「司市」, pp.415-416, "…凡市入則胥執鞭度守門…凡通貨賄 以璽節出入之."

229 『周禮』 卷15 「胥」, pp.431-432, "胥, 各掌其所治之政, 執鞭度而巡其前, 掌其坐作出入之禁令, 襲其不正者. 凡有罪者, 撻戮而罰之."

새절이 있는 경우 전을 발급한다고 했다.[230] (가)-③에서 시문을 통해 화물을 운반할 때 새절을 확인하므로 새절은 화물에 대한 증표에 해당한다. 『주례』 중 국문·관문·시문의 출입 관리 방식을 보면, 국문·관문·시문과 같은 경계 지점을 출입하기 위해서는 소지한 화물의 적법성을 증빙하기 위한 새절과 관소를 출입하기 위한 통행증인 전이 필요했다.

비록 『주례』의 내용과 동일하지는 않겠지만, 전국시대 국문·관문·시문의 출입 관리 방식 역시 이와 유사했을 것으로 보인다. 『여씨춘추』 「맹동기(孟冬紀)」를 보면 치안 유지를 맡은 사도(司徒)는 겨울[孟冬]에 다음과 같은 임무를 맡았다. 곧 사도는 성곽을 보수하여 쌓고, 국문이나 마을 문[閭]을 경계하여 건폐(楗閉)를 수리하며 빗장과 열쇠[關籥]를 잘 살펴보아 봉새(封璽)를 단단히 한다. 또한 변경을 방비하여 요새의 수비 시설을 완비하고, 관·량을 살펴보아 사잇길[蹊徑]을 막는다.[231] 즉, 사도는 국내 통행자들의 이동 통로인 국문·마을 문을 경계하는 일과 국외로 통하는 변경의 요새를 정비하는 일 및 국내외의 주요 통로인 관·량의 시설을 관리하는 일을 맡았는데, 이는 『주례』 중 국문·관문의 출입을 기찰하는 관리의 임무와 유사하다. 이하 도성과 현성(縣城) 등의 성문과 관(關)·진(津) 및 시(市)로 나누어 각 경계 지점에서의 출입 관리에 대해 살펴보기로 하자.

230 『周禮注疏』(李學勤 主編, 北京大學出版社, 1999) 卷15, 司關, p.384, "商或取貨於民間, 無璽節者至關, 關為之璽節及傳出之. 其有璽節亦為之傳. 傳如今移過所文書."

231 『呂氏春秋』(陳奇猷 校釋, 『呂氏春秋校釋』, 學林出版社, 1984) 卷10 孟冬紀, p.516, "命司徒…坿城郭, 戒門閭, 修楗閉, 愼關籥, 固封璽, 備邊境, 完要塞, 謹關梁, 塞蹊徑."(『呂氏春秋』 우리말 번역시 여불위, 『여씨춘추』, 정하현 옮김, 소명출판, 2011 참고)

(1) 성문의 출입 관리

춘추시대 변경과 달리 도성의 문에는 출입을 관리하는 관리가 있었고, 때로 치안 유지를 위해 외부인의 출입을 단속하기도 했다. 초왕이 출정했다가 돌아와서 입성하려 할 때 당시 문지기였던 죽권(鬻拳)은 문을 열어주지 않았고, 이에 초왕은 다른 지역을 공격한 후 돌아오게 된다.[232] 진의 조앙(趙鞅)이 위의 태자를 척 땅에 들어가게 할 때도 성문에 문지기가 있어 변장을 하여 그를 속인 후에야 통과할 수 있었다.[233] 제의 국무자(國武子)가 영공을 수행하여 회합에 참석했다가 돌아왔을 때, 그 동안 나라를 지키고 있던 고무구(高無咎)와 포견(鮑牽)은 성문을 닫고 여객을 검사했는데,[234] 이 일은 때로 외부인의 성문 출입을 엄격하게 단속했음을 보여준다.

전국시대에도 도성 문에는 수비를 담당하는 사마(司馬)를 설치하여 국문의 출입을 관리했다.[235] 예컨대 (가)-⑤는 전국시대 제의 관인으로서,[236] 모두 '문사마새(門司馬璽)'가 새겨져 있다. 제의 관인 중 '사

232 『春秋左傳』 莊公 19(B.C.675), p.210, "十九年春, 楚子禦之, 大敗於津. 還, 鬻拳弗納, 遂伐黃."

233 『春秋左傳』 哀公 2(B.C.493), pp.1612-1613, "六月乙酉, 晉趙鞅納衛大子于戚. 宵迷, 陽虎曰, "右河而南, 必至焉." 使大子絻, 八人衰絰, 僞自衛逆者. 告於門, 哭而入, 遂居之."

234 『春秋左傳』 成公 17(B.C.574), p.898, "國子相靈公以會, 高·鮑處守. 及還, 將至, 閉門而索客. 孟子訴之曰, "高·鮑將不納君, 而立公子角, 國子知之."

235 齊王 建이 秦에 입조하려고 하는데 臨淄의 雍門을 관리하는 司馬가 앞으로 나서며 사직을 위한다면 왜 秦에 가려고 하시냐고 諫하자 齊王은 수레를 돌려서 돌아왔는데(『戰國策』 卷13 「齊」 6, p.742, "齊王建入朝於秦, 雍門司馬前曰, '所爲立王者爲社稷耶? 爲王立王耶?' 王曰, '爲社稷.' 司馬曰, '爲社稷立王, 王何以去社稷而入秦?' 齊王還車而反."), 이는 당시 都城門에는 司馬가 출입을 관리했음을 보여준다.

236 본서에서 인용하는 印의 지역 구분 및 印文의 석독은 陳光田, 『戰國璽印分域研究』, 長沙: 岳麓書社, 2009; 徐暢, 『先秦璽印圖說』, 文物出版社, 2009를 따

마지새(司馬之璽)', '우사마새(右司馬璽)', '좌사마새(左司馬璽)'와 같이 사마는 관명으로서 좌·우사마로 나누어졌고,[237] (가)-⑤와 같이 문을 담당하는 자는 문사마(門司馬)라 칭했던 것으로 보인다. 제의 관인 중 임치성(臨淄城)의 서쪽 문인 '직문(稷門)'이 새겨진 인 역시,[238] 초의 관인 중 '서문(西門)'이 새겨진 인처럼[239] 도성 서쪽 문의 관리를 맡은 관리의 인으로 짐작된다.

(가)-⑤

(28) (29) (30)

聞(門)司馬鉨(璽)

(가)-⑥

(197)

司成(城)之鉨(璽)

(가)-⑥에 보이는 사성(司城)은 『주례』의 사문·사관과 같이 도성을 담당하는 관명으로서 짐작건대 도성이나 주요 치소의 수위와 관리를 맡았던 것으로 보인다. 진의 관인 중 垖의 남문을 지칭하는 '垖의 남문(南門)', 하의 서·남문을 지칭하는 '하서문(下西門)'·'하남문(下南門)' 등 각지의 성문을 가리키는 인문(印文)이 있는데, 이는 지방 각 치소의 성문을 담당하는 관리의 인으로 볼 수 있다.[240] 앞서 언급한 『여씨춘추』에 보이는 사도의 직무에 국문 외에 마을 문[閭]의 관리가 포함되어 있는 점이나, 『관자』에 향리와 성읍에 관리를 두어 출입자를 단

랐고, 두 책의 釋文이 다를 경우 별도로 표기했다. 별도 각주가 없는 한 印文의 圖版과 정리번호는 故宮博物院, 『古璽彙編』, 文物出版社, 1981, 陶印의 圖版과 정리번호는 高明 編著, 『古陶文彙編』, 中華書局, 1990을 따랐다. 한편 陶印의 경우 석문 뒤에 '[陶]'라 표기하여 구분했다.

237 陳光田, 『戰國璽印分域硏究』, p.36.

238 陳光田, 『戰國璽印分域硏究』, p.38.

239 陳光田, 『戰國璽印分域硏究』, p.157.

240 陳光田, 『戰國璽印分域硏究』, p.204.

속하거나 출입 시간을 통제해야 한다는 내용에서 보듯이 향리와 성읍에서도 치안 유지를 위해 성문의 출입을 관리했다.[241] 양거(梁車)가 막업(鄴)의 령(令)이 된 이후 자신을 찾아온 누이가 성문이 닫힌 후 성곽을 넘어서 들어오자 그 자리에서 누이의 발을 잘라 단호하게 처벌했던 일화는,[242] 현성문(縣城門)의 개폐 시간이 정해져 있었고 그것을 어겼을 때는 처벌했음을 보여준다. 『묵자』「호령편(號令篇)」중 전쟁과 같은 비상사태가 발생했을 때 취해야 할 조치들을 보면, 일단 성문을 막아 통행을 제한하고 성문과 정(亭)의 통행자의 통행증[符傳]을 검사하여 의심스럽거나 통행증이 없는 사람은 현관(縣官)에 고발했다. 그리고 마을에서는 삼로(三老)가 외부인의 통행을 감시하여 리졸(吏卒)이나 민이 부절을 소지하지 않고 다닐 경우 반드시 관리나 삼로 등이 검문을 해야 한다고 했다.[243] 이 때문에 자묵자(子墨子)가 송을 지나다가 비를 피하기 위해 마을 문에 들어가고자 했으나 수문하던 자는 장차 초가 송을 공격하려 한다는 소식을 듣고 낯선 사람인 자묵자를 들여보내주지 않았다.[244]

241 『管子』 卷1「立政」4, p.65, "分國以爲五鄕, 鄕爲之師…置閭有司, 以時開閉. 閭有司觀出入者, 以復于里尉. 凡出入不時, 衣服不中, 圈屬群徒不順于常者, 閭有司見之, 復無時."; 『管子』 卷5「八觀」13, p.266, "入州里, 觀習俗, 聽民之所以化其上, 而治亂之國可知也. …出入毋時, 早晏不禁, 則攘奪竊盜, 攻擊殘賊之民, 毋自勝矣."

242 『韓非子』([淸]王先愼 撰, 鍾哲 點校, 『韓非子集解』, 中華書局, 1998) 卷12「外儲說左」下, p.308, "梁車爲鄴令, 其姊往看之, 暮而後, 閉門, 因踰郭而入. 車遂刖其足."

243 『墨子』(孫詒讓 撰·孫啓治 點校, 『墨子閒詁』, 中華書局, 2001) 卷15「號令」70, pp.601-602, "諸城門若亭, 謹侯視往來行者符, 符傳疑, 若無符, 皆詣縣廷言…三老守閭令厲繕夫爲荅. 若他以事者微者, 不得入里中. …吏卒民無符節而擅入里巷官府, 吏·三老·守閭者. 失苛止, 皆斷."

244 『墨子』 卷13「公輸」, pp.488-489, "子墨子歸, 過宋, 天雨, 庇其閭中, 守閭者

이처럼 당시 치안 유지를 위해 성문의 개폐 시간을 일정하게 해 출입자를 관리하고 비상시에는 마을 문[里門]의 출입 역시 단속하여 통행하는 리졸·민의 통행 목적과 통행증 소지 여부를 검사했다.

(2) 관(關)·진(津)의 통행과 징세

앞서 살펴본 성문 담당 관리와 같이 전국시대 각국에서는 관소를 담당하는 관리를 배치하여 그 출입을 관리했다. (가)-⑦은 모두 제의 관인으로서, '예관(埶關)'·'행곡관(行曲關)'·'축모사관(豖母司關)'과 같이 관소의 명칭이나 '무관(武關𠭯)'·'무관장(武關將)'과 같이 무관에 속한 관명이 새겨져 있는 점으로 미루어 모두 관을 담당하는 관리가 사용했던 인으로 보인다.[245] (가)-⑦′은 진의 관인으로서 역시 구구관(句丘關)을 맡은 관리의 인으로 볼 수 있다.

(가)-⑦

(0172)
埶關

(0173)
行曲關

(0174)
武關𠭯

(0175)
豖母司關

(0176)
武關將璽

(가)-⑦′

(0340)
句丘關

전국시대 각국에서 관을 설치했던 중요한 목적 중 하나는 관세 징수였는데, 맹상군이 위 소왕에게 한의 상당(上黨)과 통하는 곳에 관문

不內也."

245 陳光田, 『戰國璽印分域研究』, p.43.

을 설치하고 관세를 징수하여 위와 한의 이익을 도모할 수 있다고 건의한 일은[246] 그 좋은 예다. 관·진을 출입할 때는 소지한 화물에 따라 정해진 통행세를 납부해야 했다. 뛰어난 변론가였던 송의 아설(兒說)이 "흰말[白馬]은 말이 아니다"라고 주장하며 직하의 변론가들을 설복시켰지만, 정작 자신이 흰말을 타고 관소를 지날 때는 흰말에 대한 세금을 납부할 수밖에 없었다는 기록은[247] 사실 여하를 떠나서 관소를 통과할 때 대동한 물자에 징세했던 당시 모습을 반영한다. 진에서 양후(穰侯)가 도읍(陶邑)으로 축출될 때 그는 1,000대가 넘는 수레에 짐을 싣고 진의 관소를 빠져나왔는데, 그가 가진 보기(寶器)나 진기품은 왕실보다 많았다. 당시 양후는 도읍으로 돌아가면서 현관(縣官)에서 제공한 수레와 소를 사용하여 함곡관에 도착했는데, 함곡관에서는 규정에 따라 그의 보기(寶器)를 조사했다.[248] 나라의 수레를 사용하여 통관한 경우에도 예외 없이 화물을 조사했다면, 일반 민의 관소 통행 시에도 화물의 검열은 물론 물자에도 징세했을 것이다.

한대 관리들이 학습 교재로 사용한 『구장산술(九章算術)』에는[249] 관세와 관련된 내용이 포함되어 있다. 그 내용에 따르면 각 사람은 자

246 『戰國策』 卷24 「魏」 3, p.1389, "通韓之上黨于共·莫, 使道已通, 因而關之, 出入者賦之, 是魏重質韓以其上黨也. 共有其賦, 足以富國,"

247 『韓非子』 卷11 「外儲說左」 上, p.269, "兒說, 宋人, 善辯者也. 持 '白馬非馬也' 服齊稷下之辯者. 乘白馬而過關, 則顧白馬之賦."

248 『史記』 卷79 「范雎蔡澤列傳」, p.2412, "於是廢太后, 逐穰侯·高陵·華陽·涇陽君於關外. 秦王乃拜范雎為相. 收穰侯之印, 使歸陶, 因使縣官給車牛以徙, 千乘有餘. 到關, 關閱其寶器, 寶器珍怪多於王室."

249 이 책은 한 선제 때 편찬된 산수서이지만, 일부 내용은 선진시대를 배경으로 한다. 진 통일 이후 관세제도가 폐지되고 한초까지도 관세를 징수한 기록이 보이지 않는다는 점에서, 『九章算術』에서 설정한 관세 관련 내용은 전국시대의 상황을 반영했을 가능성이 있다.

신이 소지한 화물의 양에 따라 관세를 납부해야 했다.[250] 다음의 기록은 전국시대 제의 관소에서 사용했던 도량형의 명문이다.

(가)-⑧: 左關之鉌[251]

(가)-⑨: 塦(陳)猷立(涖)事歲, 䥲月戊寅, 於兹安墜(陵)𠆤, 命左關帀(師)發敕成左關之釜(釜), 節于敹(廩)釜(釜), 敦(敦)者曰塦(陳)純[252]

(가)-⑩: □□立(涖)事歲, 禝月丙午, 子禾子□□內者御梠(莒)市, □命誂塦(陳)旻(得), 左關釜節于[敹(廩)釜], 關鉌節于敹(廩)料(半), 關人築桿戚釜(釜), 閉料于□外, 㡭釜(釜)而車人制之, 而[台(以)發]退女(如)關人, 不用命則寅之, 御關人□□亓(其)事, 中刑斤遂贖台(以)[金半]鋝(鈞), □□亓(其)盈, 氒(厥)辟□遂贖台(以)□犀, □[命]者, 于亓(其)事區夫, 丘關之釜(釜)[253]

(가)-⑧~⑩ 모두 1857년 산동성(山東省) 교현(膠縣)에서 출토된 제의 도량형으로, 좌관(左關)에서 사용했던 것으로 보인다. (가)-⑧은 좌관(左關)의 화(鉌)인데, 화(鉌)는 용량의 단위로서 실측에 따르면

250 『九章算術』(劉徽 注·李淳風 注釋, 中華書局, 1985) 卷3, 衰分, p.38, "今有甲持錢五百六十, 乙持錢三百五十, 兵持錢一百八十. 凡三人出關, 關稅百錢, 欲以錢數多少, 衰出之. 問, 各幾何."; 『九章算術』 卷6, 均輸, p.109, "今有人持米出三關. 外關三而取一, 中關五而取一, 內關七而取一, 余米五斗. 問, 本持米幾何."; 『九章算術』 卷6, 均輸, p.109, "今有人持金出五關. 前關二而稅一, 次關三而稅一, 次關四而稅一, 次關五而稅一, 次關六而稅一, 幷五關所稅, 適重一斤. 問, 本持金幾何."

251 『商周金文摹釋總集』 6冊, p.1593; 『集成』 16.10368.

252 『商周金文摹釋總集』 6冊, p.1593; 『集成』 16.10371.

253 『商周金文摹釋總集』 6冊, p.1594; 『集成』 16.10374.

2,070ml에 해당한다.[254] 이는 (가)-⑨·⑩에 보이는 부(釜)의 10분의 1로서, 타국의 1두(斗)에 해당하는 용량이다.[255] (가)-⑨는 진유(陳猷)가 감조자(監造者)로 있던 해에[256] 좌관(左關)의 사(師) 발(發)에게 좌관에서 사용할 부(釜)를 곳집의 부[廩釜]의 규격에 맞추어 제작하도록 감독하라고[257] 명한 내용으로, 마지막에 치기자(治器者)의 이름인 진순(陳純)이 명기되어 있다. 이는 관소에서 관세를 징수할 때 곳집의 도량형과 동일한 규격을 사용했음을 보여준다. (가)-⑩의 청동기는 (가)-⑨와 유사한 형태로서, 명문(銘文)은 자화자(子禾子)가 모모인(某某人)을 거쳐 진득(陳得)에게 좌관의 부는 곳집의 부를 표준으로 삼고, 관의 화(鉌)는 곳집의 반(半)을[258] 표준으로 삼아 제작할 것을 명한 내용이다. 또 만약 관인(關人)들이 거짓으로 그 용량을 크게 혹은 작게 하면 그것을 제지시키며, 관인(關人)이 명령을 따르지 않으면 그 일의 경중에 따

254 馬承源 主編, 『商周青銅器銘文選』 4冊, 文物出版社, 1990, p.556.

255 丘光明, 「試論戰國容量制度」, 『文物』 1981-10, p.63에서는 『管子』 輕重, "今齊西之粟釜百泉, 則鏂二十也. …若此, 則齊西出三斗而決其籍, 齊東出三釜而決其籍, 然則釜十之粟皆實于倉廩."의 내용과 실제 발견된 釜와의 용량 비교를 통해 이를 밝혔다.

256 '立(涖)事'는 官營手工業에서 監造者를 가리킨다(楊寬, 『戰國史』, p.107; 李學勤, 「戰國題銘概述(上)」, 『文物』 1959-7, p.51). 瓥月은 齊의 月名이지만 어느 달을 가리키는가는 분명치 않다. 安陵은 河南省 鄢陵縣 西北 지역이며, (다)-⑧~⑩이 발견된 山東省 膠縣과는 다른 지역이다. '个'는 지명으로 짐작되지만 현재로서는 未詳이다(馬承源 主編, 『商周青銅器銘文選』 4冊, p.555).

257 여기서 '節'은 "법도를 따르다"의 의미로 廩에서 사용하는 釜를 표준으로 하여 제작하라는 뜻이다(丘光明, 「試論戰國容量制度」, p.64).

258 '半' 글자 자체를 용량 단위로 보기 어렵고, '鉌'는 半鏂에 해당하기 때문에 '半' 뒤에 '鏂'가 생략된 것으로 해석하기도 한다(丘光明, 「試論戰國容量制度」, p.64).

라 처벌하라는 내용도 포함하고 있다.[259] 여기서 자화자는 전제(田齊)의 태공(太公) 전화(田和: B.C.386~B.C.384)이고, 진득(陳得)은 진장호(陳璋壺) 명문에도 보이는 인물이다.[260] 따라서 (가)-⑨는 전제(田齊)가 성립한 이후 제에서 관소에서 사용할 도량형의 규격을 곳집에서 사용하는 것과 동일하게 제작했고, 도량형 규격을 중앙에서 관장하여 만약 어길 시에는 처벌했음을 보여준다. 『구장산술』에 보이는 징세 대상은 관소 통행자가 소지한 전(錢)과 쌀인데, 관세는 정량(定量)이 아니라 소지한 전(錢)이나 쌀의 양의 일정 비율을 거두었다. 제의 관에서 사용한 위의 도량형은 당시 관소에서 국에서 정한 규격에 맞는 도량형을 사용하여[261] 『구장산술』의 예제처럼 화물의 양에 따라 관세를 징수했음을 짐작게 한다.

전국시대 초왕이 왕족의 일원인 악군(鄂君) 계(啓)를 위해 제작한 악군계절(鄂君啓節) 역시 봉군(封君)일지라도 초의 주요 육로와 수로에서 통관 절차에 따라 관리의 검험을 거쳐야 했고, 면세 특권을 증빙하는 절이 없을 경우 정해진 통행세를 납부해야 했음을 보여준다. 악군계절은 1957년 안휘성(安徽省) 수현(壽縣) 구가화원(丘家花園)에서 주절(舟節) 1건과 거절(車節) 3건이 발견된 이후, 1960년 1건의 주절(舟節)이 추가로 발견된 청동으로 만든 절이다. 이 절은 육로 이동을 위한 거

259 楊寬, 『戰國史』, p.241 참고.

260 李學勤, 「戰國題銘概述(上)」, p.51에서는 陳璋壺의 銘文을 근거로 陳得을 齊宣王(B.C.319~B.C.301) 때 인물로 보았지만, 陳璋壺의 銘文 중 陳得이 桓公(B.C.374~B.C.357) 5년에 재임된 내용이 있는 것으로 미루어 宣王 시기 인물로 보기는 어렵다.

261 한편 전국시대 각국에서 사용한 도량형은 서로 달랐으나, 최근 발견된 도량형의 실측을 통해 비교해본 결과 秦·楚·燕·趙에서 사용한 斤·兩制 단위에 따른 量은 거의 동일한 것으로 밝혀졌다(丘光明, 「試論戰國衡制」, 『考古』 1982-5).

절과 수로를 위한 주절로 나눌 수 있고, 각 명문은 ㉠ 절의 제작을 명하는 부분, ㉡ 이동 시 운수 관련 규정, ㉢ 이동 경로(혹은 범위), ㉣ 절의 소지 여부에 따른 처우로 구성되어 있다. 먼저 거절의 명문을 살펴보면 다음과 같다.

> ㉠ 대사마 소양(昭陽)이 진의 군대를 물리친 해 夏层(월)[262] 을해일, 왕은 영(郢)의 유궁(遊宮)에 거하고 있었다. 대공윤(大工尹) 수(脽)는 왕의 명에 따라 집윤(集尹) 悤𦀚과 직윤(織尹) 역(逆) 및 직령(織令) 阢에게 악군 계의 부(府)를 위하여 금절(金節)을 賦鑄하라고[263] 명했다.[264]
>
> ㉡ 수레 50승[을 한도로 한다.] 일 년이 지나면 [이 절을] 반납한다. 금·가죽·[활과 화살대의 재료인] 簵[箘]와 화살을 실을 수 없다. 만약 말·소·모(牡)를[265] 사용하면 10마리당 수레 한 대에 해당하고, 만약 짐꾼[擔徒]을 이용한다면 20명당 수레 한 대에 해당하며, 이렇게 하여 50승 이상은 제외시킨다.[266]

262 '夏层'는 楚의 月名으로 周의 2월에 해당한다(馬承源 主編, 『商周青銅器銘文選』 4冊, p.433).

263 '贖(賦)盨(鑄)'에서 '賦'의 의미는 불분명하다. 郭沫若은 '贖'을 '賡'으로 석독했는데, 이를 근거로 金節을 이어서 다시 주조하는[賡鑄] 의미로 해석하기도 한다(船越昭生, 「鄂君啓節について」, p.64, 馬承源 主編, 『商周青銅器銘文選』 4冊, p.433).

264 『商周金文摹釋總集』 6冊, p.1834, 12110, 鄂君啓車節, "大司馬卲(昭)剔(陽)敓(敗)晉帀(師)於襄陵之戢(歲), 頴(夏)层乙亥之日, 王凥於菽郢之遊宮, 大攻(攻)尹脽台(以)王命=(命命)集尹悤𦀚裁(織)尹逆·裁(織)敍(令)阢, 爲鄦(鄂)君啓之㢋(府)贖(賦)盨(鑄)金節."

265 '𤙭'자는 '特'자로 석독하기도 한다. 일반적으로 馬는 牝을 가리키는 반면, 牡는 '馬特'이라 칭하기도 한다는 점에서 牡로 해석했다(船越昭生, 「鄂君啓節について」, p.93 注119 참고).

266 『商周金文摹釋總集』 6冊, p.1834, 12110, 鄂君啓車節, "車五十乘, 戢(歲)罷(一)返, 母(毋)載金·革·黽(箘)箒(箭), 女(如)馬·女(如)牛·女(如)𤙭, 屯十台

㉢ 악시(鄂市)에서부터 약구(陽丘)에 이르고, 방성(方城)에 이르며, 상화(象禾)에 이르고, 유분(柳焚)에 이르며, 번양(繁陽)에 이르고, 고구(高丘)에 이르며, 하채(下蔡)에 이르고, 거소(居巢)에 이르며, 영(郢)에 도달한다.[267]

㉣ 금절을 소지했으면 [세를] 징수하지 않는다. 전사(傳舍)의 음식을 제공하지 않으며,[268] 금절을 소지하지 않았으면 [세를] 징수한다.[269]

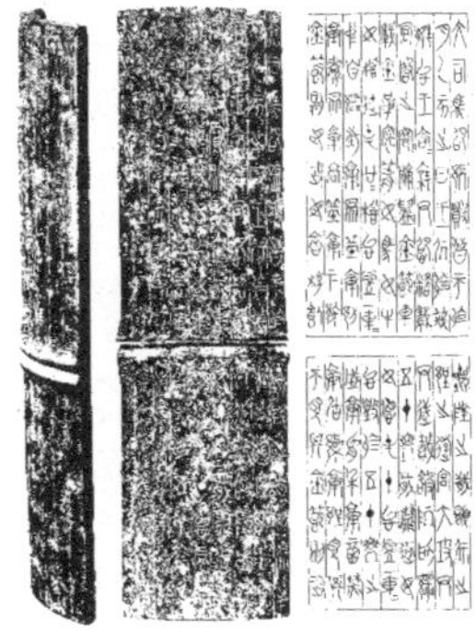

『집성(集成)』 12110

먼저 ㉠은 악군계절의 제작 시기와 경위를 설명한 부분이다. 제작 시기는 '사마 소양이 양릉에서 진의 군대를 물리친 해'라는 대사기년(大事記年)의 형태로서, 『사기』「초세가(楚世家)」에 따르면 이 해는 초

(以)堂(當)一車, 女(如)檐(擔)徒, 屯廿檐(擔)台(以)堂(當)一車, 台(以)毀於五十乘之中."

267 『商周金文摹釋總集』 6冊, p.1834, 12110, 鄂君啓車節, "自鄽(鄂)市, 豪(就)易(陽)垕(丘)·豪(就)邡(方)城·豪(就)䲨(象)禾·豪(就)栖(柳)焚·豪(就)緐(繁)易(陽)·豪(就)高垕(丘)·豪(就)下鄗(蔡)·豪(就)居鄛(巢)·豪(就)郢."

268 '毋(毋)畬(舍)桴飤(食)'에서 '畬'는 '余'의 의미로 볼 수 있고(于省吾, 「鄂君啓節考釋」, p.444), '桴飤'은 '桴'의 의미가 분명치 않으나 '飤'는 음식의 제공을 의미한다. '桴'는 '棹'로 釋讀하여 '朝'의 의미로 해석하거나(于省吾, 「鄂君啓節考釋」, p.444), '梓'로 보아 木材로 해석하기도 하지만(船越昭生, 「鄂君啓節について」, p.92 注 88 참고), '桴'자는 '李'자의 古文이자 '李'는 '驛'을 의미한다는 점에서 음식을 제공하는 驛傳 시설을 가리키는 용어로 보았다(馬承源 主編, 『商周青銅器銘文選』 4冊, p.434 注 10 참고).

269 『商周金文摹釋總集』 6冊, p.1834, 12110 鄂君啓車節, "見其金節鼎(則)毋(毋)政(征), 毋(毋)畬(舍)桴飤(食), 不見其金節鼎(則)政(征)."

회왕 6년(B.C.323)에 해당한다. 다만 '사마 소양이 양릉에서 진의 군대를 물리친 해'라는 대사기년은 포산초간(包山楚簡)에도 보이며, 그 시기는 초 회왕 7년(B.C.322)이다.[270] 이해는 승전한 이듬해인 초 회왕 7년이고, 악군계절을 제작한 해는 기원전 322년으로 보인다. 즉, 이 절은 기원전 322년에 초왕의 명령에 따라 악군 계를 위해 특별히 제작했다.

㉡은 이 절의 사용 범위와 준수 사항을 명시한 부분이다. 우선 면세의 특권은 수레 50승의 한도 내에서 적용되며, 절 역시 한 해가 지나면 반납해야 했다. 특히 주절과 달리 거절에는 금이나 가죽, 활의 재료나 화살 등의 무기는 취급할 수 없다는 금지 사항이 보인다. 왕실에 속한 봉군의 경우에도 무기를 소지하고 통관할 수 없다는 규정은 특수한 경우를 제외하고 무기는 관소를 통과할 때 소지할 수 없는 금지 품목이었음을 의미한다. 또한 말·소 등의 가축으로 운수하거나 인부를 사용할 경우 수레와의 환산 기준을 제시하여, 이 절의 면세 특권을 수레 50승 이내로 한정했다.

㉢은 악시에서 시작하여 여러 지명이 기록되어 있는데, 지명 앞에 있는 '𩫏(就)'의 해석 방법이나 지명의 위치에 대해서는 의견이 분분하다.[271] '自~就~'의 형식으로 여러 지명을 나열했기 때문에 마치 악군 계 혹은 그의 무리가 지나갈 여행 경로를 표기한 것으로 보이지만, 그들이 출행하기 전에 제작한 것이므로 이 절을 가지고 이동할 수 있는 육로의 범위를 지정해준 것으로 볼 수도 있다.[272] 각 지명은 모두 육로

270 藤田勝久, 「戰國楚の領域形成と交通路」, 『中國古代國家と郡縣社會』, 汲古書院, 2005, pp.165-166.

271 각 지명의 해석 차이는 이를 표로 제시한 藤田勝久, 「戰國楚の領域形成と交通路」, 『中國古代國家と郡縣社會』, p.167 참조.

272 다만 특정 지명을 '自A지명~就B지명'식으로 표기한 것은 마치 鄂君이 楚王

로 이동할 때 거치게 되는 주요 기점으로서, 각 지역을 지날 때마다 해당 관리의 검험과 징세 절차가 있었을 것이다.

㉣에는 절의 소지 여부에 따른 처우가 명시되어 있다. 곧, 이 절을 소지한 경우 징세하지 않지만, 절을 소지하지 않았을 때에는 징세한다는 내용이다. 또 이 절을 소지해도 전사나 역전 시설에서 식사를 제공받지 못했다. 이는 악군계절이 초국의 공무 수행을 위한 절이 아니라, 악군 계의 필요를 위해 제작된 신물(信物)이었음을 의미한다.

한편 주절은 형태 면에서 거절에 비해 길이가 약간 길다는 차이가 있지만, 폭과 두께 및 9행으로 명문을 기록하는 형식 등은 거절과 같다.[273] 명문의 형식 역시 다음에서 보듯이 거절과 같다.

㉠′ 대사마 소양이 진의 군대를 물리친 해 夏𡰥월 을해일, 왕은 영(郢)의 유궁에 거하고 있었다. 대공윤 수는 왕의 명에 따라 집윤 𢼸𢾕과 직윤 역 및 직령 阢에게 악군 계의 부를 위하여 금절을 賦鑄하라고 명했다.[274]

에게 이동할 경로를 미리 보고하게 하고, 그 노선에 따라 면세를 위한 증표로서 節을 제작했을 가능성 역시 생각해볼 수 있다. 특히 지명 앞의 '庚'자를 '~까지'로 해석하여 악군계절의 이동 경로는 鄂을 기점으로 하여 방사선 형태로 각 지명과 연결된다고 보기도 한다(藤田勝久, 「戰國楚の領域形成と交通路」, pp.173-176).

273 車節과 舟節의 형태를 비교해보면, 車節은 길이 29.6cm·폭 7.3cm·두께 0.7cm의 청동판에 9행(매행 16자)으로 銘文이 새겨져 있다. 舟節은 역시 폭 7.3cm·두께 0.7cm의 청동판에 9행(매행 18자)으로 銘文이 새겨져 있으나, 길이는 31cm로서 車節에 비해 조금 더 길다.

274 『商周金文摹釋總集』 6冊, p.1836, 12113 鄂君啓舟節, "大司馬卲(昭)𨜒(陽)敗(敗)晉帀(師)於襄陵之歲(歲), 𩒨(夏)𡰥之月乙亥之日, 王凥於蔵郢之遊宮, 大攻(工)君(尹)脽台(以)王命=(命命)集尹𢼸𢾕裁(織)尹逆·裁(織)𦉶阢, 爲𨛭(鄂)君啓之𢊁(府)𧹞(賦)盥(鑄)金節." 기본적으로 車節의 銘文과 같지만, 車節에

㉡′ 배 3척을 모아 1가(舸)로[275] 하여 50가[를 한도로 한다.] 일 년이 지나면 [이 절을] 반납한다.[276]

『집성(集成)』 12113

㉢′ 악시(噩市)에서부터 호수를 따라 내려가서,[277] 한수(漢水)를 거슬러 올라가[让][278] 庴에 이르고, 기양(芑陽)에 이른다. 한수를 따라 내려가 양(襄)에 이른다. 하(夏)를 따라 내려가서 [지류인] 운(涢)으로 진입하여 강을 따라 내려가 팽택(彭澤)에 이르고, 송양(松陽)에 이른다. 로강(瀘江)으로 진입하여 원릉(爰陵)에 이른다. 강을 거슬러 올라가 상(湘)으로 들어가서 䐑에 이르고, 조양(洮陽)에 이른다. 뢰(耒)로 진입하여 임(郴)에 이른다. 자(資)·원(沅)·풍(澧)·유(油)로 들어가 강을 거슬러 목관(木關)에 이르고 영(郢)에 도달한다.[279]

'顕(夏)㞢'이라 한 것과 달리 舟節에서는 '顕(夏)㞢之月'이라 했다.

275 '舿'는 大船을 의미하는 '舸'와 통한다(于省吾, 「『鄂君啓節』考釋」, p.443).

276 『商周金文摹釋總集』 6冊, p.1836, 12113 鄂君啓舟節, "屯三舟爲一舿, 五十舿, 戢(歲)罷(一)返."

277 '逾'의 해석에 여러 의견이 있으나, 최근 출토 문자 자료를 근거로 기존의 논지를 보강하여 고석한 陳偉, 「(附錄) 三.《鄂君啓節》-延綿30年的研讀」, 『新出楚簡研讀』, 武漢大學出版社, 2010, pp.334-339의 해석에 따라 "물길을 따라 내려가다"의 의미로 해석했다.

278 '让'은 하류에서 상류로 거슬러 올라간다는 의미다(船越昭生, 「鄂君啓節について」, p.76; 馬承源 主編, 『商周青銅器銘文選』 4冊, p.433).

279 『商周金文摹釋總集』 6冊, p.1836, 12113 鄂君啓舟節, "自鄽(噩)市, 逾沽(湖), 让(上)灘(漢), 庚(就)庴, 庚(就)芑易(陽), 逾灘(漢), 庚(就)䣜(襄), 逾顕(夏), 內(入)邔(涢), 逾江, 庚(就)彭射(澤), 庚(就)松易(陽), 內(入)瀘(瀘)江, 庚(就)爰陵, 让(上)江, 內(入)湘, 庚(就)䐑, 庚(就)郷(洮)易(陽), 內(入)灅(耒), 庚(就)鄗(郴), 內(入)澬(資)·沅·澧·灕(油)·让(上)江, 庚(就)木閘(關), 庚(就)郢."

㉣′ 금절을 소지했으면 [세를] 징수하지 않는다. 전사의 음식을 제공하지 않으며, 금절을 소지하지 않았으면 [세를] 징수한다. 만약 말·소·양을 싣고 관소를 출입할 경우, 대부(大府)에서 징세하고 관소에서 징세하지 않는다.[280]

우선 ㉠′은 ㉠과 동일한 내용으로 악군계절의 제작 시기와 경위를 기록한 부분이다. ㉡′에는 ㉡과 같이 절을 사용할 수 있는 적재량의 한도가 명시되어 있는데, 배 3척을 1가(舸)로 삼아 50가 이내를 그 범위로 했다.[281] 주절 역시 거절과 마찬가지로 한 해가 지나면 반납해야 했다. ㉢′은 수로로 이동할 때 거치게 되는 여러 지명이 표기되어 있으며, 지명을 제외한 글자인 '自·逾·让(上)·庚(就)·內(入)'는 각 지명들 간을 이동하는 배의 경로 혹은 도달하는 방법을 설명한 용어다.[282] 악(鄂)에서 시작하여 영(郢)에 이르는 ㉢′의 각 지역은 ㉢에서와 달리 초의 남쪽 지방이자 육로보다 수로가 더 편리한 지역으로 보이며, 각 지역을 통과하는 주요 진(津)에는 관소가 있어 담당 관리의 검험과 징세 절차를 거쳐야 했을 것이다. ㉣′에는 ㉣과 동일하게 금절의 소지 여부에 따른 처우의 차이와 전사 혹은 역전 시설에서 음식을 제공하지 않는다는

280 『商周金文摹釋總集』 6冊, p.1836, 12113 鄂君啓舟節, "見其金節鼎(則)母(毋)段(征), 母(毋)舍(舍)桴飤(食), 不見其金節鼎(則)段(征), 不見其金節鼎(則)段(征), 如載馬·牛·羊·台(以)出內(入)閘(關), 鼎(則)段(征)於大賡(府), 母(毋)段(征)於閘(關)"

281 車節의 한도인 수레 50乘이 적재할 수 있는 양과 비교할 경우, 수운의 운송량은 陸運에 비해 12배에서 많게는 20배에 이르렀던 것으로 보인다(金秉駿, 「中國古代南方地域の水運」, 藤田勝久·松原弘宣 編, 『東アジア出土資料と情報傳達』, 汲古書院, 2011, p.174 참고).

282 이 중 '自~庚(就)'는 車節에도 보이는 표현이며, 나머지 '逾·让(上)·內(入)'은 수운할 때만 사용되는 용어다.

규정이 적혀 있고, 아울러 배로 말·소·양을 싣고 관소를 출입할 경우 징세하는 방법이 명시되어 있다.[283] 이는 배에 말·소·양을 싣고 통관할 때는 이 절에서 규정한 면세 혜택을 받을 수 없음을 뜻한다. 거절에서 말·소 등을 수레와 함께 주요 운송 수단으로 언급한 반면, 주절에 말·소·양에 대한 징세 규정이 추가된 이유는 수로에서 말·소·양은 육로에서와는 다른 성격을 띠었기 때문일 것이다. 즉, 배에 실은 말·소·양은 운송 수단이 아닌 다른 용도로 사용할 수 있는 재화이므로, 면세 대상에서 제외했다.

이렇게 전국시대 일반 민은 물론 부절을 지닌 사자일지라도 각지의 관소를 통관할 때는 통관 절차에 따라 관리의 검험을 받아야 했다. 즉, 악군계절의 명문에서 보듯이 악군이 보낸 사자가 이 절을 소지했을지라도 육로·수로의 주요 관소에서는 통관 절차에 따라 관리의 검험을 받아야 했다. 거절·주절에는 면세 혜택을 받을 수 있는 화물의 양과 종류 및 통관 금지 품목이 명시되어 있는데, 이는 절을 소지한 자일지라도 소지한 화물의 양에 따라 세를 납부하거나 때로 통관을 저지당할 수 있었음을 보여준다.

(3) 시(市)의 출입과 화물의 검색

『한비자』에 기록된 위 사공(嗣公)의 일화를 보면, 그는 관시(關市)의 관리를 감찰하기 위해 사람을 시켜 객으로 위장한 뒤 관시를 지나가게 했다. 그러자 관시의 관리는 그를 가혹하게 검색하여 지나가지 못하게 했다. 이에 객으로 위장한 이는 관시의 관리에게 금을 뇌물로 주었고,

283 여기서 大府는 楚에서 출토된 여러 청동기에서와 같이 왕실의 재물을 수장하는 楚國의 재정 기구로서, ㉣′의 규정은 당시 楚의 관소는 재정적으로 중앙에서 분리되어 있었음을 보여준다(鄒芙都·江娟麗, 「從出土文物看楚國的商業與商品經濟」, 『衡陽師範學院學報』(社科版), 2003-4, p.15).

관리는 그를 풀어주어 지나가게 했다. 이는 위 사공의 명찰(明察)을 강조하는 기사지만,[284] 당시 외지에서 온 사람이 시를 통행할 때 관리의 기찰을 받고, 때로 관리에게 잡혀 수탈을 당하기도 했던 상황을 반영한다.

진율(秦律) 중 다음의 규정을 보면 외지에서 온 상인은 시에서 장사하기 전에 먼저 관리에게 신고를 해야 했다.

> (가)-⑪: [율문에] "방객(邦客)이 '포리(布吏)'하지 않고 다른 사람과 장사하면 벌금[貲] 1갑을 물린다"라고 했는데, 무엇을 '포리(布吏)'라고 하는가? 부(符)·전(傳)을 리(吏)에게 [가지고 가서] 예실(詣實)하는 것을 '포리(布吏)'라고 한다.[285]

즉, 외지 상인이 진의 시에서 거래하기 위해서는 먼저 리에게 자신의 부(符)·전(傳)을 보여주고 확인을 받아야 했다. 진율 중 방객 관련 내용은 전국시대에도 시행되었던 규정으로 볼 수 있는데, 만약 외지 상인이 이를 어겼을 경우 벌금[貲] 1갑을[286] 물어야 했다. 외지 상인이 '포리(布吏)'하는 절차는 『관자』에 언급된 제 환공의 패업 중 시에서 상인에게 징세하지 않고 등록만 했다는 설명과도[287] 상통한다. 앞서 『묵

284 『韓非子』 卷7 「說林」 上, pp.238-239, "衛嗣公使人爲客過關市, 關市苛難之, 因事關市, 以金與關吏, 乃舍之. 嗣公爲關吏曰, '某時有客過而所, 與汝金, 而汝因遣之.' 關市乃大恐, 而以嗣公爲明察."

285 『睡虎地秦墓竹簡』 「法律答問」, p.137, "'客未布吏而與賈, 貲一甲.' 何謂 '布吏'?·詣符傳於吏是謂 '布吏'."

286 최근 공개된 嶽麓書院秦簡 기록에 따르면 秦代 1甲의 가격은 1344전에 해당한다(于振波, 「秦律中的甲盾比價及相關問題」, 『史學集刊』 2010-5 참고).

287 『管子』 卷9 「霸形」, p.454, "明日皆朝于太廟之門朝, 定令於百吏…市書而不賦, 近者示之以忠信, 遠者示之以禮義. 行此數年, 而民歸之如流水."

자』 중 비상시 리의 통행자를 단속할 때 통행증인 전을 확인했던 것처럼, 전국시대 외지로 가서 장사했던 상인은 관리의 허락을 받기 위해 부(符)·전(傳)이 필요했다.

『주례』 중 (가)-②에서 관외로 화물을 반출하려는 자에게 사관이 전과 절을 발급해주고, (가)-③에서 시문으로 화물을 반출·입할 때에는 새절을 증빙으로 삼는다고 했다. 사관이 외지로 나가는 자에게 발급해주는 전은 (가)-⑪의 진율에 보이는 전과 연결시켜 생각해볼 수 있겠지만, 화물에 대한 새절은 무엇을 가리키는지 분명치 않다.[288] 다만 전국시대 인장 자료 중 시의 관리가 사용한 관인이나, 시에서 제작한 도기에 찍힌 인장은 이에 대한 단서를 제공한다.

(나)-①[289]

(0152)
郪坤(市)帀(師)鈢(璽)

(0355)
鄞□坤(市)鋫(節)

(나)-①′

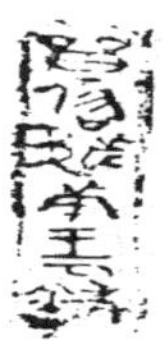

丕(不)郱坤(市)
鋫(節)[290]

(3.649)
烏(於)陵坤(市)
木鋫(節)[陶]

(0235)
宴(晏)賍(市)
信鈢(璽)

288 정현은 璽節이 印이며 한대 斗檢封과 같다고 했다. 贾公彦은 疏에서 한대 斗检封은 方形으로서 상단에 封检이 있고 그 안쪽에 내용을 적었다고 설명했다(李學勤 主編, 『周禮注疏』, 北京大學出版社, 1999, p.372). 후술하듯 璽節은 시의 관인으로 화물의 검사필을 표한 증표로 보인다.

289 徐暢, 『先秦璽印圖說』, pp.215-216.

290 曹錦炎, 『古璽通論』, 上海書畵出版社, 1996, p.85 圖129.

(3.653)
杏(大)坤(市) 豆鑒(節)[陶]

(3.655)
杏(大)坤(市) 區鑒(節)[陶]

(3.656)
杏(大)坤(市) 九月[陶]

(3.691)
節(卽)墨之丌(其) 坤(市)工[陶]

(나)-②291

(0292)
竰(饒)都市鉦

(0297)
單佑都市鉨(璽)

(0362)
單佑鄰(都)市王勹(符)鍴(瑞)

(나)-②′

(4.20)
無中市玉勹(符)[陶]

(나)-③292

市人之鉨(璽) [陶]293

(0332)
苺(汝)陽坤(市)

(9.4)
莓(汝)陽坤(市)[陶]

(나)-④294

寺從市府295

都市296

291 陳光田, 『戰國璽印分域硏究』, p.91.
292 陳光田, 『戰國璽印分域硏究』, p.154; 徐暢, 『先秦璽印圖說』, p.230.
293 韓自强·韓朝, 「安徽阜陽出土的楚國官璽」, 『古文字硏究』 22, 2000, p.179 圖6.
294 徐暢, 『先秦璽印圖說』, pp.233-237.
295 羅福頤 主編, 『秦漢南北朝官印徵存』, 文物出版社, 1987, p.2, p.8.
296 羅福頤 主編, 『秦漢南北朝官印徵存』, p.86, p.489.

(나)-④′

(5.169)
平市

(5.294)
雲市

(나)-①은 시의 관리가 사용했던 신물(信物)로서, 하나는 鄟市의 사(師)가 사용한 새(璽)이고, 다른 하나는 '鄞□市'에서 사용한 절(節)이다. (나)-①′는 도기에 새겨진 인문(印文)으로, 형식은 '◯시절(市節)', '◯시목절(市木節)', '◯시신새(市信璽)', '◯시두절(市豆節)', '◯시구절(市區節)' 등으로 다양하다. (나)-①′에 보이는 도기의 인문(印文)은 시의 관리가 (가)-①에서와 같은 절과 새를 사용하여 검사필을 표한 것으로, '대시구월(大市九月)'이라 하여 시기를 명시하기도 했다. (나)-②는 연의 관인들로서, 인문(印文)은 '지명+시(市)+옥부(玉符)', '지명+시(市)+옥부서(玉符瑞)', '지명+신서(信瑞)' 또는 '지명+시(市)+鋀', '지명+시(市)+새(璽)'의 형식이다. (나)-②′에서 '지명+시(市)+옥부(玉符)'의 도인(陶印)이 있는 것으로 보아 (나)-② 역시 시의 관리가 사용한 신물(信物)이며, (나)-②′의 도인(陶印)에서 보듯이 시에서 생산한 기물에 검사필을 표하기 위해 찍기도 했다. (나)-③ 중 첫 번째 도인(陶印)인 '시인지새(市人之璽)'는 초의 관인으로, 시의 관리가 새를 사용하여 도기에 검사필을 표한 것이다. 나머지 (나)-③의 '여양시(汝陽市)'는 진(晉) 지역에서 사용한 관인으로서, 도인(陶印)에도 '여양시(汝陽市)'가 찍혀 있다. (나)-④·④′는 진(秦)의 관인과 도인(陶印)인데, 앞의 사례들과 마찬가지로 시의 관인으로 도기에 검사필을 표했다.

(나)-①이나 (나)-②에서 시의 관인을 새·절 혹은 부(符)·부서(符瑞) 등으로 칭했고, (나)-①′·②′·③·④′에 시의 관인으로 도기에 검사필을 표했다면, 시에서 생산한 물건에는 관리의 검사필을 표기한 새·절 혹은 부(符)·부서(符瑞) 등이 찍히기 마련이다. 그렇다면 『주례』에

보이는 새절은 바로 시의 관리가 시의 승인을 받은 화물에 표한 검사필의 증표로 볼 수 있다. 이런 점에서 진율 중 방객이 '포리(布吏)'할 때 필요했던 부(符)·전(傳) 중 전이 방객의 신상에 대한 증서라면, 부는 (나)-②'의 '무중시옥부(無中市玉符)'와 같이 본인이 소지한 물자를 생산하거나 반출할 때 받은 검사필의 증표로 볼 수 있다.

이렇게 당시 상인이 외지로 가서 활동하기 위해서는 관리로부터 통행에 필요한 허가증을 받는 것은 물론 본인이 생산하거나 구득한 화물에 대한 증빙이 필요했다. 그리고 관리의 허가를 받은 자만이 화물을 소지하고 시문은 물론 기타 관문·성문 등을 출입할 수 있었다.

2) 변관의 통행과 검문

전국시대 각국에서 출정하여 타국을 통과할 경우 춘추시대와 마찬가지로 반드시 가도를 요청하여 해당국의 허락을 받아야 했다.[297] 강대국이 원할 경우 약소국은 거절하기 어려웠기 때문에 상대국이 가도를 요청할까 두려워하기도 했다.[298] 특히 대치 관계에 있는 양국 사이에서 가도 문제를 어떻게 결정하는가는 주변 국가의 승패와 연결되었기 때문에 신중하게 결정해야 했다. 예컨대 진(秦)에서 주(周)에 가도하여 한을 공격하려 하자 주는 한과 진 사이에서 고민했으며,[299] 초에서

297 예를 들어 齊 威王 때 秦이 齊를 공격하면서 韓과 魏에 길을 빌려 齊를 공격했다(『戰國策』 卷8 「齊」 1, p.525, "秦假道韓·魏以攻齊."). 또 魏 文侯가 趙에 假道하여 中山國을 공격하려 하자, 처음에 趙에서는 허락하지 않으려 했다(『戰國策』 卷18 「趙」 1, p.964, "魏文侯借道于趙攻中山. 趙侯將不許.").

298 西周에서는 魏·韓·齊 三國이 진을 공격하고 돌아오자, 魏에서 길을 빌려달라고 요구할까 염려했다(『戰國策』 卷2 「西周」, p.130, "三國攻秦反, 西周恐魏之藉道也.").

299 『戰國策』 卷1 「東周」, p.25, "秦假道於周以伐韓, 周恐假之而惡於韓, 不假而

서주·동주 사이를 지나 한·위를 공격하려 하자 주에서는 대립하고 있던 한·위와 초의 원망을 사지 않기 위해 염려했다.[300] 위의 서수(犀首)가 황(黃) 땅을 치려고 위를 지날 때에 위에서 별다른 접대가 없자 그는 위의 군주에게 사람을 보내 죄를 묻고 회군할 때 위를 공격하겠다고 화를 낸 일에서 보듯이,[301] 타국에 가도를 허락하는 일은 그들에 대한 접대비용은 물론 자국의 안전을 함께 고려해야 하는 민감한 문제였다.

전국시대 국경에서는 군대나 외교 사절단이 아닌 소규모 일행이나 개인일 경우에도 그 출입을 단속했다. 예컨대 온(溫) 땅의 사람이 주(周)에 들어가고자 할 때 변경의 관리는 그를 저지하며 신원을 확인했다. 관리는 우선 객인지 여부를 물어보고, 주나라 사람이라고 하자 사는 곳을 확인했다.[302] 온 땅의 사람은 주왕의 백성이라는 명분을 들어 주에 들어가려고 했는데,[303] 관리도 그가 주의 거주민인지를 확인했다는 점에서 타국인이 입국할 때 변경 관리의 검문을 거쳐야 했고 때로 제재를 받았음을 알 수 있다. 진 헌공이 즉위하기 전 망명하여 위에 머물고 있다가 소주(小主)의 모후부인(母后夫人)이 조정을 어지럽게

惡於秦."

300 『戰國策』 卷2 「西周」, p.106, "楚請道於二周之閒, 以臨韓·魏, 周君患之. 蘇秦謂周君曰, '除道屬之於河, 韓·魏必惡之…若四國弗惡, 君雖不欲與也, 楚必將自取之矣.'"

301 『戰國策』 卷32 「宋·衛」, pp.1818-1819, "犀首伐黃, 過衛, 使人謂衛君曰, '弊邑之師, 過大國之郊, 曾無一介之使以存之乎? 敢請其罪. 今黃城將下矣, 已, 將移兵而造大國之城下.' 衛君懼, 束組三百緄, 黃金三百鎰, 以隨使者."

302 『戰國策』 卷1 「東周」, p.38, "溫人之周, 周不納. '客卽(耶)?', 對曰, '主人也.' 問其巷而不知也, 吏因囚之."

303 『戰國策』 卷1 「東周」, p.38, "君使人問之曰, '子非周人, 而自謂非客, 何也?' 對曰, '臣少而誦詩, 詩曰, 普天之下, 莫非王土, 率土之濱, 莫非王臣. 今周君天下, 則我天子之臣, 而又爲客哉? 故曰主人.' 君乃使吏出之."

한다는 소문을 듣고 환국하려 할 때 먼저 정소(鄭所)의 새를[304] 통해 입국하려 했으나 그 새를 방비하고 있던 우주연(右主然)이 받아들여주지 않아 결국 적(翟)으로 가서 언씨새(焉氏塞)를 통해 진으로 들어갈 수 있었다.[305] 정소의 새를 수비하던 우주연이나 적 땅의 언씨새를 지키던 균개(菌改)는[306] 모두 변새의 수비를 맡았던 자들로, 우주연이 공자의 입국을 받아주지 않았던 것처럼 새에서는 출입자를 기찰하여 부적절한 사람의 입국을 통제했다.

『관자』에서는 관소의 관리가 출입자를 기찰하는 방법에 대해 다음과 같이 제시했다.

> (다)-①: [관소에서는] 도로의 영(令)을 분명하여 그것을 재차 고지(告知)하고 관소에서 징세하면 시에서 징세하지 않고, 시에서 징세했으면 관소에서 징세하지 말아야 한다. 빈 수레는 수색하지 말고 보부상에게서 [세를] 거두지 말아서 원지의 사람들이 찾아오게 하며, 16개 도로의 [관소의 영(令)이] 동일해야 한다.[307]

304 鄭所의 塞의 위치에 대해 '鄭'자에 주목하여 周 宣王 22년(B.C.806) 友가 분봉을 받은 鄭 땅의 塞로 보아 오늘날 陝西省 渭水 남쪽의 華縣 부근으로 추정하기도 하나(陳奇猷 校釋, 『呂氏春秋新校釋』, 學林出版社, 1984, p.1614, 校釋14), 분명치는 않다.

305 『呂氏春秋』 卷24 「當賞」, p.1611, "秦小主夫人用奄變, 羣賢不說自匿, 百姓鬱怨非上. 公子連亡在魏, 聞之, 欲入, 因羣臣與民從鄭所之塞. 右主然守塞, 弗入…公子連去, 入翟, 從焉氏塞, 菌改入之. …公子連立, 是爲獻公."

306 『史記』에는 庶長 改가 河西에서 靈公의 아들 獻公을 맞이하여 옹립하고 出子와 그의 母를 죽였다고 기록되어 있는데, 菌改가 公子 連을 받아들인 행위는 곧 그를 새로운 군주로 맞이함을 의미했다(『史記』 卷5 「秦本紀」, p.200, "惠公十二年, 子出子生…惠公卒, 出子立. 出子二年, 庶長改迎靈公之子獻公于河西而立之. 殺出子及其母, 沈之淵旁.").

307 『管子』 卷9 「問」, p.499, "明道以重告之, 征于關者勿征于市, 征于市者勿征于

(다)-②: 신체 이외의 화물이 근실하면 그 이름을 들어보며 [기록된] 그 이름과 외모 및 용무를 살펴보고 진실 여부를 판단하여 외관을 관찰한다. 이로써 권변(權變)하며 속이는 자[權人]에게 도탑게 하여 겉으로 진실한 체하는 자로 인한 어려움이 생기지 않도록 한다. [간사한 자를 단속하여] 나라에 의혹된 일이 없도록 하는 것이 [관문을] 맡은 자의 직무다.[308]

(다)-③: 변경 리에게 명하기를 "작은 이익을 꾀하면 믿음을 해하게 되고, 사소한 일에 분노하면 의를 상하게 하여 변경에서 믿음을 잃고 덕을 해치게 된다. 돈독하고 화목하게 하여 사국(四國)과 관계를 맺으며 이로써 외양으로 보이는 덕을 [믿고] 따르며 사극(四極)의 나라도 후하게 대하라"고 한다.[309]

(다)-①은 관소를 출입하는 자가 소지한 화물에 대한 징세 방법이고, (다)-②는 화물 이외에 관문 통행자의 신상에 대한 기찰 절차이며, (다)-③은 변관의 관리가 가져야 할 태도다. 앞서 화물을 소지하고 내지의 관소를 출입할 때 그 종류와 양에 따라 관세를 납부해야 한다고 했는데, (다)-①은 변관을 포함하여 외지에서 온 사람이 관에 세를 납부했을 경우 시에서 이중으로 징세하지 말고, 원지의 사람을 유치하기 위해 가혹하게 기찰하거나 보부상까지 징세하지 말라는 내용이다. (다)-②는 화물이 아닌 관소 출입자의 신상에 대한 검험 방법인데, 이름과 외모 및 용무를 살펴 그 사실 여부를 검사했다. 외지에서 온 상인

關, 虛車勿索, 徒負勿入, 以來遠人, 十六道同."

308 『管子』 卷9 「問」, p.499, "身外事謹, 則聽其名, 視其名, 視其色, 是其事, 稽其德, 以觀其外, 則無敦于權人, 以困貌德. 國則不惑, 行之職也."

309 『管子』 卷9 「問」, p.499, "問于邊吏曰, 小利害信, 小怒傷義, 邊信傷德, 厚和構四國, 以順貌德, 后鄉四極."

들은 화물의 증빙과 함께 본인의 통행증을 소지했으므로, 관소의 관리는 통행증을 근거로 검문을 했을 것이다. (다)-③은 주변 나라에서 오는 이들의 출입을 관리하는 변관의 관리는 신의를 잃지 않도록 대의를 따라야 한다는 당부의 내용이다. 당시 변관은 제후국의 사신뿐 아니라 재화를 가진 상인이 출입하는 문호(門戶)이자, 일반 사람들이 왕래하는 통로였다.[310] 맹자는 선정을 베풀면 많은 여행자가 해당 국가를 통행할 것이라 제안했는데,[311] 이는 (다)-①과 같이 각국에서 여행자의 출입을 '환영'했던 상황을 전제로 한다. 국경에서 외부인의 출입을 단속했던 목적은 수상한 자를 단속하여 치안을 유지하는 데 있었기 때문에 변관에서 (다)-①·②와 같은 기찰을 통과한 경우 외부인도 국경을 출입할 수 있었던 것으로 보인다.

비록 전국시대 국경을 출입하며 활동했던 상인의 사례는 여불위와 일부 사례만을 확인할 수 있을 뿐이지만, 당시 각국의 군주가 파견한 사신은 국경을 넘나들며 활동했던 대표적인 사람들이다. 사마천은 전국시대 외교 관계에 대해, 각국은 병력을 강화하여 적국을 겸병하는 데 힘쓰며 모사(謀詐)가 행해지고 종형(縱衡)·단장(短長)의 설이 등장하여 속임수가 횡행하며 맹서(盟誓)를 해도 믿을 수 없었다고 평했다.[312] 각국의 외교 관계는 단절과 화해가 반복되었고 국경을 출입하는 사신의 출입 문제는 각국의 관계에 따라 변할 수밖에 없었다. 장의가 초 회

310 『管子』 卷9 「問」, p.499, "關者, 諸侯之陬隧也, 而外財之門戶也, 萬人之道行也."

311 『孟子』 卷1 「梁惠王章句」 上, p.92, "今王發政施仁…商賈皆欲藏於王之市, 行旅皆欲出於王之塗."

312 『史記』 卷15 「六國年表」 3, p.685, "務在彊兵并敵. 謀詐用而從衡短長之說起. 矯稱蠭出, 誓盟不信." 당시 각국을 이동하며 활동했던 인물들이나, 秦을 중심으로 한 제후국들의 외교정책에 대해서는 李成珪, 「戰國時代 秦의 外交政策」 참조.

왕을 만나, 천하의 관문은 막히기 쉬워 언제 다시 볼 수 있을지 모른다며 떠나기 전에 술을 청했던 일은[313] 당시의 국제 관계의 정황을 짐작케 한다. 이 때문에 '폐관(閉關)'은 외교 단절을 의미하는 용어와 통용되었고,[314] 외교 단절은 곧 상대국과 통하는 관문의 폐쇄를 의미했다. 물론 관계가 회복될 경우 관문을 열어 통교를 재개했다.[315] 중산국에서 연·조와 함께 왕을 칭하자 제에서는 관문을 닫아 중산국의 사신이 왕래하지 못하게 했고,[316] 감무(甘茂)가 진·위와 초를 공격할 것을 약속하자 초에서는 진에 화의를 위한 사자를 보냈는데 진에서는 관문을 열어 초의 사자를 받아들였다.[317] 이는 관문의 개폐 상태가 외교 관계를 대변했듯이 사신의 통행 여부도 관문의 상태에 따라 결정되었음을 의미한다. 이 때문에 소진이 위에 붙들렸을 때 도망하여 제로 가고자 했으나 위에서 제와 통하는 관문을 닫아 통행하지 못했고,[318] 망제군(望諸君)이 중산국의 사신으로 조에 갔을 때 조에서 땅을 할양하라고

313 『戰國策』 卷16 「楚」 3, p.848, "張子辭楚王曰, 天下關閉不通, 未知見日也."

314 외교 단절을 의미하는 '閉關'의 사례는 종종 찾아볼 수 있는데, 예를 들면 아래와 같다. 『戰國策』 卷3 「秦」 1, p.147, "趙王大悅, 封爲武安君, 受相印…以抑强秦. 故蘇秦相於趙而關不通."; 『戰國策』 卷4 「秦」 2, p.230, "大王苟能閉關絶齊"; 『戰國策』 卷24 「魏」 3, p.1359, "趙王因令閉關絶秦. 秦·趙大惡."; 『史記』 卷40 「楚世家」, p.1723, "王為儀閉關而絕齊"; 『史記』 卷70 「張儀列傳」, p.2287, "儀說楚王曰, 大王誠能聽臣, 閉關絕約於齊. …於是遂閉關絕約於齊."

315 關을 개방하여 예물을 통하게 한다는 말은 곧 외교 관계의 재개를 의미했다(『戰國策』 卷20 「趙」 3, p.1114, "今臣爲足下解負親之攻, 啓關通敝, 齊交韓·魏…"; 『史記』 卷76 「平原君虞卿列傳」, p.2372, "開關通幣, 齊交韓·魏").

316 『戰國策』 卷33 「中山」, p.1860, "中山與燕·趙爲王. 齊閉關不通中山之使."

317 『戰國策』 卷4 「秦」 2, p.272, "甘茂約秦·魏而攻楚, 楚之相秦者屈蓋爲楚和於秦. 秦啓關而聽楚使."

318 『戰國策』 卷22 「魏」 1, p.1280, "蘇秦拘于魏, 欲走而之韓(齊), 魏氏閉關而不通齊使."

위협하자 관소를 공격한 후에 조를 빠져나올 수 있었다.[319]

사신이 각국의 국경을 출입하기 위해서는 군주로부터 받은 부절이 필요했다. 예컨대 악의(樂毅)는 연에 등용되기 전에 위왕의 명을 받아 연에 사신으로 파견되었다. 당시 연에서는 객을 우대하고 있었고, 연에서는 악의 역시 예우했기 때문에 악의는 혜왕의 신하가 될 수 있었다. 조에 있던 악의가 연 혜왕에게 보낸 서신에 따르면, 그는 위에서 연으로 사행을 갔을 때나 연에서 조로 사행을 갔을 때 모두 군주로부터 절 혹은 부절을 받아 지니고 출행했다.[320]

그런데 각국의 외교 관계에 따라 '국문(國門)'의 개폐 상태가 변했기 때문에 다음의 사례에서 보듯이 때로 타국의 부절을 빌려서 사용하기도 했다.

> (다)-④: 진이 제를 치려고 하자 제와 초는 합종을 맺어 상친(相親)했다. 이때 장의가 초에 가서 상(相)이 되었다. …[초 회왕은 장의의 말을 따르기로 하고는] 장의에게 상의 인(印)과 많은 예물을 주었다. 이리하여 마침내 [제와 통하는] 관문을 폐쇄하고 제와의 약(約)을 끊었으며, 장군 한 사람을 보내 장의를 따라가게 했다. 장의는 진에 도착하자 수레의 줄[綏]을 놓친 것처럼 가장하여 수레에서 떨어지고는, 3개월 동안 조정에 나가지 않았다. 초왕은 그 사실을 듣고서 "장의는 과인이 제와 관계를 단절한 것이 부족하다고 여기는 것인가?"라고 말했다. 그리고는 용사를 시켜 송에 가서는 송의 부(符)를 빌린 후, 북쪽으로 가서 제

319 『戰國策』 卷30 「燕」 2, p.1721, "望諸相中山也, 使趙, 趙劫之求地, 望諸攻關而出逃."

320 『史記』 卷80 「樂毅列傳」, pp.2427-2431, "樂毅於是為魏昭王使於燕, 燕王以客禮待之. 樂毅辭讓, 遂委質為臣, 燕昭王以為亞卿, 久之. …故假節於魏, 以身得察於燕. …先王以為然, 具符節南使臣於趙…."

왕을 욕하게 했다. 제왕은 대노(大怒)하여 절을 꺾고 진에 대해 낮추었다.[321]

초 회왕은 장의의 말을 따르기 위해 제와의 외교 관계를 단절했다. 처음에 제와 절교할 때는 관문을 폐쇄하고 제와 맺었던 화약을 파기했으나, 장의가 3개월 동안 조정에 나가지 않는다는 소식을 들은 초 회왕은 용사를 제 지역으로 보내 제왕을 욕하게 했다. 우선 초 회왕이 처음에 제와 절교를 한 것에 대해 『전국책』에는 사자를 보내 제와 관계를 끊었고 사자가 도착하기 전에 다시금 관계 단절을 분명히 한 것으로 기록되어 있다.[322] 제에 사신을 보내 관계를 단절하는 행위는 『사기』「장의열전」에서 언급한 관문을 폐쇄하고 화약을 끊었던 행위와 관련된 절차였을 것이며, 폐관(閉關)은 외교 사신의 왕래를 단절하는 실제적인 조치였다. 이후 장의가 만족하지 못한다고 생각한 초왕은 용사를 파견하는데, 이때 제 땅으로 바로 가게 하지 않고 송에 가서 송의 부(符)를 빌린 후에 북쪽 지역인 제에 이르러 제왕을 욕하게 했다. 특히 초왕의 명을 받은 용사가 송의 부(符)를 빌렸던 이유는 초와 제는 외교가 단절되었기 때문에 더 이상 초의 부절을 사용할 수 없었기 때문이었다.[323]

이처럼 사신이 타국의 국경을 출입하기 위해서는 해당국과의 통

321 『史記』 卷70 「張儀列傳」, pp.2287-2288, "秦欲伐齊, 齊楚從親, 於是張儀往相楚…乃以相印授張儀, 厚賂之. 於是遂閉關絕約於齊, 使一將軍隨張儀. 張儀至秦, 詳失綏墮車, 不朝三月. 楚王聞之, 曰儀以寡人絕齊未甚邪? 乃使勇士至宋, 借宋之符, 北罵齊王. 齊王大怒, 折節而下秦."

322 『戰國策』 卷4 「秦」 2, p.231, "楚王使人絶齊. 使者未來, 又重絶之."

323 胡三省 역시 당시 楚와 齊는 '閉關絕約'한 상태였기 때문에 宋의 符를 빌려서 齊에 가게 했다고 보았다(瀧川龜太郎, 『史記會注考證』, 宏業書局, 1974, p.894).

교(通交) 관계에 있는 국에서 받은 부절을 증빙으로 소지해야 했다. 전국시대 이후 주변 국가와 접경하게 되면서 각국 간의 외교 관계는 끊임없이 변할 수밖에 없었다. 사마천은 당시 제후국 간의 외교정책을 비판하면서, "사칭(詐稱)이 봉출(蠭出)하고 서(誓)와 맹(盟)을 믿지 못하여, 비록 서로 질(質)을 담보로 부(符)를 나누더라도 약속할 수 없었다"[324]라고 하여, 각국 간에 맹·서의 증표로서 부(符)를 나누어 가졌음을 언급했다. 춘추시대에도 맹을 맺은 후 맹서를 나누어 가졌는데,[325] 전국시대에도 맹서인 부·절을 상호 보관했다. 이 때문에 전국시대 각국의 통교는 상호 나누어 가진 맹약의 신표인 부·절의 존폐로 표현되었다. 이를테면 소대(蘇代)가 주(周)를 위해 한의 상국 공중(公仲)을 설득하면서 진에서 주(周)와의 외교 관계를 단절하는 행위로서 주의 절을 불사르고 사자의 왕래를 금할 것이라 했는데,[326] 양국이 나눠 가진 절의 폐기는 곧 외교 관계의 단절을 의미했다. 소대가 연 소왕에게 진을 고립시키는 방법을 언급한 아래의 내용 역시 외교적 맹약과 그 증표로서의 부·절의 관계를 잘 보여준다.

(다)-⑤: "…지금 왕께서 전화위복을 원하고 실패를 통해 성공을 이루시고자 하십니까? 그렇다면 제를 부추겨 패자로 인정하고 높이며 후하게 대하느니만 못합니다. 사자를 보내 주실(周室)과 맹을 맺어 천하의 진의 부(符)를 모두 불태우고 [제후들과] 약속하기를, '무릇 진을 파하

324 『史記』 卷15 「六國年表」, p.685, "矯稱蠭出, 誓盟不信, 雖置質剖符猶不能約束也."

325 呂靜, 「盟誓における載書についての一考察」, 『東洋文化』 81, 2001, p.146.

326 『戰國策』 卷2 「西周」, p.94, "代曰, '與之高都, 則周必折而入於韓. 秦聞之, 必大怒, 而焚周之節, 不通其使. 是公以弊高都得完周也, 何不與也.' 公中曰, '善.'"

는 것이 상책이고 장기적으로 진을 배척함이 차선책이다'라고 하십시오. …"[327]

이는 『사기』「소진열전」에도 실려 있는데,[328] 내용상 기원전 287년에 한·조·위·제·초의 연합군이 진을 공격했다가 돌아온 후, 위왕에게 진과의 화약을 맺지 말라고 설득한 내용과 유사하다.[329] 시기 면에서도 (다)-⑤가 기원전 288년 진·제에서 제호(帝號)를 취소하고 이듬해 조·초·위·한·제의 연합군이 진을 공격하기 위해 출병했다가 실패한 직후라는 점에 비슷하다. 다만 (다)-⑤에서 소대는 주에 사자를 보내 주실과 맹을 맺고 진의 부를 모두 불태우라고 제안했다. 굳이 주실에서 맹을 맺어야 했던 이유는 당시 진·제에서 칭제하기로 합의했다가 모두 포기한 직후였고, 주왕은 명분만 남은 '천자'이긴 하지만 여러 군주 사이에서 유일한 '천자'였으며, 제왕을 패자로 추대할 때 주왕의 상징적인 권위가 필요했기 때문으로 보인다.[330] 제왕을 패자로 추대한

327 『戰國策』 卷29 「燕」 1, p.1691, "今王若欲轉禍而爲福, 因敗而爲功乎? 則莫如遙伯齊而厚尊之, 使使盟於周室, 盡焚天下之秦符, 約曰, '夫上計破秦, 其次長賓之[秦].'"

328 『史記』 卷69 「蘇秦列傳」, p.2270, "今王若欲因禍為福, 轉敗為功, 則莫若挑霸齊而尊之, 使使盟於周室, 焚秦符."

329 『戰國策』 卷23 「魏」 2, p.1325, "恐其伐秦之疑也, 又身自醜于秦, 扮之, 請焚天下之秦符者, 臣也. 次傳焚符之約者, 臣也. 欲使五國約閉秦關者, 臣也." 이 제안을 한 사람이 정확히 누구인지, 또 그의 계획이 실행되었는지는 확인하기 어렵지만, 이를 통해 당시 魏의 사신이 설득할 대상인 齊·燕·韓·趙·楚에서는 각각 秦의 符를 가지고 있었고, 국가 간의 중요한 일을 약속할 때는 約을 맺었으며, 각국에서 秦의 符를 불태우는 행위는 곧 관문을 폐쇄하고 秦과의 외교 단절을 의미했음을 알 수 있다.

330 전국시대 주왕의 권위에 대해서는 장의의 '挾天子'論을 중심으로 이 문제를 고찰한 李成珪, 「張儀의 '挾天子'論과 戰國時代의 周王」, 『金文經教授停年退任紀念 동아시아사 연구논총』, 혜안, 1996 참조.

후 천하에 있는 진의 부(符)를 모두 불태운다는 표현은 주실에 보관하고 있는 진의 부(符)라기보다 각국에서 보관하고 있던 진과 맺은 맹약의 부(符)를 가리킨다. 진의 부(符)를 태워 없애는 행위는 부·절을 제거하여 외교 관계의 단절을 표시하는 행위로서, 주왕과 패자인 제왕을 중심으로 새로운 맹을 맺음으로써 기존에 진과 맺었던 맹약을 파기함을 의미했다.[331]

이와 같이 전국시대 맹약을 맺은 후 나누어 가졌던 증표 역시 '부(符)' 혹은 '절(節)'이라 칭했으며, 이들 맹서의 제거는 곧 상대국과의 맹약의 파기이자 외교 관계의 단절을 의미했다. 이렇게 전국시대 사신들이 소지했던 부·절 외에 국가 간의 맹약의 증표 역시 부·절이라 칭했다.

요컨대 전국시대 외교 관계가 다변하면서 각국의 통교 관계는 맹약의 증표인 부·절의 소재 여부로 표현되었고, 국경의 출입은 통교 관계에 있는 국에서 보낸 사자만이 가능했고 사자는 자신을 파견한 군주의 명령을 상징하는 부절을 증빙으로서 소지해야 했다.

331 이에 주목하여 工藤元男, 「戰國の會盟と符: 馬王堆漢墓帛書 『戰國縱橫家書』 二0章をめぐって」, 『東洋史硏究』 53-1, 1994에서는 회맹과 符의 관계를 자세하게 분석했다. 특히 '秦符'를 제거하는 행위에 대해 당시 각국 간의 합종·연횡을 둘러싼 외교적 환경에서 秦과 맺은 합종에 대한 서약 문서를 파한 것으로 보았다. 나아가 連橫의 盟에서도 符가 사용되었던 것으로 보아, 당시 회맹에서는 이전 시기와 달리 符를 만들어 증거 문서로 삼았다고 결론을 내렸다. 다만 전국시대 盟書 이외에 사신이나 군명을 받은 자들이 소지했던 信物 역시 '符'라고 칭했기 때문에 맹서로서의 符와 사신의 '符節'을 구분하여 그 성격을 살펴볼 필요가 있다.

소결

상주시대는 물론 춘추시대까지도 군주는 기본적으로 종묘에 모신 조상신의 권위에 의탁하여 자신의 권위를 내세웠으며, 제의에 기초하여 자신의 정치적 권력을 행사했다. 춘추후기 이후 전국시대를 거치면서 군주는 더는 종묘를 중심으로 형성된 의례적 권위를 내세우지 않고, 그 대신 법제와 관료행정에 기초하여 자신의 권력을 행사하기 시작했다. 정치권력의 성격이 변하면서 자연히 공간 지배의 원리나 성격도 변했다.

춘추시대 국의 공간구조는 크게 종묘·사직에 모신 신이 거하는 성역으로서의 도성과 그 밖의 지역으로 구분된다. 공실 일족이 장악한 배타적 공간이었던 도성은 정치적 중심지이자 그 외부 지역과 달리 조상신과 사직의 신이 거하는 신성한 공간이었다. 도성은 종묘·사직 신의 권위에 기초한 군주의 지배가 강하게 미치는 국의 핵심 공간으로서, 도성의 성곽은 성역을 구분하는 경계선이었다. 도성 밖의 지역은 다시 경(境)을 기준으로 국의 범위가 정해졌다. 타국과의 관계에서 경(境)을 기준으로 국의 출입이 구분되었고, 당시 경(境)은 종묘·사직에 모신 신의 영향력이 미치는 한계에 해당했다. 그러나 경내에는 공실의 통제에 속하지 않는 독자적인 집단이 존재했고, 군주의 지배력이 경내 모든 지역에 관철되지는 않았다. 이런 점에서 춘추시대 국의 외연인 경(境)은 군주의 지배가 미치는 범위로 인식되었던 관념상의 '국경'이라 할 수 있다.

전국시대 국의 경계 역시 국 내부에 존재하는 경계와 지배 범위의 한계를 나타내는 외부 경계로 구분된다. 춘추시대와 달리 종묘는 더는 도성 건축에서 가장 중요한 위치를 차지하지 않게 되었고, 도성 역시 성역의 성격을 띠지 않았다. 도성 주변 지역이 군주의 직할지로 확대

편성되었고, 관할 지역은 중앙에서 그 범위를 파악하여 관리하는 행정구역의 경계로 구분되었다. 변경에의 주요 거점에는 새·정·장·장성 등의 수비시설을 설치하고 상비했으며, 주요 교통로에는 관·량이 설치되어 통행자들을 관리했다. 군주의 관할 범위를 나타내는 외부 경계는 변경에 위치한 군·변읍 등의 외연을 연결한 형태로서, 이전 시기와 달리 경계 이내 지역이 군주의 일원적인 지배 범위에 속하며 경계에는 상비병이나 담당 관리가 배치되어 수비와 치안을 관리했다. 곧 전국시대 국의 외연으로서 경(境)은 사람과 물자의 출입을 제도적으로 관리하는 실제적인 경계로서, 군주의 배타적 지배 범위를 나타내는 국경의 성격을 띠었다.

춘추시대 주 왕실의 권위가 몰락하고 열국 간의 대립이 시작되면서, 제후국 간의 경계는 끊임없이 변할 수밖에 없었다.[332] 다른 제후의 입회하에 새로운 경계를 정하기도 했지만,[333] 변경 지역의 영토 분쟁이 국가 간의 전쟁으로 확대되기도 했다.[334] 각국의 변경에는 관리가 배치되어 수비를 담당했고,[335] 타국을 통과할 때는 예를 갖추어 가도를 청하여 허락을 받아야 했다.[336] 만약 가도를 허락하지 않을 경우

332 『春秋左傳』 昭公 元年(B.C.54), p.1206, “疆埸之邑, 一彼一此, 何常之有? 王·伯之令也, 引其封疆, 而樹之官, 擧之表旗, 而著之制令, 過則有刑, 猶不可壹.” 春秋時代 列國의 疆域 변화는 ‘顧德融·朱順龍, 『春秋史』, pp.256-269 참조.

333 『春秋左傳』 文公 元年(B.C.626), p.513, “秋, 晉侯疆戚田, 故公孫敖會之.”

334 『史記』 卷31 「吳太伯世家」 1, p.1462, “九年, …楚邊邑卑梁氏之處女與吳邊邑之女爭桑, 二女家怒相滅, 兩國邊邑長聞之, 怒而相攻, 滅吳之邊邑. 吳王怒, 故遂伐楚, 取兩都而去.”

335 魯의 변경 관리를 가리키는 ‘疆吏’(『春秋左傳』 桓公 17年, p.149, “夏, 及齊師戰于奚, 疆事也. 於是齊人侵魯疆, 疆吏來告.”)는 좋은 예다.

336 齋藤道子, 「春秋時代の‘國’: ‘國’空間の性質とその範圍」, p.84에서는 춘추시대 ‘國’의 공간은 그 지역 一族에 의해 점유되는 공간으로서 타자의 출입에 대해 폐쇄적인 성격을 띠고 있었다고 주장하면서, 그 근거로 ‘假道’를 가장

에는 부득불 우회할 수밖에 없었고,[337] 이 때문에 값비싼 뇌물을 준비하여 가도를 청하기도 했다.[338] 그러나 당시 변경의 요새나 관소는 출입이 철저하게 통제되지는 않았다. 『춘추좌전』에 보이는 수많은 출분(出奔)의 사례나, 노 정공이 정을 공격할 때 가도하지 않고서 위를 지날 수 있었던 사례[339] 등은 당시 국경 출입이 엄격하게 금지되지는 않았음을 보여준다. 오자서는 초를 탈출할 때 소관을 지키는 관리를 피하기 위해 자루 속에 숨어서 빠져나와야 했으나,[340] 이는 그가 추격 대상이었기 때문이지 일반적인 경우는 아니었다. 즉, 춘추시대 타국의 변경 출입은 일정한 통과 절차는 있었지만, 비교적 자유롭게 왕래할 수 있었던 것으로 보인다.[341]

반면 전국시대 주요 관소를 포함한 경계에는 수비를 담당하고 내·외부인의 출입을 관할하는 관리들이 있었으며, 경계를 통과할 때는 일정한 절차에 따라 자신의 신분을 증명하고 소지한 화물에 세금을 납부해야 했다. 그러나 각국의 '국문(國門)'에서는 통행세를 징수하여 이윤을 남길 수 있는 상인들의 통행은 소지한 화물의 적법성을 확인한 후 출입을 허용했다. 다만 행인들은 관리들이 가류(苛留)시킬 경

우선적으로 제시했다.

337 『春秋左傳』 僖公 28(B.C.632), p.451, "二十八年春, 晉侯將伐曹, 假道于衛. 衛人弗許. 還, 自南河濟, 侵曹·伐衛."

338 『春秋左傳』 僖公 2(B.C.658), pp.281-283, "晉荀息請以屈産之乘與垂棘之璧假道於虞以伐虢. …先書虞, 賄故也."

339 『春秋左傳』 定公 6(B.C.504), p.1556, "二月, 公侵鄭, 取匡, 爲晉討鄭之伐胥靡也. 往不假道於衛. 及還, 陽虎使季·孟自南門入, 出自東門, 舍於豚澤. 衛侯怒, 使彌子瑕追之." 이는 물론 衛侯의 분노를 초래한 부당한 행동이었지만, '假道'하지 않고 衛國을 통해 왕래할 동안 저지당하지 않았음은 분명하다.

340 『史記』 卷79, 范睢蔡澤列傳, p.2407, "伍子胥橐載而出昭關."

341 陳槃, 「春秋列國的交通」, 『歷史語言硏究所集刊』 37下, 1967, pp.898-901.

우 어려움을 겪을 수 있었다. 앞서 소개한 『한비자』 중 위 사공의 일화는 당시 관시를 왕래하는 외지인이 정상적으로 통과하지 못하고 겪어야 했던 어려움을 반영한다. 즉, 행인이 관시를 통행하기 위해 금을 뇌물로 주었던 것을 보면, 관리가 제지한 이유는 관시 통행 시 납부하는 세(稅)의 문제는 아니었다. 결국 관시의 관리는 별다른 이유 없이 외지에서 온 행인을 가류(苛留)한 셈인데, 이렇게 각지의 '통과소(通過所)'를 지나야 했던 외지 행인들은 관리들의 수탈에 많은 어려움을 겪을 수밖에 없었을 것이다.

전국시대 유사(游士)나 상인뿐 아니라 군주의 명을 받은 사신들 역시 각 지역을 이동하며 활동했다. 사신들은 때로 사행을 방해하는 나라에 사로잡히는 어려움을 겪기도 했지만,[342] 사신의 신분을 증명하는 '부절'을 소지했을 경우 '국문'을 출입하는 데 문제가 없었다. 단, 각국 간의 맹약에 따라 외교 관계는 수시로 변했고, 맹약을 파기하는 순간 동시에 상대국과 통하는 관문이 폐쇄되었기 때문에 사신의 왕래는 물론 각국 간의 '국문'은 맹약의 증표인 '부절'에 의해 개폐가 결정되었다.

전국시대 민의 확보는 국력의 주요한 부분을 차지했기 때문에, 각국에서는 호적에 민을 등재하여 호구를 파악하고 토지에 안정적으로 정착시키고자 부심했다.[343] 『상군서』에서 민이 농사에 전념하게 하도

342 예를 들어 秦이 趙를 합병했을 때, 燕王은 사신을 秦에 보내 秦王에게 축하를 전하게 했다. 燕의 사신이 趙의 땅을 통과할 때 趙王은 그를 붙잡아 가두었는데, 사신은 자신의 使行이 秦과 趙 양국에 유익이 된다고 설득한 후에야 풀려날 수 있었다(『戰國策』 卷31 燕3, pp.1784-1785, "秦幷趙, 北向迎燕. 燕王聞之, 使人賀秦王. 使者過趙, 趙王繫之. …趙王以爲然而遣之.").

343 秦律 중 齊民의 호적 등재에 관한 여러 가지 강제 규정들은 이런 점을 잘 보여주며, 秦律에 포함되어 함께 발견된 魏의 戶律에도 본적지를 떠나 野에 거하는 자 및 상업에 종사하는 자, 그리고 贅壻者에 대해 田地를 분배하지 않

록 민의 자유로운 이주를 금지하거나,[344] 농민들이 상업에 종사하지 않도록 관시의 부세를 무겁게 해야 한다는[345] 주장 등은 자국에 속한 민이 타국으로 이주하는 것은 물론 타지로의 상업 활동 역시 환영하지 않았던 상황을 반영한다. 그렇다면 각국에서는 호적에 등록된 자국인의 타국으로의 이주나 주요 물자의 국외 반출에 대해 비교적 철저하게 단속했을 것이고, 이런 상황에서 국외 무역은 국가의 허가를 받을 수 있는 일부 특권층이나 관리와 결탁한 대상인에게 한정될 수밖에 없었을 것이다.

한편 이러한 전국시대 국가 간의 왕래 방식은 진의 통일과 함께 다른 양상을 띠게 된다. 즉, 타국의 변관뿐 아니라 자국의 관소에서도 징수했던 관세가 폐지되어 더 이상 통행세를 거두지 않게 되었다. 그러나 개별 향리 조직 간의 연대를 막고 제민(齊民)의 토지 이탈을 막기 위해, 일반 민들은 여행 사유를 관부에 신고하여 허가를 받은 후에야 이동할 수 있었다. 또한 제후국이 하나의 제국으로 통합되면서, 주변국과의 왕래 방식 역시 전국시대와는 다른 형태로 관리되었다.

고 그 후손까지 차별적 대우를 받게 한다는 규정이 있는데, 이는 토지에 정착하지 않는 民들에 대해 魏에서도 신분적 차별 조치를 내려 그것을 禁했음을 보여준다(「爲吏之道」, 『睡虎地秦墓竹簡』, pp.292-293, "●廿五年閏再十二月丙午朔辛亥, 告相邦 民或棄邑居野, 入人孤寡, 徼人婦女, 非邦之故也. 自今以來, 假門逆旅, 贅壻後父, 勿令爲戶, 勿予田宇. 三世之後, 欲仕仕之, 仍署其籍曰, 故某慮贅壻某叟之仍孫. 魏戶律"). 이런 점은 魏 奔命律에도 동일하게 반영되어 있다(「爲吏之道」, 『睡虎地秦墓竹簡』, p.294, 魏奔命律 참조).

344 『商君書』 卷1 「墾令」 2, p.13, "使民無得擅徙, 則誅愚亂農民無所於食而必農."

345 『商君書』 卷1 「墾令」 2, p.17, "重關市之賦, 則農惡商, 商有疑惰之心. 農惡商, 商疑惰, 則草必墾矣."

제4장

고대 제국의 경계와 그 출입

춘추후기부터 시작된 사회 변화와 전국시대 각국에서 단행된 변법 개혁으로 각국에 부국강병을 위한 군주집권체제가 등장하기 시작했다. 전국시대 이래 등장한 국가의 통치는 결국 지배 대상인 토지와 인민을 어떻게 편제하여 전제군주의 정치·경제적 기반으로 삼는가의 문제였다. 비록 초처럼 향리 단위의 현과 봉읍의 성격이 강한 현이 병존한 경우도 있었지만, 진과 같이 군현지배가 효과적으로 시행된 경우 군·현으로 편제된 지역은 이전의 씨족질서가 해체되고 그 대신 군주가 정한 법과 제도에 따라 규제되었다. 국의 내부 지역이 군주의 일원적 지배 공간으로 변하면서, 지배 영역의 범위를 나타내는 국경은 물론 국의 내부에 속한 관할 구역의 경계 역시 이전과 달리 분명하게 구획되기 시작했다. 전국시대 군현지배를 중심으로 한 군주집권체제는 이후 진한시대 황제지배체제로 계승 발전되었으며, 진한시대 관료제와 문서행정에 기초한 제민지배체제는 곧 전국시대 변법이 지향한 토지와 인민에 대한 군주의 일원적 지배의 완성이었다.

전국시대 군현지배의 등장 이후 춘추시대 존재했던 수많은 소국은 멸망하여 주요국의 현이나 관할 단위로 편제되었다. 전국시대 각국에서는 상시적인 전쟁에 대비하기 위해 변경을 이전과 다른 방식으로 관리할 수밖에 없었다. 전국시대 변경을 수비하는 여러 시설을 설치하고 상비군 혹은 관리를 배치하여 관리하는 형태는 이후 진한시대 변경 관리와 크게 다르지 않으며 그 기본 성격은 그대로 계승된다.

진한시대 제국의 직접 지배 공간으로서의 영토는 첫째, 중앙에서 파견한 관리가 해당 지역의 토지와 인민을 파악하여 관할하고, 둘째, 오직 군주가 정한 법률과 제도에 의해서만 규제되는 특징을 지녔다. 진의 경우 전국시대 내사(內史) 지역에 총 41개 현이 있었고, 통일 후에는 내사를 제외한 전국에 54개 군이 설치되었다.[1] 『한서』「지리지」에 따르면, 전한 시기 전국에는 군국(郡國) 103, 현읍(縣邑) 1,314, 도(道) 32, 후국(侯國) 241개의 행정구역이 설치되었고, 제국의 면적은 동서 9,302리에 남북 13,368리였으며, 관할 민은 총 59,594,978명이었다.[2] 『후한서』「군국지」에 기록된 후한 순제 시기 전국에는 군국 105, 현·읍·도·후국 1,180개의 행정구역이 설치되었고, 관할 민은 49,150,220명이었다.[3] 이렇게 진한시대 전국적인 군현제가 시행되면서, 현에서 소속 향리의 지리 면적과 호구 수 등을 파악하여 상부 기관에 보고했다. 중앙정부에서는 각 군국에서 상계(上計) 시에 보고한 자료를 수합하여 제국의 총면적과 토지면적 및 관할 민의 수까지 파악할 수 있었다.

진한시대 경기나 군·현의 범위는 담당 관리의 관할 구역에 해당했고, 제후나 열후의 봉지(封地) 역시 황제가 정한 범위로 한정되었기 때문에 그 경계를 분명히 하여 관리할 필요가 있었다. 그 결과 제국의 내부 공간은 다중(多重)의 경계로 구획되었다. 전국시대 군현지배의 등장 이후 국의 내부 공간에는 다중의 경계가 형성되었으나, 현재 자료

1 后曉榮, 『秦代政區地理』, 社會科學文獻出版社, 2009, pp.60-149.

2 『漢書』 卷28下 「地理志」, p.1640.

3 『後漢書』「郡國志」, p.3533.

의 한계로 전국시대 각국의 군현지배의 특징을 전체적으로 종합 검토하는 일은 사실상 불가능하다. 반면 최근 진한시대 지방 행정의 실제를 보여주는 간독 자료가 대량으로 발견되면서 전한 시기까지 군현지배의 실상을 비교적 상세하게 확인할 수 있게 되었다. 최근 추가로 공개된 이야진간(里耶秦簡) 중 인접한 군현의 경계가 서로 접하는데 접계한 현이 둘 이상일 경우에는 어사(御史)에게 보고하여 지도를 교감한 후 여지도를 만든다는 기록이 있는 것을 보면,[4] 진대에도 현에서 관할 지역의 지도를 제작하여 그 경계를 관리했다. 이 장에서는 비교적 출토 자료가 많은 전한 시기를 대상으로 삼고대 제국의 경계와 그 출입 관리의 특징을 살펴보고자 한다.

1. 제국의 내부 경계와 그 출입

현재 발견된 한대 간독 자료는 대부분 전한 시기 기록으로서, 당시 중앙에서 반포한 율령이나 군현에서 제작한 행정문서는 물론 일반 민이 사용한 통행증까지 그 종류가 다양하다. 그중에서도 각지를 이동할 때 증빙으로 사용한 통행증이 다수 포함되어 있어 율령 조문과 더불어 당시 경계를 출입하는 실상을 확인할 수 있는 좋은 자료를 제공한다.

특히 전한 시기는 초기 중앙 왕조와 제후국이 대치하던 상황에서 무제 이후 소위 '군현제화'되는 과정을 거치면서 제도상의 많은 변화가 생겨난 시기다. 종래 전한 시기 관·진 관리에 관한 연구는 크게 장가산한간(張家山漢簡) 『이년율령(二年律令)』「진관령(津關令)」의 석문 공

4 陳偉 主編, 『里耶秦簡牘校釋』第1卷, 武漢大學出版社, 2012, p.118, 8-224+8-412+8-1415.

개 전후로 나눌 수 있다. 우선 전자의 경우 문헌에 기록된 관소 관련 금령(禁令)의 의미를[5] 분석하거나 돈황·거연한간 자료를 중심으로 변관의 소재나[6] 관·진의 통행 관리[7] 및 전반적 제도 고찰이[8] 주를 이루었다. 「진관령」의 석문이 공개된 이후에는 조문에 대한 역주는 물론[9] 여러 논문이 발표되었고, 대부분의 연구는 한초 경기정책의 일환에서 '관중'을 중심으로 한 마정(馬政)이나[10] '관중' 주변의 관·진 관리 문제

5 紙屋正和, 「前漢時代の關と馬弩關」, 『福岡大學人文論叢』 10-2, 1978; 手塚隆義, 「馬弩關考」, 『史苑』 41-2, 1982.

6 富谷至, 「漢代邊境の關所: 玉門關の所在をめぐって」, 『東洋史研究』 48-4, 1990.

7 통행문제에 관한 대표적인 연구로는 大庭脩, 「漢代の關所とパスポート」, 『秦漢法制史の研究』, 創文社, 1982를 들 수 있으며, 기타 관련 연구에 관해서는 拙稿, 「漢代 通行證制度와 商人의 移動」, 『東洋史學研究』 92, 2005, p.77 참조.

8 李均明, 「漢簡所反映的關津制度」, 『歷史研究』 2002-3.

9 津關令에 관한 역주로는 석문이 공개된 직후 발표된 楊建, 「張家山漢簡《二年律令·津關令》簡釋」, 丁四新 主編, 『楚地出土簡帛文獻思想研究』 1, 湖北教育出版社, 2002와 일본의 張家山漢簡 연구팀에서 발표한 「二年律令」 전체 譯注本인 富谷至 編, 『(京都大學人文科學研究所研究報告: 譯注篇) 江陵張家山二四七號墓出土漢律令の研究』, 朋友書店, 2006(이하 『京都大』); 專修大學 『二年律令』 研究會, 「張家山漢簡 『二年律令』 譯注(12): 津關令」, 『專修史學』 46, 2009가 있으며, 적외선 촬영을 통해 張家山二四七號漢墓竹簡整理小組, 『張家山漢墓竹簡(二四七號墓)』, 文物出版社, 2001의 오류를 수정하고 간단한 注釋을 추가한 彭浩·陳偉·工藤元男 主編, 『二年律令與奏讞書』, 上海古籍出版社, 2007이 있다. 기타 津關令의 반포 시기와 문서의 형식에 관한 연구 역시 진행되었다(彭浩, 「《津關令》的頒行年代與文書格式」, 『鄭州大學學報(哲學社會科學版)』 2002-3).

10 陳偉, 「張家山漢簡《津關令》涉馬諸令研究」, 『考古學報』 2003-1; 臧知非, 「張家山漢簡所見漢初馬政及相關問題」, 『史林』 2004-6; 龔留柱, 「論張家山漢簡《津關令》之"禁馬出關": 兼與陳偉先生商榷」, 『史學月刊』 2004-11; 曲柄睿, 「釋"郎騎": 兼論西漢郎吏"私馬從軍"現象」, 『南都學壇』 2008-2.

에 집중되었다.[11]

그런데 「진관령」에는 '관중'을 둘러싸고 있는 관·진 외에 변새의 관·진에 관한 규정 역시 포함되어 있다.[12] 변새의 경우 관·진을 무단으로 출입하면 '경위성단용(黥爲城旦舂)', 관·진을 통하지 않고 새를 넘으면 '참좌지성단(斬左趾城旦)'으로 각각 처벌받았고, 상시적으로 새를 출입해야 할 때는 미리 부(符)를 발급받아 소지해야 했다.[13] 또 리졸이 범죄자를 체포하기 위해 변새를 나간 경우 관리 책임자는 출입한 리졸의 명적(名籍)을 작성한 후 오인(伍人)들의 검열을 거쳐 현정에 보고해야 했으며, 만약 리졸이 5일 이상 돌아오지 않으면 책임자는 그 진상을 조사해야 했는데, 이는 변새의 출입 관리가 매우 철저했음을 의미한다.[14] 주목할 점은 경기 주변의 운관(鄖關)·무관(武關)·함곡관·임진관(臨晉關)은 물론 내지의 관·진 역시 때로 변새와 유사한 형태로 그 출입을 관리했다는 사실이다. 가령 우관(扜關)[15]·운관·무관·함곡관·임진관 및 모든 새의 하진(河津)에서는 황금과 황금으로 상감한 모든 기물

11 楊建, 『西漢初期津關制度研究』, 上海古籍出版社, 2010; 王子今·劉華祝, 「說張家山漢簡《二年律令·津關令》所見五關」, 『中國歷史文物』 2003-1; 董平均, 「《津關令》與漢初關禁制度論考」, 『中華文化論壇』 2007-3.

12 종래 「津關令」에 관한 연구는 '關中' 혹은 경기정책을 중심으로 이루어졌는데, 陳偉, 「張家山漢簡《津關令》"越塞闌關"諸令考釋」, 卜憲群·楊振紅 主編, 『簡帛研究 2006』, 廣西師範大學出版社, 2006에서는 적외선 판독 이후 기존의 석문을 수정한 후 「津關令」이 내지의 津·關 이외에 변새 출입에 관한 규정이 별도로 있다는 점을 새롭게 상기시켜주었다.

13 『二年律令』(彭浩·陳偉·工藤元男 主編, 『二年律令與奏讞書』, 上海古籍出版社, 2007) 「津關令」, p.305, 490~491簡.

14 『二年律令』 「津關令」, p.309, 494~495簡.

15 扜關은 巴郡에 위치한 江關(『漢書』 卷28上 地理志 8上, p.1603)으로 오늘날 四川 奉節 동쪽에 위치했다.

및 동을 반출하지 못했고,[16] 사사로이 금기(金器)와 철을 반출·입하는 일 역시 모든 관소에서 금지되었다.[17] 이는 경기 주변의 무관·함곡관 등은 물론이고 내지의 관·진 역시 때로 변새와 유사한 형태로 그 출입을 관리했음을 의미한다. 만약 내지에 설치된 관·진에서 변경과 유사한 출입자 관리를 했다면, 당시 제국 내부에도 변경과 유사한 성격을 지닌 경계가 존재했음을 뜻한다.

군현지배 등장 이후 국의 내부에는 다중의 경계가 존재했고, 「진관령」에서 보듯이 전한 시기에는 제국 내부의 경계 역시 때로 변경과 유사한 방식으로 관리되었다. 이런 점에서 한초 『이년율령』에 보이는 관·진을 비롯한 내지의 경계관리가 이후 어떤 변화 과정을 거쳤는가에 대한 구체적인 분석이 필요하다. 본 절에서는 전한 시기 경기 및 군·현의 경계 등 제국 내부의 공간 편성과 정계(定界) 방법을 중심으로 경계의 형태를 살펴보고, 각 경계를 출입하는 절차와 특징을 분석하고자 한다.

1) 경기(京畿)와 군현의 경계

춘추후기 진(晉)·초·진(秦) 등 주요 국의 강역이 확대되면서 군주의 직할지 역시 도성 주변 지역으로 확대되었다. 예를 들어 초의 강역이 팽창하는 과정을 보면,[18] 초의 핵심구역은 초의 국도인 영(郢)을 기점으로 방성에 이르는 지역까지 타원형 형태로 형성되었다. 함양을 중심으

16 『二年律令』「津關令」, p.307, 492簡.

17 『二年律令』「津關令」, p.309, 493簡.

18 춘추·전국시대 초국의 강역 변화 과정과 그 성격은 朴俸住, 「戰國時代 楚國 統治體制 硏究: '縣邑' 支配體制의 展開와 楚文化」, pp.25-49 참조.

로 형성된 진의 내사 역시 전국시대 진의 강역이 확대되는 과정에서 군주의 직할지가 국도 주변 지역까지 확장된 결과다. 진왕의 직할지인 현은 국도 주변 지역부터 설치되었고,[19] 함양 주변에 현이 설치되었던 지역은 이후 진한시대 제국의 경기로서 황제권력의 핵심 근거지가 되었다.

진 통일 이후 진의 내사 지역은 정치·군사적 중심지로 확립되었고, 한 고조 역시 진의 내사 지역을 계승했다. 한 고조는 진대 내사 지역이었다가 진 멸망 이후 새국(塞國)·옹국(雍國)에 속했던 위남군(渭南郡)·하상군(河上郡)·중지군(中地郡)을 다시 통합하여 내사로 삼았다.[20] 이는 관중을 중심으로 형성되었던 진의 고토(故土)가 진한제국의 경기로 확대되었음을 의미한다. 이후 경제 때 내사는 좌·우내사로 양분되었고, 무제 태초 원년(B.C.104)에는 삼보(三輔)인 경조윤(京兆尹)·좌풍익(左馮翊)·우부풍(右扶風)으로 나뉘었다.[21] 내사가 삼분되면서 관할관의 명칭도 좌·우내사가 각각 좌풍익과 경조윤으로 개칭되었다.[22] 무제 원

19 상앙변법 이후 진에서 설치한 현의 수는 기록에 따라 31개 혹은 41개로 차이가 있지만, 효공 때 설치된 이후 增置되었을 가능성을 고려해볼 수 있으므로 31개 혹은 41개의 현은 효공 이래 통일 秦까지를 포괄하는 기록일 것이다. 다만 封泥와 같은 문물 자료에 근거할 경우 內史에 38개 縣, 이 외 문헌 기록에서 3개 현이 추가로 확인되어 秦의 내사 지역 현은 총 41개가 확인된다(后曉榮, 『秦代政區地理』, 社會科學出版社, 2009, pp.122-149).

20 고조 9년 내사가 설치된 때는 婁敬의 건의에 따라 10여만 명에 이르는 대규모 관중 사민이 행해진 해로서, 內史制 시행은 '强幹弱枝' 정책의 일환인 관중 사민과의 상관 관계에서 이해할 수 있다(閔斗基, 「前漢의 京畿統治策」, 『東洋史學硏究』 3, 1969, p.12).

21 『漢書』 卷28上 「地理志」 京兆尹, p.1543; 『漢書』 卷28上 「地理志」 左馮翊, p.1545; 『漢書』 卷28上 「地理志」 右扶風, p.1546.

22 『漢書』 卷19上 「百官公卿表」, p.721. 한편 『漢書』 「地理志」에는 左·右內史로 양분된 시기를 무제 建元 6年(B.C.135)이라 했으나, 본서에서는 「百官公卿表」에 따라 경제 시기로 보았다. 이러한 漢初 內史의 성격 변화와 그 의미에

정 연간에는 경기의 동쪽 경계 지점인 함곡관을 신안(新安)으로 옮기고[23] 홍농군(弘農郡)과 삼하(三河: 河內·河東·河南郡)를 삼보와 밀접한 관계에 있는 특수지구로 설정하는 이른바 '관중 확대[廣關]'[24]정책을 시행했다.[25] 이렇게 진의 고토에서 확대된 내사는 전한 시기 경기 통치의 변화 과정에서 이전과 달리 '관중'(삼보 및 홍농군·삼하 지역)으로 확대되었다. 그렇지만 경기 지역은 13주와 달리 지방 행정구역에 속하지 않았고, 관할 체계 역시 중앙에 속하여 특수하게 관리되었다. 즉, 전국시대 군주의 직할지에서 확대된 전한 시기 경기 지역 역시 그 성격은 여전히 황제의 직할지로서의 성격을 지니고 있었다.

한편 전국시대 각국의 군현지배 등장 과정은 다소 차이가 있을지

대해서는 崔珍烈, 「漢初 內史의 기능과 성격」, 『中國古中世史硏究』 11, 2004 참조.

23 『漢書』 卷6 「武帝紀」, 元鼎 3년, p.183. 이에 대해 應劭는 당시 樓船將軍 楊僕이 여러 차례 大功을 세웠는데 關外의 民이 되는 것을 부끄럽게 여기고는 東關을 옮길 것을 구하며 자신이 그 비용을 내겠다고 상서했고, 무제 역시 내심 廣闊해지는 것을 좋아했기에 함곡관을 新安縣으로 옮기게 되었다고 설명했다. 그런데 楊僕이 남월과의 전쟁에서 공을 세워 將梁侯에 봉해진 것은 元鼎 6년 3월이고, 應劭의 설명을 뒷받침할 별다른 근거가 없다. 이런 점에서 함곡관의 이전을 元鼎 연간의 전반적인 관중 확대[廣關]정책 속에서 설명할 필요가 있다(辛德勇, 「漢武帝"廣關"與西漢時期地域拱制的變遷」, 『中國歷史地理論叢』 23-2, 2008).

24 『史記』 卷30 「平準書」, p.1435; 『漢書』 卷47 「文三王傳」 代孝王 參, p.2211.

25 司隸校尉는 征和 원년 혹은 2년에 巫蠱의 亂을 처리하기 위해 설치했다가 폐지되지 않은 직책으로, 13州에 포함되지 않는 三輔·弘農郡·三河 지역의 감찰을 담당했다. 司隸校尉의 감찰 구역인 三輔·弘農郡·三河 지역은 武帝 때 확대된 '大關中'에 해당한다. 函谷關의 이전과 더불어 시행된 '關中 확대'는 경제적·군사적으로 중요한 弘農郡·三河 지역을 三輔의 배후지로 확보하려는 정책적 의도에서 시행된 것으로 볼 수 있다(閔斗基, 「前漢의 京畿統治策」, pp.22-28; 辛德勇, 「漢武帝"廣關"與西漢時期地域拱制的變遷」, pp.81-82 참고).

라도, 점령 지역을 중앙의 직할지로 삼는 재편 과정은 대부분의 국가에서 유사하게 진행되었다. 전국시대 진은 상앙의 변법 이후 수전체제(授田體制)를 확립하고, 이를 바탕으로 분산되어 있던 촌락을 향성(鄕城) 내부로 집주시킨 후 관리를 파견하여 지배했다. 향성 내부는 다시 사방이 담으로 둘러싸인 여러 개의 리로 나누어졌고 모든 민은 이러한 리의 내부에 거주했다.[26]

전국시대 진의 현성과 같이 통일 진은 물론 전한시대까지 말단 행정단위인 리는 현성 내부에 위치했다. 비록 지역별로 다소 차이가 보이긴 하지만 당시 향리의 사람들은 현성 내부에 집주했다.[27] 서로 다른 규모의 향 중 현의 치소가 위치한 곳이 곧 현성[都鄕]이었고, 그 주변에 여러 이향(離鄕)이 분포했다. 당시 리에 속한 자들의 요역 안배나 부세 징수는 물론 호적의 작성과 관리는 향에서 담당했는데, 이 때문에 민이 타지로 이동하거나 이주할 때는 우선 향정(鄕廷)에 신청하여 허가를 받아야 했다. 진한시대 향은 현에서 임명한 현의 속리가 업무를 관할했기 때문에 현에 대해 독립된 행정기구의 성격을 가지지 못했지만,[28] 여러 개의 향이 모여 현의 관할 범위를 이룬다는 점에서 향의 경계 역시 현과 마찬가지로 지도에 그 범위를 표기하여 중앙에 보고했다.

원제 건소 3년(B.C.36)에 승상이 되어 임회군(臨淮郡) 동현(僮縣) 악

26 秦의 지방행정조직과 성격에 대해서는 李成珪,「秦의 地方行政組織과 그 性格: 縣의 組織과 그 活動을 中心으로」,『東洋史學硏究』 31, 1989 참조.

27 물론 전한말 이후 집단 이산 현상이 생겨나면서 광범위한 자연촌락이 형성된 것이 사실이지만(金秉駿,「後漢時代 里父老와 國家權力: 〈漢侍廷里父老僤買田約束石劵〉의 분석을 중심으로」,『東洋史學硏究』 35, 1991, pp.35-37 참고), 적어도 전한 시기까지는 성읍을 중심으로 형성된 촌락 형태가 유지되었다고 볼 수 있다.

28 李成珪,「秦의 地方行政組織과 그 性格: 縣의 組織과 그 活動을 中心으로」, pp.40-46.

안향(樂安鄉)을 봉지로 받은 광형(匡衡)의 기사는 향의 경계를 확인할 수 있는 좋은 예다. 광형의 봉지인 악안향의 토지 총면적은 3,100頃이었고, 남쪽으로 민백(閩佰)을 경계[界]로 했다. 그런데 그가 봉해지기 전인 원제 초원 원년(B.C.48)에 임회군의 지도를 제작하면서, 민백을 평릉백(平陵佰)으로 잘못 표기했다. 광형의 봉지는 자연히 평릉백을 경계로 하게 되었고, 민백을 경계로 했을 때보다 400경이 많았다.[29] 건시 원년(B.C.32)이 되자 군에서 다시 경계를 정하고 지도를 다시 제작하여 승상부에 보고했고, 지도상의 오기는 수정되었다. 이듬해 광형의 측근 관리는 광형을 위해 악안향의 남쪽 경계를 예전 지도에 맞추어 평릉백으로 수정하게 했고, 이에 임회군에서는 악안국에 400경을 되돌려주었다. 그리고 광형은 당시까지의 초과 조곡(租穀) 1,000여 석을 반환했다가 다시 돌려받았다. 물론 광형은 이 일로 탄핵을 받아 직위를 박탈당하게 되지만,[30] 사건의 발단은 초원 원년(B.C.48) 군의 지도에 향의 경계가 잘못 표기된 데 있었다. 당시 각 군에서는 소속 향의 경계를 표시한 지도를 제작했고, 이를 상계할 때 중앙에 보고했다. 광형이 봉해진 악안국의 남쪽 경계는 토지의 경계인 민백을[31] 기준으로 정해졌는

29 匡衡의 侯國에 속한 민호 수는 『漢書』 「匡衡傳」에 600호인 반면 「恩澤侯表」에는 647호로 기록되어 있다. 그의 領地 면적은 본래 3,100頃이었으나 지도의 誤記로 400頃이 추가되어 실제 3,500頃이 되었기 때문에 647호는 3,500頃에 대한 민호로 보이며, 민호의 끝수가 존재하는 것은 지도상의 크기에 따라 봉지를 분봉하고 당시 그곳에 살던 전체 민호가 領主에 속하게 되었기 때문이다(宇都宮淸吉, 「劉秀と南陽」, 『漢代社會經濟史硏究』, 弘文堂, pp.379-381).

30 『漢書』 卷81 「匡張孔馬傳」, p.3346.

31 仟伯[阡陌]은 밭의 경계를 말하는데, 顔師古는 남북 방향을 '仟', 동서 방향은 '伯'이라 설명했다(『漢書』 卷24上 「食貨志」, p.1126). 秦律에 자기 마음대로 밭의 경계[封]를 옮기며 贖耐로 처벌한다는 규정이 있는데(『睡虎地秦墓竹簡』(睡虎地秦墓竹簡整理小組 編, 文物出版社, 1990) 「法律答問」, p.108),

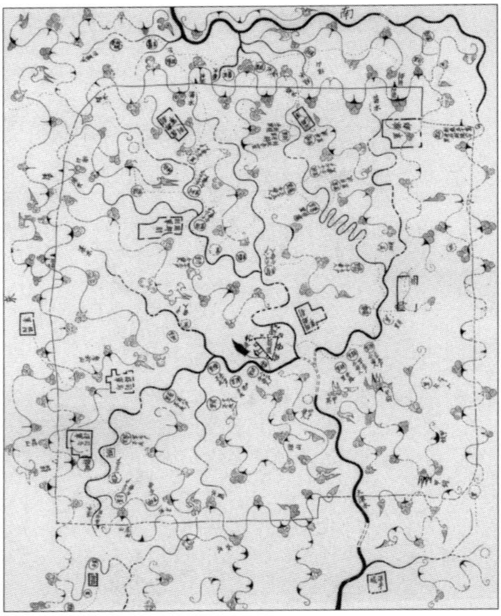

〈그림 1〉
마왕퇴 3호 한묘 출토「주군도」 복원도

데, 당시 향은 악안향과 유사하게 일정한 기점을 설정하여 그 경계를 획정하고 군에서는 일정한 기간에 맞춰 지도를 제작하여 이를 중앙에 보고했다.

감숙성(甘肅省) 천수현(天水縣) 방마탄(放馬灘)에서 발견된 지도가 전국시대 진에 속했던 규현(邽縣)의 지도라면,[32] 〈그림 1〉에서[33] 보는 마왕퇴 3호 묘에서 출토된 소위「주군도(駐軍圖)」는 현급(縣級) 행정단

이는 국가에서 田土를 파악할 때 仟伯을 기준으로 했기 때문이다.

32 1986년 甘肅省 天水縣 放馬灘 秦墓에서 발견된 전국시대 秦에서 제작한 지도로, 地圖에 여러 성읍과 하천·계곡 및 관서 등이 표기되어 있고, 특히 大城에 邽丘라고 명기되어 있는 점으로 미루어 당시 秦의 邽縣의 강역을 그린 지도로 볼 수 있다(李成珪,「秦의 地方行政組織과 그 性格: 縣의 組織과 그 活動을 中心으로」, p.36 참고).

33 曹婉如 外 編,『中國古代地圖集』(戰國-元), 文物出版社, 1990, 圖27.

위인 전도(箭道)의 관할 범위를 그린 지도다. 이 지도는 한대 장사국(長沙國) 남부 지역에 있던 영포현(營浦縣)·흘도현(齕道縣) 일부와 남월과의 접계 지역을 포함하고 있고, 지도에 주군영지(駐軍營地)·군사성보(軍事城堡)·병기고(兵器庫) 등 군사 관계 사항이 표기되어 있기 때문에 일찍이 '주군도'라 칭했다. 지도에는 군사 관계 사항뿐 아니라 도로와 산천 및 민이 거주하는 지역인 약 43곳의 리가 표기되어 있으며, 각 리에는 리명만 표기했지만 호수를 병기하거나 '지금은 사람이 없음[今毋人]', '어느 리와 병합' 등 당시 리의 거민 상황도 적혀 있다. 당시 장사국은 남월과의 교전(交戰)을 위한 거점이었고 이곳에는 중앙에서 파견한 군대가 주둔해 있었기 때문에, 종래 이 지도에 대해서는 대개 생전에 군사 지휘관이었던 3호 묘 묘주가 군사용으로 사용한 지도라고 이해했다.[34] 지도에 표기된 취락은 군사상의 필요 혹은 국가에 의한 관개 수리 시설 확충에 따른 산촌(散村) 통합 등의 이유로[35] 총 43개의 리 중 반 이상인 29개의 리가 사실상 폐쇄되었다.[36] 이렇게 반 이상의 리가 폐쇄된 배경을 지도에 반영된 군사적인 요소를 중심으로 유추해 볼 수도 있겠지만, 종래 지나치게 군사적인 특징만을 강조하여 지도의 성격을 이해했던 점은 재고가 필요하다. 이런 점에서 지도의 가운데 그려진 전도(箭道)의 치소에 주목하여 이 지도는 당시 전도(箭道)의 봉역을

34 傅擧有, 「馬王堆漢墓出土的駐軍圖」, 曹婉如 外 編, 『中國古代地圖集』(戰國-元).

35 국가에서 시행한 관개 시설 확충 문제에 주목하여 散村이 통합되었을 것으로 설명하는 입장은 池田雄一, 「(聚落編) 馬王堆出土『駐軍圖』の聚落と灌漑」, 『中國古代の聚落と地方行政』, 汲古書院, 2002, pp.157-177 참조.

36 이런 점에서 「駐軍圖」에 보이는 里는 소규모의 분산된 형태로 존재하던 里 단위의 자연취락이 국가에 의해 통합되어 集村으로 재편성되는 변화 과정을 보여준다(李成珪, 「秦의 地方行政組織과 그 性格: 縣의 組織과 그 機能을 中心으로」, pp.27-33 참조).

그린 것이고, 종래 '주군도'라는 명칭 대신 '전도봉역도(箭道封域圖)'라 칭해야 한다는 주장은 설득력이 있다.[37]

특히 필자의 관심을 끄는 것은 군사상의 방어구 혹은 전도(箭道)의 봉역을 표기한 계선(界線)이다. 이 계선은 전도의 치소를 가운데로 하여 정방형으로 그려져 있는데, 계선은 주로 산맥이나 자연지형을 기준으로 하지만 삼각형을 기점으로 삼기도 한다. 그리고 삼각형 표기 지점에는 인근 산의 명칭에 '봉(封)'을 추가하여 '거향봉(居向封)', '소산봉(昭山封)', '사봉(蛇封)' '만봉(滿封)', '치봉(甾封)'이라 하거나 산의 명칭과 상관없는 '무봉(武封)'이라는 명칭이 기록되어 있다.

『주례』에 따르면 봉인(封人)은 왕기·제후국·채읍의 봉강을 표시할 때 사방의 경계[疆]에 도랑을 파거나 흙을 쌓은 후 나무를 세워 각 봉역을 표시한다. 봉인이 왕기의 경계를 표시하는 방법[畿上有封]에 대해 정현은 한대 '계(界)'와 같다고 설명했다.[38] 서주시대 수목을 기점으로 봉을 하여 토지의 범위를 표시하거나[39] 전국시대 진의 봉읍을 분봉할 때 봉을 기준으로 경계를 삼았던 것처럼, 자연지형이나 식수(植樹) 등의 방법으로 봉을 만들고 그것을 경계의 기준으로 삼는 방법은 서주시대부터 줄곧 확인되는 정계 방법이다. 전술한 광형의 후국인 악안국 혹은 악안향의 경계 역시 토지의 경계인 민백을 기준으로 했는데, 밭의 경계를 진율에서 '봉'이라 칭하는 점을 상기하면, 마왕퇴 지도에 표기된 삼각형은 계한(界限)의 기준으로서 인위적으로 만든 경계 표지로

37 邢義田, 「論馬王堆漢墓"駐軍圖"應正名爲"箭道封域圖"」, 『湖南大學學報(社會科學版)』 21-5, 2007.

38 『周禮』(本田二郎, 『周禮通釋』 上·下, 秀英出版, 1977) 卷12, 封人, pp.351-353.

39 李朝遠, 『西周土地關係論』, 上海人民出版社, 1997, pp.294-296; 張經, 『西周土地關係研究』, 中國大百科全書出版社, 2006, pp.198-199.

볼 수 있다. 만약 이 지도가 전도(箭道)의 봉역을 표기한 강역도라 할 수 있다면, 지도 외곽에 그어진 계선은 도(道)의 경계에 해당하며 군에 속한 현·도(道)·후국의 강역 역시 이러한 계선을 기준으로 지도상에 표시되었을 것이다.

한편 강소성(江蘇省) 동해현(東海縣) 윤만(尹灣) 6호 한묘(漢墓)에서 출토된 전한 말 동해군의 행정문서나 평양시 낙랑 유지에서 발견된 전한 초원 4년(B.C.45) 낙랑군의 현별 호구 총수 기록인 「낙랑군초원사년현별호구다소□□(樂浪郡初元四年縣別戶口多少□□)」 등은 각각 전한시대 내군(內郡)과 변군의 행정조직과 규모를 구체적으로 보여주는 자료다. 자료를 소개한 북한 학자의 논문에 따르면, 「낙랑군초원사년현별호구다소□□」에는 『한서』 「지리지」 낙랑군 조에 수록된 25개 현이 모두 확인되고, 일부 현의 경우 호구 수가 기록되어 있다고 한다. 이는 한대 변군에서도 기본적으로 향에서 작성한 호적은 그 상부 기관인 현으로 수합되고, 다시 각 현에서는 그 상부 기관인 군에 관할 향의 호적과 지도 등의 자료를 보고했음을 의미한다.[40] 군에 수합된 자료는 상계를 통해 중앙에 보고되었는데, 그렇다면 현급 관할 범위인 현의 경계·도의 경계와 같이 군의 경계도 별도로 정계(定界)하여 관리했을까? 다음의 통행증 자료를 보면 군의 경계 역시 일정한 범위를 정해 관리되었음을 알 수 있다.

(가)-①: 감로 2년(B.C.52) 12월 5일에 서향(西鄕)의 색부 안세(安世)가 감히 아룁니다. 부리(富里)의 설병(薛兵)이 가(家)를 위하여 장액·주천·

40 이러한 진한시대 호적 작성 과정은 金秉駿, 「樂浪郡 初期의 編戶過程과 '胡漢稍別': 〈樂浪郡初元四年郡別戶口多少□□〉木簡을 단서로」, 『木簡과 文字』 創刊號, 2008, pp.145-160 참조.

무위·금성(金城)·삼보·태상군(太常郡)의 경내[界中]로 '사시(私市)'하러 가려 한다고 합니다. 삼가 살펴보니 설병은 관에 죄를 지은 일이 없어 령에 따라 전을 취득할 만합니다. …[41]

(가)-①은 거연현 서향 부리에 사는 설병이 통행증을 발급받는 내용으로, 그는 '사시(私市)'를 위해 통행증을 발급받았다. 이 통행증은 거연현에서 12월 5일 발급했는데, 아마 설병은 6일이 지난 12월 11일 금관(金關)에 도착했던 것으로 보인다. 이 통행증에는 설병이 가려는 지역이 명시되어 있는데, 그는 장액·주천·무위·금성·태상군[42] 및 삼보의 경내[界中]로 '사시(私市)'하러 가고자 했다. 즉, 삼보를 포함하여 각 군에서는 일정하게 경계를 정하여 소속 현을 관할할 뿐 아니라 설병과 같은 통행자를 검문하여 치안을 유지했다.

한대 군의 경계 역시 기본적으로 현의 경계가 집적된 형태였다. 1987년 연운항(連雲港)에서 발견된 경계석은 이를 잘 보여준다. 연운항에는 한대 각석 두 개가 발견되었는데, 첫 번째 각석은 1987년 연운항시 연도진(連島鎭) 연도촌(連島村) 해안의 암벽에서 발견되었다. 이 각석은 좌석(높이 80cm, 폭 70cm)과 우석(높이 95cm, 폭 75cm)으로 양분된 형태이고, 총 40자의 각문(刻文)이 새겨져 있다. 두 번째 각석은 1998년 연운항시 소마만(蘇馬灣)에서 발견되었고, 크기는 높이 약 90cm, 폭 약 21cm이며 각문은 모두 60자다. 두 각석은 서체가 유사한 것으로 미루어 비슷한 시기에 작성된 것으로 짐작되지만, 제작 시기는 분명치 않다. 다만 〈그림 3〉의 각문에 '시건국(始建國) 4년(A.D.12) 4월 1일'이

41 『肩水金關漢簡(壹)』(甘肅簡帛保護研究中心·甘肅省文物考古研究所·甘肅省博物館 外 編, 中西書局, 2011) 下冊, p.150, 73EJT10:313A.

42 『漢書』 卷7 「昭帝紀」, p.228.

〈그림 2〉 1987년 발견된 양와두(羊窩頭) 각석

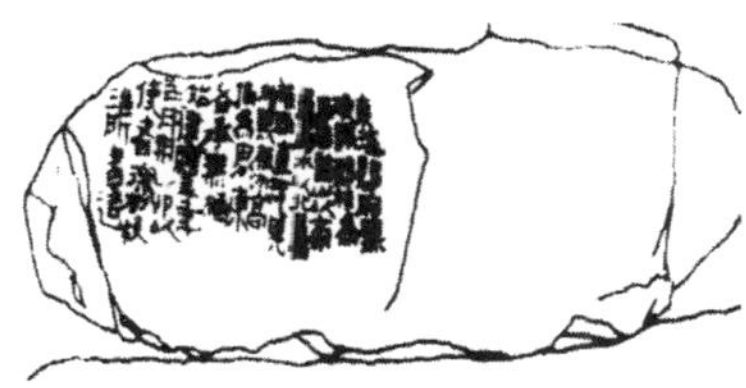

〈그림 3〉 1998년 발견된 소마만(蘇馬灣) 각석

라는[43] 제작 시기가 보이고, 낭야군이 광무제 때 낭야국으로 변경된 점을 고려할 때,[44] 〈그림 2〉의 경계석 역시 전한 혹은 왕망 시기에 제작된 것으로 보인다.[45] 〈그림 2〉의 각문은 일부 글자가 불분명하지만 동해군의 구현(朐縣)과 낭야군(琅邪郡)의 거현(柜縣)의 경계[界]를 정한 내용으로, 동쪽을 제외한 각 방향의 계한(界限)을 정하여 각 현에 속한 범위를 구분했다.[46] 〈그림 3〉의 각문은 비교적 완정한데 해석해보면 다음과 같다.

(가)-②: 동해군의 구현과 낭야군의 거현의 정계: 무릇 산의 남쪽은 구

43 '乙卯朔乙卯'일로서 1일을 의미한다. 왕망 때부터 朔日에 해당하는 干支 앞에 '朔'자를 쓰기 시작했다고 추정하기도 한다(孫亮·周屹·薛連·徐廣峰, 「連雲港市東連島東海琅邪郡界域刻石調查報告」, 『文物』 2001-8, p.29).

44 『後漢書』 卷30 「郡國志」 徐州 琅邪國, p.3459.

45 두 각석의 서체가 유사하여 다른 시기에 한 사람이 제작했을 것이라 추정하기도 하지만(孫亮·周屹·薛連·徐廣峰, 「連雲港市東連島東海琅邪郡界域刻石調查報告」, p.26), 각문의 내용 중 界限 표기상 차이가 보인다는 점에서 다른 시기에 속한다고 볼 수도 있기 때문에(佐竹靖彦, 「所謂郡界刻石と漢代の領域編成」, 『中國古代の田制と邑制』, 岩波書店, 2006, pp.427-428), 첫 번째 각석의 제작 연대를 특정 시기로 확정하기 어렵다.

46 孫亮·周屹·薛連·徐廣峰, 「連雲港市東連島東海琅邪郡界域刻石調查報告」, p.24.

현에 속하고 강의 북쪽은 거현에 속한다. 서쪽 [경계]는 [동해군의] 황기현(況其縣)과[47] 일직선을 이루며 구현과 거현은 고맥(高陌)을 경계로 한다. 동쪽은 각각 이전과 같이 경계를 정하지 않는다. 시건국 4년 4월 삭일인 을묘일에 사자(使者)인 서주목(徐州牧)의 치소에서 기록하여 제작했다.[48]

기본적으로 두 각석은 모두 동해군의 구현과 낭야군의 거현의 경계를 정한 후 그 내용을 새겨 만든 경계석이다. 문제는 어떤 경계를 표시하기 위한 경계석인가다. (가)-②에서 남쪽 경계는 산, 북쪽 경계는 강, 서쪽 경계는 동해군의 황기현과 일직선에 있는 고맥(高陌)을 각각 정계의 기준으로 삼았는데, 각 지형물이 정확히 무엇을 가리키는지 분명치 않다. 다만 구현과 거현이[49] 서로 접계하고 있지 않다는 점에서 이 경계석은 육지의 분계(分界)가 아닌 동해군과 낭야군의 해안에 있는 두 현이 관할하는 해역을 정하여 기록한 표지로 짐작된다.[50]

47 『漢書』「地理志」에는 祝其縣이나, 尹灣漢簡 上計簿에도 東海郡 屬縣으로 況其縣이 보인다. 況其縣과 祝其縣은 동일한 지명이며, 아마 문헌 전승 과정에서 誤記가 생겼을 것이다.

48 孫亮·周屹·薛連·徐廣峰, 「連雲港市東連島東海琅邪郡界域刻石調查報告」, p.25.

49 『漢書』 卷28上 「地理志」 琅邪郡, p.1585.

50 李祥仁, 「蘇馬灣界域刻石新探」, 『中國歷史文物』 2000-2 참조. 다만 기본적으로 해강을 표시한 刻石이지만 朐縣과 柜縣의 西界가 高陌을 기준으로 한다는 점에서 일종의 위도 표지 기능을 하면서 육지의 경계석 역할을 겸하고 있다는 의견도 제시되었지만(佐竹靖彦, 「所謂郡界刻石と漢代の領域編成」, 『中國古代の田制と邑制』, pp.424-427), 정계의 기준이 되는 지형의 위치를 확정하기 어렵고 당시 縣界를 정할 때 위도선 역할을 하는 '陌'을 일정하게 확인하기 어렵다. 그 대신 지리적으로 접하지 않은 두 지역의 정계 문제이므로, 본서에서는 각 郡의 연해 지역에 있는 縣을 기준으로 郡의 해역을 구분하고 관할권을 정한 결과를 각석으로 만들어 증거로 삼았을 것으로 추정해

동해군의 구현은 『산해경』에서 말한 도주(都州)로서 바다에 위치한 지역이자, 진의 동문(東門)이 세워진 곳이기도 하다.[51] 그렇다면 〈그림 2〉와 〈그림 3〉의 경계석은 구현과 거현에 속한 해역을 정계한 표지인데, 특이한 점은 육지에서 서로 접계하지 않는 두 현이 다른 군에 속한 현과 정계를 했다는 사실이다. 한대 해상정책에 관한 자세한 내용은 알 수 없으나, 평제 원시 원년(A.D.1)에 소부(少府)에 해승(海丞)을 설치하여 해세(海稅)를 관장하게 했다는 기록이 있다.[52] 해승이 관장한 해세는 연해에 있는 군·현에서 징수했던 해산물에 대한 특별세였을 것이며, 해세의 징수는 바다의 산물까지 국가에서 징세 대상으로 파악했음을 의미한다. 연해에 위치한 군에서 바다의 경계를 획정했던 이유는 해상에서의 생산 활동이나 치안 문제를 관할하는 기관을 정하여 해역에 대한 책임 소재를 분명히 하기 위해서였고, 구현과 거현과 같이 각 군의 해변에 소재한 현이 그 역할을 맡았을 것이다. 주목할 것은 이 경계석이 동해군과 낭야군의 경계를 나누지 않고, 동해군에 속현인 구현과 낭야군의 속현인 거현의 해상 경계를 구분했다는 점이다. 이는 동해군에 속현인 구현의 경계는 곧 동해군의 경계이고, 낭야군의 속현인 거현의 경계 역시 낭야군의 경계에 해당했음을 의미한다. 즉, 당시 군의 경계는 개별 속현 경계의 총합이었다.

이상 살펴본 대로 담으로 둘러싸인 리는 물론이고, '향-현-군'에

보았다.

51 진시황은 동해상에 비석을 세워 秦의 東門을 표시했는데(『史記』 卷6, 「秦始皇本紀」 始皇35年, p.256), 그 위치는 東海郡 朐縣의 관할 구역[界中]에 속한 海上으로서 「博物記」의 설명에 따르면 縣의 동북 해안에 秦에서 세워 東門을 삼은 비석이 세워져 있다고 한다(『後漢書』 卷30 「郡國志」 徐州 東海郡, p.3458).

52 『漢書』 卷12 「平帝紀」, p.352.

는 각각 그 범위를 나타내는 경계가 존재했다. 군이나 현·도·후국의 경계[界]는 사실상 각 행정단위의 관할 범위를 나타내는 행정상의 구획선으로서, 이러한 경계는 각각의 행정기구에 속한 관리의 책임 소재를 분명하게 하기 위해 필요했다. 가령 한대 현·도관의 치옥 처리에 문제가 생겼을 경우 책임자가 해당 현·도의 경내에 있는지 여부에 따라 책임 소재가 결정되었다.[53] 전사(傳舍)에서 사자(使者)에게 음식을 제공하는 기준 역시 해당 현·도의 관할 구역 내[界中]에서의 임무 유무에 따라 다르게 결정되었고,[54] 수배령이 떨어진 범죄자의 체포나 관할 지역에서 발생한 군도(群盜)의 살상범 체포 문제 또한 소속 기관의 관할 범위[界中]가 책임소재를 판단하는 기준으로 작용했다.[55]

2) 내지 통행과 출입 관리

한초 제국의 지배 구조는 한에 속한 직할 군 지역과 제후국이 관할하는 지역으로 구분되었다. 전한 전반기는 소위 '군현제'로 이행하는 변

53 예컨대 守丞은 治獄이나 奏讞을 처리할 수 없는데, 책임자가 公務上 혹은 지병으로 부재중이라 守丞이 업무를 대행했다가 문제가 발생했을 경우, 당시 책임자가 해당 縣·道의 경계[界]를 벗어나지 않은 상태였다면 그는 守丞의 죄에 연루되어 연대책임을 져야 했다(『二年律令』「具律」, p.133, 102~106簡).

54 예컨대 사자가 해당 縣·道의 관할 구역에서 공무가 없으면 모두 2食을 초과할 수 없고, 공무가 있어 10일 이상 머무는 경우에는 米만 제공하고 취사는 각자 해결하게 했다(『二年律令』「傳食律」, p.184, 234~235簡).

55 『二年律令』「捕律」, p.148, 140~141簡. 비록 140簡의 한 글자가 보이지 않지만, 도적이 발생한 지역의 관리들은 범인 체포의 책임을 맡았고, 관할 구역의 경계가 책임 소재를 판단하는 기준이 되었다. 漢簡 자료 중 관할 구역 내에 수배령이 내린 범죄자가 없음을 보고하는 문서[『居延漢簡釋文合校』(謝桂華·李均明·朱國炤, 文物出版社, 1987(이하 『合校』) 116.23]는 이를 잘 보여준다.

화의 시기이자, 경기와 직할 군만을 장악했던 단계에서 제국을 세력 기반으로 삼는 황제권력으로 변모하는 과정이었다. 이 과정 중 경기 및 군현의 지배 방법은 제후국과 역학 관계에 따라 변했고, 경계의 성격 역시 변할 수밖에 없었다. 이하 경기와 기타 지방 행정구역의 경계로 구분하여 그 변화를 검토해보자.

(1) 경기의 출입 관리

장가산한간 『주얼서(奏讞書)』 안례 3은 고조 10년(B.C.197) 경조윤(京兆尹) 호현(湖縣)에서 생긴 의안(疑案)을 현에서 정위(廷尉)에 주얼(奏讞)한 문서로서, 고조 시기 경기 지역으로의 출입 관리를 확인할 수 있는 자료다. 문서는 크게 호현에서 정위로 보고한 내용과 정위에서 최종 판결을 현으로 통보한 부분으로 구성되었다. 현에서 보고한 내용은 다시 해당 사건을 수리하여 심리한 경과와 이 사건의 판결을 놓고 현정(縣廷)에서 의안이 된 사항으로 나뉜다.[56]

이 사건은 고조 9년(B.C.198) 관중으로의 대규모 사민이 이루어진 직후에 발생했다. 제국(齊國)의[57] 옥사(獄史) 란(闌)은 제(齊)의 대성(大姓)에 속하여 관중으로 강제 이주하는 사람들을[58] 인솔하여 관중에 왔다가 그중 여자 남(南)을 아내로 삼은 후 함께 제로 돌아가기 위해 함곡관을 불법으로 통과하려다 발각되어 조사를 받았다. 옥사 란은 대부

56 『奏讞書』(彭浩·陳偉·工藤元男 主編, 『二年律令與奏讞書』, 上海古籍出版社, 2007) 案例 3, pp.338-339.

57 문서에는 臨淄의 獄史라 했으나, 臨淄는 齊國의 도성으로서 高祖는 아들 劉肥를 제왕으로 봉했고(『史記』 卷8 「高祖本紀」, p.384) 武帝 元朔 2년(B.C.127)에 郡으로 바뀌기까지 齊國이었기 때문에, 臨淄의 獄史는 곧 齊國에 속한 관리를 말한다.

58 『史記』 卷8 「高祖本紀」, p.386.

(大夫)의 통행증[傳]을 빌려서 함곡관을 빠져나가려 했는데,[59] 이는 당시 경기의 관소를 출입할 때 개인별로 통행증 소지 여부를 검사했음을 의미한다.

심문 과정에 보이는 옥사 란의 죄목은 크게 세 가지로 정리된다. 첫째, 율에서 다른 나라 사람을 아내로 삼을 수 없는데, 제후국 사람으로서 사민되어 한제국에 속하게 된 여자 남을 아내로 취한 죄다. 둘째, 제후국 사람이 한제국에 속한 사람을 제후국으로 유인하여 데려가려 한 죄이고, 셋째, 한제국의 민으로 제후국으로 도망하는 여자 남을 숨겨준 죄다. 이에 대해 옥사 란은 고의로 관중에 와서 유인한 것은 아니라고 말한 후 나머지 죄는 인정했다. 이를 볼 때 한초 한(漢)과 제후국에 속한 사람들은 통혼할 수 없었고, 상대 지역으로 거주의 자유가 없었음은 물론이며 사민되었을 경우 본향으로 돌아가는 일은 도망죄에 해당할 정도로 민의 이주가 통제되었다.

호현에서는 옥사 란의 판결을 놓고 두 가지 입장으로 나뉘었는데, 하나는 제후국에서 와서 한의 민을 유인한 죄로 처벌하자는 의견이고, 다른 하나는 간통죄와 도망자를 숨겨준 죄로 처벌하자는 의견이었다. 첫 번째 입장에서는 다른 사람의 비(婢)였던 청(清)이 한단성(邯鄲城)의 역사(役事)를 돕다가 일이 끝나자 형을 따라 조(趙) 땅으로 도망간 사건을 제후국으로 도망간 죄로 논했던 판례를 언급하며, 이 사건 역시 제후국으로 남을 유인하여 간 죄로 처벌해야 한다고 보았다. 현의 주얼에 대해 정위부에서는 란의 죄를 '경위성단(黥爲城旦)'으로 최종 판결

59 獄史 闌은 여자 南에게 冠을 씌우고 大夫의 통행증을 빌려 남장을 했는데, 睡虎地秦律 「法律答問」 중 공용 수레에 여자를 태울 수 없다는 내용에 근거하여 그 이유를 추정해볼 수도 있다(池田雄一 編, 『奏讞書: 中國古代の裁判記錄』, 刀水書房, 2002, p.51, 譯注6 참고).

했다. 정위부에서 란에게 어떤 죄목을 적용했는지 구체적인 언급은 없지만, 란에게 내린 '경위성단'은 『이년율령』「진관령」 규정에서 색의 관·진을 무단으로 출입한 죄에 대한 처벌과 동일한 형벌이다. 요컨대 이 문서는 고조 9년 내사를 설치한 이후 한과 제후국은 소속 민의 통혼을 금하고 민의 이주를 엄격하게 단속했던 상황을 반영한다.

고조 사후 여후가 집권했던 시기 경기의 출입 관리 규정은 장가산 한간 『이년율령』이 발견되면서 비교적 자세히 확인할 수 있게 되었다. 당시 통행자가 소지한 금기(金器)·철 등의 특수 물자에 대해서는 관소의 출입을 제한하거나 별도의 조치를 취했는데,[60] 특히 말의 반출은 엄격하게 통제되었다. 예를 들어 사사로이 말을 사서 데리고 나가지 못했고 관리가 타거나 전마(傳馬)로 쓸 공용 말을 구입할 때는 해당 지역 현관(縣官)에서 구입한 필수(匹數)를 내사·군수에게 보고한 후 내사·군수의 확인을 거친 후에야 관·진을 출입할 수 있었다.[61] 당시 경기로의 출입 문제는 내사가 관할했고, 규정에 없는 특수한 상황이 발생할 경우 관소에서는 내사에 문의하고 내사에서는 중앙에 상주하여 처리 규정을 정했다. 다음의 「진관령」 규정은 바로 이런 과정에서 정해졌다.

(나)-①: 13 ●상국(相國)이 내사의 문서를 올려 아뢰었다: "무릇 전(傳)으로써 진·관을 출입하고, 행로 중에 망아지[駒]를 출산하여 망아지가 [생후] 1년 미만으로[62] 그 어미 말과 함께 할 경우, 진·관에서는

60 『二年律令』「津關令」, p.309, 493簡.

61 「津關令」에 보이는 말의 관중 출입에 대한 특별 관리에 대해서는 陳偉, 「張家山漢簡《津關令》涉馬諸令研究」; 楊建, 『西漢初期津關制度研究』, pp.135-152 참조.

62 당초 張家山漢墓竹簡整理小組에서는 '行□子□未盈一歲'라 하여 두 글자를 석독하지 않았고, 이후 張家山漢簡研究班에서 '新產子若未盈一歲'일 가능

삼가 [말에 관한 기록을] 살펴본 후, 사실 여부를 확인하고, 출입 내역을 출입적(出入籍)에 기록하게 하기를 [청합니다.]" ●어사가 [이를] 아뢰니, [황제가] 제하기를, "좋다" 했다.[63]

(나)-①은 내사의 상서를 상국이 상주하고 이에 황제의 재가를 얻어 규정된 령(令)이다. 이는 행로에서 출산하여 마전(馬傳)이 없는 망아지의 경기 지역 출입을 처리하는 규정으로, 경기의 진·관에서 말의 관련 기록을 확인하고 출입 내역을 기록한 후 출입하게 했다. 망아지의 출입까지 내사에 보고하여 정확한 규정을 확인했을 만큼 당시 경기의 출입 관리는 내사의 관할하에 철저하게 진행되었다.

한초 제후국으로의 인구 유출을 철저히 단속하고, 「진관령」의 규정처럼 경기 지역의 출입 관리를 엄격하게 시행했던 이유는 당시 황제의 권력이 경기를 세력의 근거지로 삼아 동방의 제후국과 대치하는[64] 일종의 '대제후(大諸侯)'로서의 성격을 완전히 벗어나지 못했기 때문이

성을 제시했다. 『二年律令與奏讞書』에서는 적외선 촬영 자료와 殘片을 결합하여 살펴본 후 '行産子, 駒未盈一歲'로 석독한 후 암컷 말[母駒]이 낳은 망아지가 1년 미만일 때 津·關 출입에 대한 규정이라 설명했다. 종래 일부 내용이 불분명하지만, 1년 미만 아이의 津·關 출입에 대한 문제로 보는 입장이 많았으나, 적외선 촬영 결과 이후 수정된 釋文을 어떻게 이해해야 하는가에 대해서는 생후 1년 미만의 망아지만 대상으로 한 것인지, 갓난아이를 포함한 것인지 분명치 않다. 다만 전후 「津關令」의 내용이 말의 관중 출입 문제를 다루고 있다는 점에서, 행로 중 망아지를 출산한 말의 津·關 출입 문제를 다룬 규정으로 보인다.

63 『二年律令』「津關令」, p.319, 512簡.

64 『二年律令』「賊律」에 城邑·亭·障을 거점으로 반란을 일으키거나 제후국에 투항하는 자 및 城·亭·障을 방비하고 있을 때 제후국 사람이 공격하여 약탈한 경우 굳게 지키지 않고 城·亭·障을 버리고 도망가거나 제후국에 투항하는 자 및 반란을 도모한 자 모두 腰斬으로 처벌한다는 조항은(『二年律令』「賊律」, p.88, 1~2簡) 한초 제후국과의 대치상태를 잘 보여준다.

었다.[65] 가의(賈誼)가 문제 때 제안했을 것으로 보이는 다음의 내용은 당시 경기(京畿)정책의 문제를 잘 지적한다.

(나)-②: 무관·함곡관·임진관을 세운 목적은 대저 산동 지역 제후에 대비하기 위함입니다. 천하를 공제함이 폐하께 달려 있는데, 지금 큰 제후들로 그 힘을 키우게 하고서 그로 인해 관을 세워 대비하니 마치 진대 육국을 방비하던 것과 같습니다. 어찌 지세를 정하여 대비해야 할 근심을 없애고 아울러 겸애와 사사로움이 없는 도를 행하며 관을 없애 [천하가] 하나로 통하게 하여 폐하께서 구차하게 관중을 독차지하고 있지 않다는 것을 천하에 보여주는 것만 하겠습니까? [관중의 사람들이 관외로] 행하여 제후의 관리가 되는 것을 금하고 말을 관소 밖으로 반출하지 못하게 한 이유가, 어찌 제후가 많은 사람을 얻게 되면 권세가 더욱 커지고 그 나라에 수레와 거마[騎]가 많아지면 그 힘이 더욱 강해지게 되니 법(法)으로 분명하게 규정하여 제후를 돕지 못하게 함이 아니겠습니까? 신이 헤아리건대 산동 제후들을 서로 소원하게 하며 제후들이 상호 의심하고 한집안처럼 지내지 않게 하는 분명한 방법은 바로 이것입니다. 만약 지제(地制)를 확정하면 가령 제후의 민이 사람마다 두 마리 말을 타고 다닌다 하더라도 근심거리가 되지 못하며, 만 명의 장정이 늘어났다 해도 해가 되지 못할 것입니다. 지금 큰 도리는 정하지 않고 자꾸 금령만을 내리니 인심을 복종시킬 수 없고 은택을 두루 미치게 하는[兼覆] 의를 해치게 되니 적절하지 않습니다.[66]

65 閔斗基, 「前漢의 京畿統治策」, pp.2-10; 崔珍烈, 「漢初 郡國制와 지방통치책」, 『東洋史學硏究』 89, 2004, pp.67-78.

66 『新書』([漢]賈誼 撰, 閻振益·鍾夏 校注, 『新書校注』, 中華書局, 2000) 卷3 壹通, p.113.

가의는 경기의 경계에 무관·함곡관·임진관을 세우고 관외로의 물자와 사람의 반출을 통제한 목적이 산동 지역 제후국의 세력 성장을 막기 위함인데, 이런 방법은 진이 육국을 방비할 때와 다를 바 없고, 천하 사람들에게 천자가 관중 땅을 독차지하고 있다는 인상만 줄 뿐이라고 비판했다. 그 대신 그는 제후국의 지세를 확정한['定地勢', '一定地制'] 후에 관중 땅을 개방하여 천하가 하나로 통하게[壹通] 할 것을 제안했다.[67] 제후국의 지제(地制)를 정하는 정책은 제후의 영역 범위를 확정한 후 그들을 그 속에 고립시키고, 제후국 간의 교류를 단절하여 제후가 자신의 봉국 이외 지역에서 권력을 행사할 수 없도록 통제하는 방법이었다.

가의의 제안과 같이 문제 2년(B.C.178)에 황제는 '취국령(就國令)'을 내려 열후들이 자신의 봉국으로 돌아가게 한 후[68] 취국령을 어기고 국계(國界)를 벗어날 경우 폐봉(廢封)시켰으며,[69] 문제 12년(B.C.168)에는 통행증[傳]이 없어도 관소를 출입할 수 있도록 관·진을 개방했다. 그러나 오·초 칠국의 난이 발생한 직후인 경제 4년(B.C.153)에는 통행증을 소지해야 관·진을 통과할 수 있게 하면서 이전의 제도로 복귀했다. 같은 해에 취국령을 어기고 국계(國界)를 벗어난 열후 두 명을 처벌했는데, 문제 때 폐봉에 그쳤던 것과 달리 '내위사구(耐爲司寇)'라는 형벌에 처했다.[70] 중원(中元) 4년(B.C.146)에는 어사대부 위관(衛綰)의 건

67 鼂錯 역시 文帝의 詔策에 대해 답하면서 관소를 통행할 수 있게 하고 塞를 없애 황제가 제후를 의심하지 않음을 분명히 할 것을 제안했다(『漢書』 卷49 「鼂錯傳」, p.2296).

68 『史記』 卷10 「孝文本紀」, p.422.

69 『漢書』 卷16 「高惠高后文功臣表」, p.590.

70 『漢書』 卷15上 「王子侯表」, p.431; 『漢書』 卷16 「高惠高后文功臣表」, p.570. 두 사람 모두 景帝 4년(B.C.153), 國界를 벗어난 죄로 耐爲司寇에 처해졌다.

의에 따라 키가 5척 9촌 이상인 말의 관외 반출을 금지했다.[71]

경제가 죽은 후 무제 건원 원년(B.C.140)에 다시금 열후들을 봉지로 돌아가게 하고 관을 폐지했다.[72] 이는 태평 정치를 시행하기 위한 목적하에 취한 조치로 자세한 제도 변화를 확인하기 어렵지만 경기뿐 아니라 천하를 관할하는 제국의 군주로의 성격 변화를 의미했다. 그러나 무제 때 열후들이 마음대로 봉국을 벗어나는 행위는 계속해서 금지한 것은 물론이고,[73] 경기나 관소를 출입할 때는 통행증이 필요했다. 예컨대 장수평후(長脩平侯) 양평(陽平)은 원봉 3년(B.C.108)에 폐봉되었는데, 그의 죄목에는 관을 무단으로 출입한 죄가 포함되었다.[74] 한후(邗侯) 이수(李壽)는 위위(衞尉)로서 장안에 거할 수 있었으나, 정화 3년(B.C.89)에 해서후(海西侯)를 전송하기 위해 마음대로 장안의 경계[界]를 벗어나 고교(高橋)에 이르렀다는 죄목에 리를 시켜 방사(方士)를 모살하려 했다는 죄까지 더하여 부도죄(不道罪)로 주살되었다.[75] 또 무제 때 혹리 영성(甯成)이 관도위(關都尉)였을 때는 관소의 리들은 군·국의 출입자들에게 징세하고 철저하게 검열하여, 사람들이 "새끼에게 젖먹이는 호랑이를 만날지언정 영성의 노여움은 사지 말라"고 말할 만큼 관을 통과할 때 가혹하게 검색했다.[76] 혹리 영성이 자신의 신분을 숨기

71 『漢書』 卷5 「景帝紀」, p.147.

72 『史記』 卷107 「魏其武安侯列傳」, p.2843. 이는 趙綰을 어사대부로, 王臧을 郎中令, 魯의 申公을 불러 명당을 설립하려고 할 때로 建元 元年의 일이다.

73 『漢書』 卷15上 「王子侯表」, p.476. 祝茲侯는 印綬를 버리고 출국하여 廢封이 되었다. 열후가 주변 국가로 떠날 때 신분을 증명하는 印綬를 소지하지 않았을 경우 자의로 國界를 벗어난 죄에 해당하는지 분명치 않지만, 이때에도 열후는 봉국 밖으로 자유롭게 왕래할 수 없었던 것은 분명하다.

74 『漢書』 卷16 「高惠高后文功臣表」, p.601.

75 『漢書』 卷17 「景武昭宣元成功臣表」, p.664.

76 『漢書』 卷90 「酷吏傳」, p.3653.

기 위해 통행증을 위조하여 함곡관을 통과했다는 기록은,[77] 관소를 통과할 때 통행증 검사를 비롯한 관리의 검색은 영성이 관도위였을 때 생긴 특수한 상황이 아니었음을 보여준다. 18세에 박사제자로 선발되어 장안으로 가기 위해 관소를 통과했던 아래 종군(終軍)의 일화 역시 무제 시기 경기의 출입 관리 방식을 보여주는 사례다.

> (나)-③: 이전에 종군(終軍)이 제남(濟南)을 거쳐 [경사로 가서] 박사를 알현할 때 걸어서 관소를 들어가자 관리(關吏)가 종군에게 수(繻)를 주었다. 종군이 묻기를, "이것으로 무엇을 합니까?" 관리가 말하기를, "돌아갈 때의 전(傳)으로 돌아와 서로 합부(合符)해야 한다"고 했다. 종군이 말하기를, "대장부가 서쪽으로 떠났으면[西游] 다시 전(傳)으로써 돌아가지 않는 법입니다"라고 하며 수(繻)를 버리고 갔다. 종군이 알자(謁者)가 되어 군·국으로 사행을 감에 절(節)을 세우고 동쪽으로 관소를 나갔는데, 관리가 그를 알아보고 "이 사자(使者)가 바로 전에 수(繻)를 버렸던 유생이다"라고 했다.[78]

종군이 박사제자로 선발되어 장안에 갔을 때는 무제 원삭 연간(B.C.128~B.C.123)이었고, 제남에서 출발했으므로 여기서 관소는 함곡관을 가리킨다. 당시 종군은 공식적인 허가를 받아 이동하고 있었으므로 그는 제남에서 통행증을 발급받아 소지하고 있었을 것이다. 그런데 함곡관에서는 입관하려는 종군에게 출관할 때 사용할 수(繻)를 증표로 주었다. 수는 반으로 잘랐다가 합부(合符)하여 사실 여부를 확인했던 일종의 출입증으로 보이는데, 경기로 들어가는 사람에게 수를 발급했

77 『史記』卷122「酷吏列傳」寧成, p.3135.

78 『漢書』卷64「終軍傳」, pp.2819-2820.

다는 점은 내·외부인이 경기를 출입할 때 일일이 파악하여 관리했음을 의미한다.

소제 시원 5년(B.C.82) 여름에 말과 노(弩)의 관외 반출을 금지하는 규정을 폐지했다는 기록을 보면, 무제 때도 말이나 무기와 같은 특수 물자의 관외 반출이 금지되었음을 알 수 있다.[79] 소제 때 말이나 무기의 관외 반출이 허용되었다면, 「진관령」 및 경제 때의 조치 중 특수 물자의 관외 반출을 제한했던 금령이 폐지되었음을 의미하며, 더는 제후국이 황제의 권력을 위협하는 세력이 아니었음을 의미한다. 이는 한초 황제권력이 경기 지역을 근거지로 삼아 산동 지역 제후국과 대치하던 '대제후'로서의 성격을 탈피하여, 제국의 군주로 변모한 것이라 할 수 있다. 그렇다면 사람들의 출입 역시 제한이 사라졌을까?

소제 이래 경기의 출입 관리 방법에 특별한 변화는 확인되지 않지만, 재해가 발생했을 때의 특별 조치를 통해 당시 경기의 출입 관리를 짐작할 수 있다. 이를테면 선제 본시 4년(B.C.70) 정월에는 흉년으로 곤핍해진 민을 구휼하기 위해서, 승상 이하 도관(都官)·령(令)·승에 이르기까지 연납(捐納)하는 곡식을 보고하고 장안의 창(倉)으로 수송하여 빈민을 진대(賑貸)하는 데 돕도록 하며, 민이 수레와 배에 곡식을 싣고 입관하는 경우 전(傳)을 소지하지 않아도 입관할 수 있도록 하라는 특별 조서를 내렸다.[80] 성제 양삭 2년(B.C.23)에는 관동 지역에 발생

79 『漢書』 卷7 「昭帝紀」, p.222. 이에 대해 應劭는 무제 때 수차례 흉노를 정벌하고 大宛을 다시금 공격하면서 말이 소진되자 전국의 모든 亭에서 암말을 길러 새끼를 많이 낳게 했으며, 말등에 弩機關을 만들었는데 이제 모두 폐지한 것이라 설명했다. 孟康은 예전에 키가 5尺 6寸이고 齒를 평평하게 하지 않은 말과 10石 이상의 弩는 모두 관 외로 반출할 수 없게 했는데 이를 금하지 않게 되었다고 설명했다. 顔師古의 지적처럼 '亭母馬'에 대한 설명은 應劭의 설명이 맞고, '馬弩關'의 설명은 孟康의 의견이 타당해 보인다.

80 『漢書』 卷8 「宣帝紀」, p.245.

한 홍수로 유민들이 함곡·천정(天井)·호구(壺口)·오원관(五阮關)을 통해 들어오고자 할 경우 불필요하게 붙잡아 두지[苛留] 말라는 특별 명령을 내렸다. 이때 함곡관은 홍농군(弘農郡), 천정관(天井關)은 하동군(河東郡)으로 들어올 수 있는 관소로서, 재해가 발생하자 유민들이 경기 지역으로 이주할 수 있도록 허용했다.[81] 성제 홍가 4년(B.C.17)에도 관동 지역에 재해가 발생하자, 유망한 민들이 경기 지역으로 들어오고자 할 경우 명적(名籍)에 기록한 후 모두 허용하라는 특별 조서를 내렸다.[82] 선제 및 성제 시기 흉년이나 홍수 등의 재해를 해결하기 위해 특별 조서를 내려 경기 지역을 개방했던 일은 역으로 평상시 경기의 관소를 출입할 때는 통행증이 필요했고, 허가를 받지 않은 자의 통행이나 이주는 허용되지 않았음을 의미한다.

한편 무제 이후 열후에 대해서는 '취국령'이 계속 시행되었고,[83] 제후왕 역시 사사롭게 봉국의 경계를 출입할 수 없었다. 성제 건시 2년(B.C.31) 양흥후(陽興侯) 창(昌)이 입조했다가 사사로이 다른 현에 머물렀던 일이 죄가 되었던 일은 좋은 예다.[84] 제후왕이 문병이나 장례식 참석을 위해 다른 제후국을 방문할 때는 황제의 허락을 받아야 했고, 외척과 교통했다는 이유로 폐서인(廢庶人)된 사례가 있을 정도로[85]

81 『漢書』 卷10 「成帝紀」, p.313.

82 『漢書』 卷10 「成帝紀」, pp.318-319.

83 宣帝 地節 3년(B.C.67) 120명의 열후 중 봉국에 거했던 열후가 87명이었다는 점 또한 이때까지도 就國令이 실시되었음을 보여준다(李成珪, 「前漢 列侯의 性格」, 『東亞文化』 14, 1977, pp.214-215).

84 『漢書』 卷15上 「王子侯表」, p.496.

85 한초에는 제후국에서 持節 使者를 파견할 수 있었지만, 오초칠국의 난 이후 제후국의 官制 축소와 함께 使者를 파견하여 京師 및 다른 제후국과 교류할 수 있었던 권한 역시 박탈된 것으로 보인다. 제후왕의 국외 출입과 교류의 제한 역시 제후국 통제정책의 일환에서 이해할 수 있다(李成珪, 「漢帝國 中

제후국 외부로의 활동과 교류는 통제되었다. 특히 제후왕이 경기를 출입하는 일은 정기적인 입조 외에는 극히 제한되었으며,[86] 입조한 경우에도 20일 이상 장안에 머물 수 없었고 거류 기한을 연장하기 위해서는 황제의 허가를 받아야 했다.[87] 이렇게 문제 이후 열후에 대한 '취국령'이 시행되고 오초 칠국의 난 발생 후 제후왕의 경사 출입과 봉국 외부로의 활동이 제한되면서, 가의가 제안했던 지제(地制)의 확정을 통한 제후국 세력의 이동 통제는 전한 시기 지속되었다.

한초 고조 9년에 내사제(內史制)를 시작한 이후 경기 지역은 황제 권력의 근거지로서 제국의 주요 물자와 인구가 집중된 요새의 성격을 띠었다. 여후 집권 시기 『이년율령』「진관령」에서 말과 무기, 귀금속 등의 특수 물자와 사람의 관외 유출을 엄격하게 제한했던 이유는 동방 제후국과의 대치 상태에서 경기 지역은 황제가 '대제후'로서 권력의 근거지로 삼은 공간이기 때문이었다. 문제 때 제후국의 영향력이 봉국 내부로 제한되면서 관소를 개방하여 천하를 '일통(一通)'했지만, 경제 때 오초칠국의 난이 발생한 직후 다시 관소의 통행이나 말의 관소 출입은 이전 제도로 복귀했다. 비록 무제 즉위 초 관소를 개방했다는 기

央 武庫 收藏目錄의 발견: 尹灣漢簡〈武庫永始四年兵車器集簿〉의 正體」, 『歷史學報』 170, 2001, pp.150-151 참고).

86 『後漢書』「百官志」의 기록에 따르면 왕국의 대부는 왕의 사자로서 京師에 가거나 璧을 들고 정월의 조하 의례에 참여하는 직무를 맡았는데, 원래 '持節'했으나 후에 節을 들지 않게 되었다고 한다. 이는 제후왕이 京師를 출입할 수 있는 入朝 의례마저 대부가 대신하게 되었음을 말하는데, 이는 持節使者를 파견하는 권한의 박탈과 더불어 제후왕의 중앙정치 참여를 제한하기 위한 조치로 볼 수 있다(제후국의 持節使者 파견 문제를 중심으로 이를 언급한 李成珪, 「漢帝國 中央 武庫 收藏目錄의 발견: 尹灣漢簡〈武庫永始四年兵車器集簿〉의 正體」, pp.148-157 참조).

87 安作璋·熊鐵基, 『秦漢官制史稿』(下冊), 齊魯書社, 1985, p.235.

록이 있지만, 말과 무기의 관외 반출은 통제되었고, 관소 출입 시에는 통행증이 필요했으며, 때로 혹리들이 관소의 검험을 혹독하게 하기도 했다. 일반인의 관소 통행 시에 통행증이 필요했던 점은 무제 이후에도 동일했지만, 소제 시원 5년(B.C.82) 말과 무기의 관외 반출이 허용되었다는 것은 이전의 경기의 출입관리와 달리 일종의 변화가 생겼음을 의미한다. 즉, 이때의 변화는 한초 경기 지역에 변새와 같은 경계를 설정하고 제후국과 대치 관계에 있던 '대제후'로서의 황제권력이 경기의 경계를 일반 행정구역의 경계와 동일하게 관리하며 천하를 지배하는 제국의 군주로 변모했음을 나타내는 것이다.

(2) 주요 통과소(通過所)에서의 검문

현재 발견된 한대 통행증 자료에는 통행증을 발급받은 사람의 이동 목적과 통행증을 검험하는 주요 '과소(過所)'가 명기되어 있다. 통행자의 신분을 검사했던 대표적인 장소는 교통의 요지에 위치한 관·진이었다. 이 때문에 종래 통행증 관련 연구에서는 대개 통행증이 관·진을 통행할 때만 필요했다고 보았다.[88] 그러나 통행증에 기록된 '과소'로서 관·진 외에 현·도관(道官)·후국 및 현·읍문, 정·오벽(塢辟)·장(鄣)·문정(門亭)·시(市)·리(里) 등이 포함되어 있고, '과소'로 관·진이 언급되지 않은 사례도 있다. 이러한 '과소'는 단순히 관·진이 위치한 행정기관을 통칭하는 표현으로 보기 어렵고, 현·도·읍·리·시 및 정 등의 단위에서

88 대표적인 예로 大庭脩는 통행증에 수신처로 언급된 縣·道·里·亭은 통행증이 필요한 특정한 通過所가 아니라, 통과하게 되는 縣·道官에 속한 關·津을 총칭한 것으로 보았다(大庭脩, 「漢代の關所とパスポート」, pp.610-611). 하지만 이후 출토된 간독 자료 중 關·津이 언급되지 않은 통행증이 있으며 關·津 이외 지역 출입 시 통행증을 사용해야 한다는 규정도 있다.

도 통행자를 검험할 때 통행증이 필요했음을 의미한다.[89] 이런 점은 최근 일부 공개된 견수(肩水) 금관(金關) 한간 자료에서도 확인할 수 있다.

(다)-①: 감로 4년(B.C.50) 정월 6일에 남향(南鄉)의 색부 호(胡)가 위사(尉史)께 감히 고합니다. 임리리(臨利里)의 대부 진동(陳同)이 가(家)를 위하여 장액·거연의 경내[界中]로 '사시(私市)'하러 간다고 합니다. 삼가 살펴보니 진동은 관에 죄를 지은 일이 없어 전(傳)을 취득할 만합니다. 기한에 맞추어(?) 정(廷)에 고하여 감히 아룁니다. 정월 6일에 위사 공(贛)이 감히 아룁니다. 삼가 살펴보니 진동의 나이와 작위는 문서와 같고 관에 죄를 지은 일이 없어 전(傳)을 취득할 만합니다. [이를] 지나게 되는 현·후국에[90] 보내니, [불필요하게] 붙잡아 두지 마시기를 감히 아룁니다. 정월 6일에 서악(西鄂)의[91] 수승(守丞)과 악성후국(樂成侯國)의 위(尉) 여창(如昌)이 지나게 되는 곳으로 보내니 율령에 따라 처리하십시오. 연(掾) 간장(干將)·영사(令史) 장(章)이 작성. 서악(西鄂) 수승(守丞)의 인(印).[92]

(다)-①은 남양군(南陽郡)의 서악현(西鄂縣)과 후국인 악성국(樂成國)에서 발급한 임리리(臨利里) 대부 진동(陳同)의 통행증이다. 대부 진동은 남향에 통행증을 신청하고 향정(鄉廷)에서는 서악현에 올렸는데, 최종 발신자는 서악의 수승과 악성후국의 위 여창으로서 후국의 위가 관여하는 것으로 미루어 남향은 후국에 속한 향으로 보인다. 향에

89 拙稿, 「漢代 通行證 制度와 商人의 移動」, pp.85-98.

90 『肩水金關漢簡(壹)』 下冊, p.145, 73EJT10:232A, 73EJT10:232B. 비록 일부 내용이 불분명하지만, 이 통행증 역시 侯國이 '過所'로서 기록된 사례다.

91 『漢書』 卷28上 「地理志」 南陽郡, p.1564.

92 『肩水金關漢簡(壹)』 下冊, p.136, 73EJT10:120A, 73EJT10:120B.

서 올린 신청서에 따라 후국에서는 대부 진동의 나이와 작위 및 전과 기록을 확인한 후 통행증을 발급해주었는데, 대부 진동은 장액·거연의 경내[界中]로 '사시(私市)'하러 갈 계획이었고 통행증의 수신지는 지나게 되는 현·후국으로 되어 있다. 관·진 이외 현·읍·후국이 통행증의 수신지로 기록되었다면, 현·읍·후국에서 통행자를 검험할 때 통행증이 필요했음을 의미한다.

종래 관·진 이외 지역에서의 통행자 검험은 엄격한 치안 관리가 필요했던 변경 지역에 한정되었다고 추정했지만,[93] 『이년율령』을 비롯한 율령 규정에 통행증 제도나 각 '과소'에서의 이동에 대해 명시한 점은 통행증을 통한 이동의 통제가 변경 지역만이 아니라 내지에서도 적용되었음을 의미한다. 게다가 견수 금관 한간 중에는 다음과 같이 장안에서 하서(河西) 지역으로 '사시(私市)'하러 갔던 사람의 통행증도 확인된다.

> (다)-②: 오봉 2년(B.C.56) 5월 24일에 남향(南鄕)의 색부 무(武)와 좌(佐) 종(宗)이 아룁니다. 북양곡리(北陽曲里) 남자.(?) 삼가 살펴보니 홍(弘)은 22세이고 관에 죄를 지은 일이 없어 전(傳)을 취득할 만합니다. 리의 부로 정우가 증험하여 향정에 아뢰어 고했습니다. 지나가게 되는…보내니 ☑
> 6월 경인일에 장안수(長安守)·우승(右丞) 탕(湯)이 지나가게 되는 현·읍에 보내니 율령에 따라 처리하십시오. 연(掾) 충(充)·영사(令史) 종

93 鷹取祐司, 「漢簡所見文書考: 書·檄·記·符」, 富谷至 編, 『邊境出土木簡の研究』, 朋友書店, 2003, p.151에서 關·津 이외 지역에서 통행증이 사용되었을 가능성을 언급했으나, 장성지대의 특수한 사례로 추정했을 뿐 더 이상의 고찰은 없다.

(宗)이 작성./ 3월 임진일에 불홍(不弘) 도착. 장안 우승(右丞)의 인(印) ☒"[94]

(다)-③: 오봉 원년(B.C.57) 6월 6일에 동향(東鄕)의 좌(佐) 진(眞)이 아룁니다. 의악리(宜樂里)의 이융(李戎)이 가(家)를 위해 장안과 장액의 경내[界中]로 '사시(私市)'하러 간다고 합니다. 삼가 살펴보니 이융은 관에 죄를 지은 일이 없어 전(傳)을 취득할 만합니다. 이에 [현]정으로 문서를 보내 보고하여 아룁니다.
11월 경인일에 이융이 도착.[95]

(다)-②·③은 모두 '사시(私市)'하러 가는 사람이 발급받은 통행증으로서, 각 소지자의 도착 내역을 뒷면에 기록했기 때문에 견수 금관에서 만들어 보관한 부본(副本)일 가능성이 있다.[96] (다)-②는 장안의 남향에 속한 22세의 홍이라는 사람이 물건 매매를 위해 발급받은 문서로, 구체적인 행선지가 명시되지 않았지만 그는 장안에서 하서 지역까지 이동했다. 그의 통행증에는 '과소'로서 관·진 대신 현·읍만 적혀 있다. 이는 변경 지역이 아닌 내지에서도 관·진 이외 현·도·읍 등 여러 '과소'에서 통행증을 검험했음을 의미한다. (다)-③은 일부가 훼손되어 향에서 올린 내용만 남아 있는데, 나머지 부분에는 현에서 여러 '과소'에 문서를 보내니 율령에 따라 처리하라는 내용이 추가되었

94 『肩水金關漢簡(壹)』 下冊, p.107, 73EJT9:92A, 73EJT9:92B.

95 『肩水金關漢簡(壹)』 下冊, p.150, 73EJT10:312A, 73EJT10:312B.

96 일반적으로 공문서는 전송하기 전에 정본 내용과 동일한 副本을 만들어 해당 관청에 보관했는데, 통행증 또한 각 관서로 전달되는 공문서로서 副本을 만들었다(藤田高夫, 「出土簡牘より見たD21遺址の性格」, 富谷至 編, 『邊境出土木簡の研究』, pp.55-60; 富谷至, 「漢代邊境の關所: 玉門關の所在をめぐって」, pp.637-651 참조).

을 것이다. 특히 (다)-③에는 이융이 장안과 장액의 경계[界]로 '사시(私市)'하러 간다고 하며 일정한 그의 활동 범위가 기록되어 있다. 이렇게 타지를 이동하는 사람이 본인의 신분을 증명하기 위해 통행증이 필요했던 곳은 현·도·읍 및 후국의 주요 성문이나 관·진·정 등의 모든 경계 지점이었다.

다음의 조문에서 보듯이 관·진의 출입 및 통행자 관리는 해당 지역의 경계를 기준으로 관할 권한이 구분되었다.

(다)-④: ☑·상국(相國)이 남군(南郡)[97] 태수의 문서를 올려 아뢰었다. [그 문서에 이르기를] "운몽(雲夢)에[98] 부속된 두원(竇園) 한 곳은 구인현(朐忍縣) 지역에 있어, [관부의] 좌(佐)·노역 종사자(徒)·금원(禁園) 관리자는[99] 우관(扜關)을 출입해야 합니다. 이 때문에 좌현(巫縣)에서[100] 전(傳)을 발급받았는데, 지금 할 수 없으니 금원의 인(印)으로 전

97 秦代에 설치되었고, 高帝 元年(B.C.206)에 臨江郡이라 칭했다가 5년에 다시 南郡이라 했다. 이후 景帝 2년(B.C.155)에 다시 臨江郡이라 했다가 中元 2년(B.C.148) 南郡으로 개칭했다(『漢書』 卷28上 「地理志」 8上, p.1566).

98 南郡 내의 華容縣이 雲夢澤 남쪽에 있긴 하지만, 編縣에 雲夢官이 있었으므로 이를 가리키는 것으로 보인다(『漢書』 卷28上 「地理志」 8上, p.1566). 『龍崗秦簡』(中國文物研究所·湖北省文物考古研究所 編, 中華書局, 2001), p.69). 1簡에 '兩雲夢'이 보이는데, 이는 '雲夢'의 禁苑 두 곳을 가리킨다.

99 張家山漢墓竹簡整理小組(『張家山漢墓竹簡』(張家山二四七號漢墓竹簡整理小組, 文物出版社, 2001)는 '任徒治園者'라 석독했으나, 王偉은 도판에 근거하여 '任'자를 '卒'로 보아 한대 노역에 종사하는 사람을 가리키는 용어인 '卒徒'로 해석했다. 『二年律令與奏讞書』에서는 '佐'로 추정하고 '佐·徒'는 官佐와 노역에 종사하는 사람[徒]으로 설명했다. 『京都大』에서는 '任'이 보증하여 추천한다는 의미가 있으므로, '任徒'는 보증을 받은 刑徒로 추정했다. 글 자체가 불분명한 이상 특정 글자로 확정하기는 어렵고, 일단 卒徒 혹은 官佐와 노역자들로 이해하고자 한다.

100 『漢書』 卷28上 「地理志」 8上, p.1566.

(傳)을 발급하고[101] 우관(扜關)에서 [이를] 수리하도록 해주기를 청합니다(?)"라고 했다.[102]

(다)-④는 남군태수의 건의로 규정된 조항이다. 남군태수가 상서한 이유는 운몽관 부속 두원(竇園)이[103] 파군(巴郡)의 구인현(朐忍縣)에[104] 위치했고, 남군의 사람이 두원에 가기 위해서는 파군 어복현(魚復縣)의 우관(扜關)을 거쳐야 했는데, 이전에는 무현에서 우관을 출입할 수 있는 전(傳)을 발급했으나 지금은 그럴 수 없게 되었기 때문이었다. 일반적으로 현에서 발급한 통행증이 있으면 다른 지역 관소 역시 출입할 수 있었는데 이것이 문제가 된 자세한 배경은 확인할 수 없지만,[105] (다)-④의 조항은 금원 관리를 위해 정기적으로 다른 군의 관소를 출입해야 하는 관계자들의 통행증 발급 문제를 다른 군에 속한 현에서 마음대로 결정할 수 없었음을 보여준다.

일반적으로 당시 현·향·리문이나 시·정은 사람들의 왕래가 잦았고 치안상 매우 중요한 곳이었다. 전한 시기 도망자에 대한 단속은 비교적 철저했고, 각 치안 책임자들은 관할 지역에서의 수배자와 도망자

101 禁苑(園)을 출입할 때도 통행증인 傳을 사용했는데(『龍崗秦簡』, p.69, 2簡; p.71, 4簡), 여기서는 禁苑에서 발급한 통행증으로 扜關을 출입할 수 있게 해달라는 요청이다.

102 『二年律令』「津關令」, p.321, 518簡.

103 단, '竇'로 석독하는 데 의문을 표하는 입장도 있다(王子今·劉華祝, 「說張家山漢簡《二年律令·津關令》所見五關」, p.46).

104 『漢書』 卷28上 「地理志」 8上, p.1603.

105 魚復縣에 關都尉가 설치되어 기존에 縣級에서 관소 출입을 관장했다가 都尉의 관할로 변하면서 巫縣에서 발급한 통행증 역시 사용할 수 없게 된 것으로 추정해볼 수도 있지만, 關都尉의 설치 시기를 확인할 수 없기 때문에 더 이상의 추론은 어렵다.

들을 수색하여 보고해야 할 책임이 있었다.[106] 이 때문에 각지의 주요 경계 지역이나 치안을 관리했던 정 및 주요 성문을 통행하는 사람들은 신원을 확인하는 관리의 검험 과정을 거쳐야 했다.[107] (가)-①의 통행증에서 이동 범위를 장사하러 가는 여러 군이나 삼보(三輔)의 경내[界中]로 정하거나 한간 중 통행증 기록에 현·도관 및 후국이 수신지[過所]로 언급된 것은, 각 군·현·도·후국 등의 주요 경계 지역을 지키는 관리들이 통행증을 소지한 사람을 '가류(苛留)'하지 말고 통행을 허가할 것을 요청하기 위해서였다.

경기 및 군·현·도·후국 등의 경계[界]는 관할 구역을 표시한 행정상의 구분선이었다. 그러나 경기는 물론이고 현·도·후국의 경계에는 관·진 및 정 등 통행자를 관리하는 주요 '통과소'가 있었고, 경계 지점에 위치한 '통과소'에서는 통행하는 사람들을 검문하여 치안을 관리했다. 이렇게 현·도·후국의 경계[界] 역시 관리나 일반 민이 출입할 때 일정한 검험 절차가 존재했고, 군·현의 경계 역시 치안을 관리하는 관리나 일반 민들에게 실제적인 경계로서 기능했다.

106 部의 경계 이내에서 체포령이 내린 亡人의 은닉처를 수색하라는 명령문과 亡人의 책임을 맡은 戍卒의 처리문제와 관련된 '『合校』 179.9'의 기록은 좋은 예다.

107 예컨대 景帝의 아들 趙王 彭祖는 吏의 업무에 관여하는 일을 좋아하여, 國안의 도적을 단속하는 일을 맡고 싶다고 상서했다. 그는 항상 밤에 徒卒들과 邯鄲 지역을 巡徼하여 伺察했기 때문에 타지에서 온 사람들은 감히 邯鄲에 머물지 못했다(『史記』 卷59 「五宗世家」 賈夫人之子, p.2099). 彭祖의 야간 행인 단속은 特記될 정도로 엄격하게 시행되었겠지만, 대개 각 군현에서 치안 담당자들의 검문 역시 상시 진행되었기 때문에 타지에서 온 행인들은 신분을 증명할 통행증이 필요했다.

2. 제국의 외부 경계와 그 출입

1) 변군과 제국의 국경

전술한 대로 전국시대 각국의 변경에는 새·정(亭)·장(鄣) 등의 각종 수비 시설이 설치되었고, 요소마다 상비병을 두어 방비했다. 진이 천하를 통일한 후 전국시대 각국의 변경 수비 시설을 어떻게 관리했는지 분명치 않지만, 흉노에 대한 변경 수비는 물론 관중 지방을 둘러싼 주요 거점과 관·진에 대한 방비는 계속되었다.[108] 진시황이 육국을 멸하고 천하를 통일했을 때 진의 강역은 동쪽으로 동해, 서쪽으로 임조(臨洮)와[109] 강중(羌中),[110] 남쪽으로 북향호(北嚮戶),[111] 북쪽으로는 황하를 근거로 만든 새를 기준으로 요동까지를 그 대체적인 범위로 삼았다.[112] 이후 진시황 33년(B.C.214)에 몽염을 시켜 흉노와 서북변 이민족을 공격하게 한 결과, 고궐(高闕)·양산(陽山)·북가(北假) 일대를 차지하게 되면서 제국의 외연은 확대되었다. 그리고 새로 확보한 지역에는 군을 설치하고 관리를 파견하여 진의 행정구역으로 재편했기 때문에, 진의

108 『史記』 卷6「秦始皇本紀」, p.276, "太史公曰…(賈生)曰, 秦幷兼諸侯山東三十餘郡, 繕津關, 據險塞, 修甲兵而守之."

109 『漢書』 卷28下「地理志」8下, p.1610, "(隴西郡) 臨洮, 洮水出西羌中, 北至抱罕東入(西)[河]"

110 『漢書』 卷28上「地理志」8上, p.1534, "道河積石, 至于龍門." (注3)"師古曰, 積石山在河關西羌中." 積石山의 위치를 羌中이라 설명했듯이 당시 羌族들이 거했던 중국 서북부 지역을 가리킨다.

111 『漢書』 卷28下「地理志」8下, p.1630, "日南郡, 故秦象郡, 武帝元鼎六年開, 更名."; (注1)"師古曰, 言其在日之南, 所謂開北戶以向日者."

112 『史記』 卷6「秦始皇本紀」始皇26年, p.240, "地東至海暨朝鮮, 西至臨洮·羌中, 南至北嚮戶, 北據河爲塞, 並陰山至遼東."

국경 역시 기본적으로 정·장 등의 수비 시설을 갖춘[113] 변군의 외부 경계를 연결한 형태였다.

전국시대 각국의 경계는 서로 인접해 있었지만, 진이 통일한 이후 제국의 국경이 새롭게 정비되었다. 진은 전국을 통일한 후 임조에서 요동까지 약 만여 리에 달하는 장성을 쌓아 변경의 수비 시설을 정비했다. 만리장성은 황하를 비롯한 험한 지형을 이용하여 경계로 삼거나 돌로 성을 쌓고 나무를 심어[樹楡] 새를 만드는 방법[114] 등으로 제작한 제국 서북변의 수비 시설이다. 또한 만리장성은 전국시대 각국에서 목책이나 호구로 봉강을 표시했던 것과 같이 자연지형과 새·목책 등으로 제국의 봉강을 표시한[115] 일종의 '국경선'이었다. 만리장성을 쌓아 서북변의 국경을 정비함과 동시에 동해상에 비석을 세워 진의 동문을 표시했는데,[116] 이는 동해를 제국의 동쪽 국경으로 삼았음을 의미한다. 진시황이 동문을 설치한 곳은 동해군 구현(朐縣)의 관할 구역[界中]에 속한 해상으로서 「박물기(博物記)」의 설명에 따르면 현의 동북 해안에

113 『史記』 卷6 「秦始皇本紀」 始皇33年, p.253, "西北斥逐匈奴…城河上爲塞. 又使蒙恬渡河取高闕·(陶)[陽]山·北假中, 築亭障以逐戎人."

114 『史記』 卷88 「蒙恬列傳」 28, pp.2565-2566, "秦已并天下, 乃使蒙恬將三十萬衆北逐戎狄, 收河南. 築長城, 因地形, 用制險塞, 起臨洮, 至遼東, 延袤萬餘里."; 『漢書』 卷52 「韓安國傳」, p.2401, "恢曰, '…及後蒙恬爲秦侵胡, 辟數千里, 以河爲竟, 累石爲城, 樹楡爲塞, 匈奴不敢飮馬於河, 置烽然後敢牧馬.'"

115 당시 만리장성을 건설한 구체적인 방법은 확인할 수 없지만, 秦의 장성은 전국시대 趙·燕의 장성을 하나로 연결한 방위 시설이자 선진 시기 여러 가지 방법으로 封疆을 표시했던 것과 마찬가지로 제국의 封疆을 표시한 '국경선'이었다. 만리장성의 형태와 경계로서의 성격에 대해서는 辛德勇, 「陰山高闕與陽山高闕辨析: 並論秦始皇萬里長城西段走向以及長城之起源諸問題」, 『文史』 2005-3, pp.20-41 참조.

116 『史記』 卷6 「秦始皇本紀」 始皇35年, p.256, "於是立石東海上朐界中, 以爲秦東門."

진에서 세워 동문을 삼은 비석이 세워져 있다고 한다.[117] 즉, 천하통일 후 진시황은 만리장성을 쌓아 서북변의 경계를 획정하고 동해를 제국의 동쪽 경계로 삼아 제국의 국경을 획정했다.

한대에도 흉노 및 강족(羌族) 지역과 접하는 서북 변경의 방비는 무엇보다 중요했고, 서북 이외 서남이와의 관계 확대 속에서 중국 내지에 있는 '내경(內境)'의 관리 역시 필요해졌다. 한대 장성의 위치나 변군이 설치된 지역은 진과 다소 차이가 있지만, 각종 수비 시설이 설치된 변군의 외연을 연결한 경계가 곧 한제국의 국경에 해당했던 점은 진과 동일하다. 현재 발견된 한대 간독 자료의 상당수는 서북 변경을 수비하던 후관(候官)이나 관소·봉수 유지에서 보관 혹은 폐기된 문서로서, 당시 서북 지역 변경 관리의 실상을 비교적 상세하게 보여준다. 특히 장가산한간 『이년율령』「진관령」에는 내지의 관·진은 물론 변경의 관·진을 출입할 때의 규정이 포함되어 있어 주목된다. 즉,

> (가)-①: □. 상국·어사가 [다음과 같은 령을 제정하기를] 청했다. "관과 색에 연해 있는 현·도의 군도·도적 및 도망자가 관소의 원(垣)·이파(籬笆)·호구·봉(封)·간(刊)을 넘어 색의 경계를 출입한 경우, 리졸로서 추격하는 자는 [그들이] 출입한 행적을 따라 끝까지 좇아가 체포할 수 있다. 장리(將吏)로 하여금 출입한 리졸의 명적을 작성하게 하고, 오인(伍人)이 검열한 후 명적의 부본을 현정에 보고하게 한다. 임무가 끝나면 통로를 따라 출입할 수 있으며,[118] 나간 사람이 5일이 지나도록

117 『後漢書』 卷30 「郡國志」 3 徐州 東海郡, p.3458, "東海郡…戚朐"; (注3) "「山海經」曰, '都州在海中.' 郭璞曰, '在縣界. 世俗傳此山在蒼梧徙來, 上皆有南方樹木.' 「博物記」, '縣東北海邊植石, 秦所立之東門."

118 『二年律令與奏讞書』의 석문은 '得道出入所出人〈入〉'로서 '人'을 '入'의 誤記로 보았다. 그러나 이 경우 추격한 吏卒이 출입했던 곳으로 다시 출입할 수

돌아오지 않았는데 오인이 장리에게 말하지 않거나, 장리가 진상을 조사하지 않았다면 모두 '월새령(越塞令)'에 따라 논한다."[119]

(가)-①은 변경 지역 현·도에서 범죄자가 변관의 원(垣)·호구 등을 넘어 변새의 경계를 벗어난 경우 관리들 역시 추격할 수 있다는 조문이다. 이때 변관의 원(垣)·호구 등은 변새, 곧 국경을 구성하는 여러 형태를 가리킨다. 원(垣)은 낮은 담장이고, 이파(籬笆)는 갈대나 나뭇가지 등을 엮어 만든 울타리를 의미한다.[120] 간(刊)은 무엇을 가리키는지 분명치 않지만, 간(刊)이 한대 비문에 보이는 '간석수비(刊石樹碑)', '간석륵명(刊石勒銘)'에서와 같이 비석을 만들기 위해 돌을 깎는 행위나 '간목(刊木)'처럼 벌목을 의미하므로, 간(刊)은 돌이나 나무를 깎아 세워둔 계한(界限)의 표지로 짐작된다. 이렇게 한대 변새는 봉강을 표시하는 대표적인 방법인 호구·봉(封)을 만드는 것 외에 담장·울타리를 만들거나 나무·돌 등의 표지를 세우는 방법 등을 이용하여 만들었다.

변경의 수비 시설은 지역별 방위의 성격에 따라 다소 차이가 있지만, 대체로 정(亭)·장(鄣)[121]·요(徼)의 거점 수비 시설이나 관새를 설

있다는 의미가 되지만, 이어지는 '盈五日不反(返)' 구절이 가리키는 대상이 불분명해진다. 대신 '人'을 '入'의 誤記로 보지 않고 '得道出入. 所出人, 盈五日不反(返)'으로 句讀할 경우 좀 더 자연스럽게 연결된다(楊建, 「附錄:《津關令》簡釋(訂補)」, p.189).

119 『二年律令』「津關令」, p.310, "□. 相國·御史請緣關塞縣道群盜·盜賊及亡人越關垣·離(籬)格(落)·塹·封·刊, 出入塞界, 吏卒追逐者得隨出入服跡窮追捕. 令(494)將吏爲吏卒出入者名籍, 伍人閱具, 上籍副縣廷. 事已, 得道出入所出人〈入〉, 盈五日不反(返), 伍人弗言將吏, 將吏弗劾, 皆以越塞令論之."(495)

120 楊建, 『西漢初期津關制度硏究』, 「附錄:《津關令》簡釋(訂補)」, p.188 참고.

121 『漢書』 卷6 「武帝紀」, 太初 3年, p.201, "遣光祿勳徐自爲築五原塞外列城" (注1) "師古曰, 漢制, 每塞要處別築爲城, 置人鎭守, 謂之候城, 此即障也."

치하고 수졸을 두어 방비를 담당하게 했다. 서북변의 경우 주천(酒泉)에서 옥문(玉門)에 이르는 지역에 정·장을 연속적으로 설치했고,[122] 무제가 신진중(新秦中) 지역을 순행할 당시 신진중 지역에는 간혹 천리에 걸쳐 정·요(徼)가 없는 곳도 있었다. 물론 이 때문에 북지태수(北地太守) 이하의 관리들은 주살되었지만,[123] 변경의 정·장·요는 주로 변군의 관할하에 수비가 필요한 지역에 설치되었던 것 같다. 무제 태초 3년(B.C.102)에 광록훈을 파견하여 오원새(五原塞) 바깥에 노구(盧朐)까지 이어지는 열성(列城)을 만들기도 했는데, 이 열성은 바로 여러 정·장이 연결되어[124] 하나의 방어선을 이룬 것을 가리킨다. 사마상여가 서남이를 평정한 후 공(邛)·작(筰) 등의 군장이 내신을 청하게 되면서 서남이와 접하는 변경은 확대되었다. 즉, 원래 서남 지역에 있던 변관을 없애고 서쪽으로 말수(沫水)와 약수(若水)에 이르는 지역까지 영역을 확장하여 변관을 설치하고, 남쪽으로 장가강(牂柯江)까지 확장하여 요(徼)를 설치했다.[125]

사마상여가 서남이를 평정한 후 설치한 변경 수비 시설은 서쪽 말수와 약수 부근에는 변관, 남쪽의 장가강에는 요(徼)로서 지역에 따라 다소 차이가 있다. 파·촉의 서남쪽 야랑(夜郎)·전(滇)·공도(邛都) 등의 세력과 파·촉 지역이 접하는 지역에도 요(徼)를 설치했다. 전이 망한

122 『漢書』 卷61 「張騫李廣利傳」, p.2695, "酒泉列亭鄣至玉門矣."

123 『漢書』 卷24下 「食貨志」, p.1172, "明年, 天子始出巡郡國…新秦中或千里無亭徼, 於是誅北地太守以下."

124 『漢書』 卷6 「武帝紀」, 太初 3年, p.201, "遣光祿勳徐自爲築五原塞外列城, 西北至盧朐…秋, 匈奴入定襄·雲中, 殺略數千人, 行壞光祿諸亭障."

125 『史記』 卷117 「司馬相如列傳」, p.3048, "司馬長卿便略定西夷, 邛·筰·冉·駹·斯榆之君皆請爲內臣. 除邊關, 關益斥, 西至沫·若水, 南至牂柯爲徼…" 『史記』 卷117 「司馬相如列傳」, p.3051, "四面風德, 二方之君鱗集仰流, 願得受號者以億計. 故乃關沫·若, 徼牂柯, 鏤零山, 梁孫原."

후 서남이 세력은 한 이전에 설치한 요를 다시 개통하여 파·촉 사람들과 교류했다고 하는데, 진대 이 지역에 오척도(五尺道)가 개통되고 리가 설치되었던 점으로 보아[126] 촉의 옛 요(徼)는 진대 설치되었던 변경 시설일 것이다. 관소가 아닌 요(徼)가 변경에 설치된 사례에는 동북쪽 고조선과의 교계(交界) 지역도 포함된다. 진대 동북 지역 경계에 요동외요(外徼)가 설치되었고,[127] 한대에도 요동의 옛 새, 곧 요(徼)를 정비하여 변경 시설로 사용했다.[128]

그렇다면 변경에 설치한 요(徼)는 무엇이었을까? 요(徼)에 대해서는 『사기』·『한서』의 주석가들 사이에 의견이 분분하다. 변경의 새로서 목·책·수(水)로 만든 만이와의 경계라고 보기도 하고,[129] 새와 유사한데 동북 지역에서는 '새'라 하고 서남 지역에서는 '요(徼)'라 부른다고 설명하기도 한다.[130] 그런데 최근 공개된 이야진간 기록에 따르면, "변경의 새는 옛 새[故塞]라 칭한다. 새가 없는 곳은 옛 요[故徼]라 칭한다"[131]라는 설명과 같이 요는 새가 설치되지 않은 변경 시설을 가리

126 『史記』 卷116, 「西南夷列傳」, p.2993, "秦時常頞略通五尺道, 諸此國頗置吏焉. 十餘歲, 滇滅. 及漢興, 皆弃此國而開蜀故徼. 巴蜀民或竊出商賈, 取其筰馬·僰僮·髦牛, 以此巴蜀殷富."

127 拙稿, 「戰國·秦·漢時期 遼東郡과 그 경계」, 『한국고대사연구』 76, 2014, pp.70-81.

128 『史記』 卷115 「朝鮮列傳」, pp.2985-2986, "秦滅燕, 屬遼東外徼. 漢興, 爲其遠難守, 復修遼東故塞, 至浿水爲界, 屬燕."

129 『史記』 卷117 「司馬相如列傳」, "南至牂柯為徼"; (注14) "『索隱』 張揖曰, 徼, 塞也. 以木柵水為蠻夷界."; 『漢書』 卷57下 「司馬相如傳」, p.2581, "南至牂柯為徼"; (注13) "張揖曰, 徼謂以木石水為界者也."

130 『漢書』 卷93 「鄧通傳」, p.3723, "居無何, 人有告通盜出徼外鑄錢." (注1) "師古曰, 徼猶塞也. 東北謂之塞, 西南謂之徼. 塞者, 以障塞為名. 徼者, 取徼 遮之義也."

131 陳偉 主編, 『里耶秦簡牘校釋』 第1卷, 武漢大學出版社, 8-461, "邊塞曰故塞. 毋塞者曰故徼."

킨다. 곧 요는 거점을 중심으로 관할 범위를 순시·순찰하여 경비하는 변경 시설에 해당한다. 정·장과 마찬가지로 요 역시 수졸을 두어 상시 수비를 했던 변경 수비 시설이지만,[132] 변새와 달리 요는 전쟁의 위험이 적고 직접 통치하기에는 어려운 변경 지역을 관할하는 기구로 짐작된다. 사마상여가 서남이 지역을 개척한 이후 서강(西羌)과 접한 말수와 약수 부근에는 통행을 차단하는 관소를 설치한 반면, 장가강 지역에는 요(徼)를 두어 치안을 관리했던 것도 바로 이 때문으로 보인다.

2) 변관의 통행과 검문

변관은 통교가 시작되는 순간 양국 외교 관계의 문호가 되지만,[133] 대치 관계에 있을 때는 출입을 통제하고 방비해야 하는 일종의 국경이었다.[134] 앞서 살펴본 대로 진한시대 내지를 통행할 때 주요 경계 지점에서 통행하는 사람을 검문하여 치안을 유지했다면, 국방의 주요 거점인 변관·새에서는 당연히 더욱 그 출입을 엄격하게 통제했을 것이다. 변경의 출입 문제는 크게 제국의 내부인과 외부인의 경우로 나눌 수 있는데, 먼저 제국에 속한 사람의 변경 출입 관리에 대해 살펴보자.

132 『史記』 卷91 「黥布列傳」, p.2600, "深溝壁壘, 分卒守徼乘塞"; "『索隱』: 徼謂邊境亭鄣. 以徼繞邊陲, 常守之也. 乘者, 登也, 登塞垣而守之."

133 남월국에서 內屬을 청하여 3년에 한 번 입조하는 조공 관계를 수립하자, 漢에서 邊關을 철폐했던 일은 좋은 예다(『史記』 卷113 「南越列傳」, p.2967, "漢十一年, 遣陸賈因立佗爲南越王, 與剖符通使, 和集百越, 毋爲南邊患害, 與長沙接境. …元鼎四年…太后恐亂起, 亦欲倚漢威, 數勸王及羣臣求內屬. 卽因使者上書, 請比內諸侯, 三歲一朝, 除邊關.").

134 『史記』 卷109 「李將軍列傳」, p.2867, "孝文帝十四年, 匈奴大入蕭關." 흉노를 방비해야 하는 한제국으로서는 공격의 통로가 될 수 있는 변관을 철저하게 관리해야 했다.

내지에 있는 진·관의 출입과 마찬가지로 변관을 통과할 때 통행증이 필요했다. 우선 변새를 상시 출입하는 경우에는 특별히 부(符)를 증빙으로 삼았다. 다음의 『이년율령』「진관령」 규정은 이를 보여준다.

(나)-①: □·상국이 다음과 같은 내사의 문서를 올려 아뢰었다. "청컨대 무릇 거짓으로 다른 사람의 부(符)·전(傳)을 빌려 새의 진·관을 출입하려던 자가 출입하기 전에 잡혔다면 모두 속성단용(贖城旦舂)으로 처벌하고, 장리(將吏)가 그 사정을 알았다면 같은 죄로 처벌하기를 원합니다."●어사가 이를 아뢰자 황제가 제(制)하여 "좋다. [진·관]을 무단으로 출입한 죄로 처벌하라"고 했다.[135]

(나)-②: 23●승상이 [다음과 같은] 비새도위(備塞都尉)의 문서를 올렸다. "황하의 협곡[夾谿河]에 관소를 설치하고, 황하를 오르내리며 조운하는 경우 모두 [이 관소에서] 전(傳)을 발급하고, 황하의 북쪽에 있는 현에 정(亭)을 설치하여 협곡에 설치된 관[夾谿關]과 대치(對置)시키기를 청합니다."●[승상이 또 아뢰기를][136] "[협곡에 설치된 관] 불법적으로 출입하거나 그것을 넘은 자 및 담당 리졸에 대해서는[137] 모두 '월새란관령(越塞闌關令)'에 비부(比附)하도록 합니다"라고 했다. ●승상·

135 『二年律令』「津關令」, p.311, "□. 相國上內史書言, 請諸詐(詐)襲人符傳出入塞之津關, 未出入而得, 皆贖城旦舂; 將吏智(知)其請(情), 與同罪. ●御史以聞. ●制(496)曰: 可, 以闌論之."(497)

136 전체 조문을 승상이 올린 備塞都尉의 문서로 보기보다, 단락을 구분하는 '●' 부호가 있다는 점에서 이하 내용은 備塞都尉의 문서가 아니라 승상이 기타 사항에 대한 규정을 추가로 上言한 것으로 볼 수 있다.

137 사실상 이 부분 사이에 내용이 추가되어야 의미가 자연스럽다. 즉, 담당 吏卒이 '闌出入' 혹은 '越塞'를 적발하지 못했거나 알면서 고의로 그들을 통행시켰을 경우와 같은 내용이 첨가되어야 하는 것이다.

어사가 이를 아뢰니, [황제가] 제하기를, "좋다" 했다.[138]

(나)-①은 내사가 건의하여 정해진 규정으로서, 다른 사람의 부(符)·전(傳)을 빌려 새의 진·관을 출입하는 경우 해당자를 처벌하고 관리가 연루되었을 경우 같은 죄로 처벌하는 내용이다. 거연한간 중 시형도(施刑徒)들의 명단을 보면 그중 예전에 거연에 살던 수졸이었으나, 무단으로 변새를 건너간 죄로 원제 초원 4년(B.C.45) 11월에 완성단(完城旦)과 벌금 약 만전이라는 판결을 받은 사람이 보이는데,[139] 이는 원제 시기에도 변경의 무단출입에 대해 무겁게 처벌했음을 보여준다.

한편 이 조항에서 주목할 점은 부·전이 있으면 새를 출입할 수 있다는 점이다. 『이년율령』「도율(盜律)」의 조문을 보면 변관·요 밖으로의 재물 반출은 금지되었지만, 사자(使者)가 부(符)와 수하물의 내역을 적은 치(致)를 소지했을 경우 가능했다.[140] 부(符)는 일정한 지역을 왕복할 때 사용하거나 특정한 임무를 맡은 관리가 출입증으로 사용하고 반납하는 통행증으로서,[141] 개인이 아닌 공무를 수행하는 사람이 사용

138 『二年律令』「津關令」, p.324, "卄三●丞相上備塞都尉書, 請爲夾谿河置關, 諸漕上下河中者, 皆發傳, 及令河北縣爲亭, 與夾谿關相直. ●闌出入·越之, 及吏(523)卒主者, 皆比越塞闌關令. ●丞相·御史以聞, 制曰: 可."(524)

139 『合校』 227.8 "…完城旦錢萬年, 坐蘭渡塞, 初元四年十一月丙申論, 初元五年八月戊申以詔書施刑. 故戍卒居延廣☐…"(띄어쓰기 필자) 원래 형벌은 '完城旦'에 '錢萬年'이라는 벌금형이었는데, '年'은 해석이 안 되는 글자이므로 일단 벌금 萬錢으로 추정했다.

140 『二年律令』「盜律」, p.119, "盜出財物於邊關徼, 及吏部主智(知)而出者, 皆與盜同法, 弗智(知), 罰金四兩. 使者所以出, 必有符致, 毋符致,(74) 吏智(知)而出之, 亦與盜同法.(75)"

141 일반적으로 符는 刻齒를 만들어 상호 맞추어 보아 신희를 확인하는 문서로서, 통행증으로 사용되었던 符 역시 刻齒가 있다. 다만 符 역시 印封을 했다는 점에서 刻齒를 만들어 증빙으로 삼는 符와 刻齒 없이 印封하여 사용하

하는 통행증이다. 이런 점에서 변관·새를 출입할 때 부(符)를 사용했던 이유는 공무가 아닌 이상 변경을 출입할 수 없었기 때문으로 볼 수 있다.[142]

(나)-②는 비새도위가 건의한 내용에 승상의 요청이 추가된 규정이다. 다만 '협계관(夾谿關)'의 해석을 둘러싸고 이견이 있다. 장가산한간 정리소조(整理小組)는 '협계관'이 오늘날 섬현(陜縣)을 가리키며 하북현(河北縣) 역시 고유명사로서 홍농군(弘農郡)에 있던 현의 명칭으로 설명했다.[143] 이에 대해 조문을 건의한 비새도위는 주로 변경과 관련된 직무를 맡고 있고, 조항을 어긴 자를 '월새란관령(越塞闌關令)'에 비부하여 처벌한다는 점에서 변새에 진·관을 설치하는 문제로 이해해야 한다는 의견도 제기되었다.[144] 사실 이 조항은 비새도위가 건의했고

는 것으로 그 성격을 구분하기도 한다. 아울러 후자의 경우 관소를 통과하지 않는 범위에서 사용한 관리의 외출·통행 허가증으로 설명하는데(鷹取祐司, 「漢簡所見文書考: 書·檄·記·符」, pp.146-153), 이는 기록 중 봉인하는 符가 있고 통행증은 關·津에서만 검사했다는 것에 근거한 추론이다. 그런데 관소에서 사용하는 符와 그 이외 지역에서 사용하는 符가 다르게 존재했는가는 현재 실물로서 확인하기 어렵고, 본서에서 살펴보는 바와 같이 關·津 이외 '過所'에서도 통행증이 사용되었기 때문에 이 문제는 유보할 필요가 있다.

142 北部候長 當이 塞 부근을 왕래한 사람의 내역과 이민족에 의해 축산 등의 피해가 없었음을 보고하는 문서를 보면(『合校』 306.12, "☐北部候長當敢言之. 爰書: 隧長蓋之等, 迺辛酉日出時, / ☐長移往來行塞下者, 及畜產皆毋爲虜所殺略者, 證之審."), 塞 인근에 사는 사람들은 일상적으로 변새 지역을 왕래했을 것을 예상할 수 있지만, 행인들의 내역과 가축의 현황까지 문서로 보고했던 점은 오히려 변새 지역 인적·물적 자원의 이동이 철저한 통제 속에 있었음을 의미하기도 한다.

143 『專修大』 역시 이 의견에 동의하며 備塞都尉가 동방 제후국에 대치하여 수비를 하고 있었기 때문에 이러한 조항을 건의했다고 설명했다.

144 楊建, 「附錄: 《津關令》簡釋(訂補)」, p.199. 그는 '夾谿河'를 支流가 河口로 들어오는 곳으로 이해했고, '夾谿關'은 변새 지역의 지류가 황하로 들어와 만나는 지점에 津·關을 설치하는 문제로 추정했다. 『京都大』 역시 整理小組

'월새란관령'과 관련된 조항이라는 점에서 함곡관 부근의 섬현에 관소를 설치하는 문제로 보기는 어렵다. 황하의 수로 중 황토고원과 만나 협곡을 이루는 구간은 관중의 북쪽 지역이자 흉노의 세력과도 인접한 변경의 주요 수비 구역에 해당하기 때문에 수로 혹은 육로로 이동하는 통행자를 특별 관리할 필요가 있었다. 이런 점에서 (나)-②는 황하의 협곡구간에 위치한 관소와 정을 양 방향으로 설치하여 변경 지역을 오고가는 사람과 물자의 통행을 단속하기 위해 제정한 조항으로 볼 수 있다.[145]

민간의 변경 출입이 제한되었던 것처럼 재물이나 황금,[146] 독화살[147] 등 특수 물자의 변경 밖으로의 반출은 금지되었다. 예를 들어 경제 때 어떤 사람이 요(徼) 밖으로 주조한 동전을 몰래 반출했다고 등통(鄧通)을 고발했다. 이에 관리가 검문했더니 그런 적이 많았던 것으로 드러나서 등통은 전 재산을 몰수당하고 많은 빚을 지게 되었는데,[148] 경제 시기에도 『이년율령』과 같은 금령이 있었음을 보여준다. 또 흉노

가 특정 지명으로 해석한 것을 반대하며 '夾谿河置關'을 하나의 용어로 이해하여 이 조항은 '夾谿河'로 인해 關을 설치하는 문제를 규정한 것으로 설명했다.

145 陳偉, 「張家山漢簡《津關令》"越塞闌關"諸令考釋」, pp.152-153.

146 『二年律令』「盜律」, p.120, "盜出黃金邊關徼, 吏·卒徒部主者智(知)而出及弗索, 與同罪. 弗智(知), 索弗得, 戍邊二歲.(76)"

147 『二年律令』「賊律」, p.97, "軍吏·緣邊縣道, 得和爲毒. 毒矢謹臧(藏). 節(卽)追外蠻夷盜, 以假之, 事已輒收臧. 匿及弗歸, 盈五日, 以律論."(19) 이 조항은 軍吏와 변경에 있는 縣·道의 관리가 독을 제조하여 독화살을 만들었을 때는 잘 보관해야 하며, 만이를 추격하기 위해 독화살을 빌린 경우 임무가 끝나면 바로 반납해야 하고 5일 이상 반납하지 않았을 때는 율에 따라 처벌한다는 내용으로 독극물이 변경 밖으로 유출되지 않도록 금한 규정이다.

148 『史記』 卷125 「鄧通傳」, p.3193, "人有告鄧通盜出徼外鑄錢. 下吏驗問, 頗有之, 遂竟案, 盡沒入鄧通家, 尙負責數巨萬."

를 비롯한 외국과의 사적인 상거래는 금지되었는데,[149] 무제 때 흉노 혼야왕(渾邪王)이 무리를 이끌고 내항한 후 장안의 상인들이 그들과 더불어 장사했다가 500여 명이 사형당한 일은[150] 국가에서 사적인 국외 상거래를 얼마나 엄격하게 통제했는가를 대변한다.

제국에 속한 사람의 사사로운 변경 통행과 국외로의 물자 반출 및 사적인 매매가 금지되었던 것과 마찬가지로 외국인의 불법 행위 역시 금지되었다. 한초 조정에서는 흉노와 불침(不侵)을 약속하며 화친조약을 맺었으나 문제 때 흉노의 우현왕(右賢王)은 직접 많은 병사를 거느리고 하남(河南) 지역에 머물면서 이유 없이 변새 근처를 왕래하며 리졸들을 잡아 죽이거나 도적질을 했고,[151] 전한 시기 흉노와의 접경 지역에는 크고 작은 무력 분쟁이 끊임없이 발생했다. 외국인의 불법 침입과 범죄 행위는 『이년율령』 중 요(徼) 밖의 사람이 들어와 도둑질을 한 경우 요참(腰斬)에 처한다는 규정과[152] 같이 엄벌로 다스렸다.

국내외 사람의 변새 출입 관리는 방어 시설에 복무했던 수졸들이 담당했다. 특히 변새의 출입자를 파악하기 위해 변새 주위에 천전

149 『漢書』 卷16 「高惠高后文功臣表」, p.588, "(宋子惠侯 許瘛 孫)孝文十年, 侯九嗣, 二十二年, 孝景中二年, 坐寄使匈奴買塞外禁物, 免."

150 『史記』 卷120 「汲鄭列傳」 汲黯傳, pp.3109-3110, "及渾邪至, 賈人與市者, 坐當死者五百餘人. 黯請閒, 見高門, 曰, '…渾邪率數萬之衆來降, 虛府庫賞賜, 發良民侍養, 譬若奉驕子. 愚民安知市買長安中物而文吏繩以爲闌出財物于邊關乎?…' 上默然, 不許." 장안의 상인 500명이 사형을 당하자, 汲黯은 무제를 만나 사람들이 장안에서 외국인과 거래한 것을 관리가 불법으로 재물을 邊關을 통해 유출하는 죄와 같을 줄 어찌 알았겠느냐며 선처를 요청했으나, 무제는 허락하지 않았다.

151 『史記』 卷10 「孝文本紀」 3年, p.425, "帝曰, 漢與匈奴約爲昆弟, 毋使害邊境, 所以輸遺匈奴甚厚. 今右賢王離其國, 將衆居河南降地, 非常故, 往來近塞, 捕殺吏卒…陵轢邊吏, 入盜, 甚敖無道, 非約也."

152 『二年律令』 「盜律」, p.114, "徼外人來入爲盜者, 要(腰)斬. …"(61)

(天田)을 만들고 매일 순찰을 하여 이상 유무를 확인하고 상부에 보고했다.[153] 천전(天田)을 만들어 관리했던 가장 중요한 목적은 불법 출입자를 단속하는 일이었기 때문에 수졸들은 관할 구역에 수상한 사람이 지나가거나[154] 누군가 새를 출입한 흔적이 확인되면 끝까지 추적한 후 문서로 보고했다.[155] 특히 새외의 강족(羌族)·호로(胡虜)[156] 및 흉노의 출입 사실은 변경 방위에 매우 민감한 문제였기 때문에 다소 특별하게 취급되었다. 흉노가 새를 침입한 경우 후(候)의 리는 격문(檄文)으로 사

153 居延漢簡이나 居延新簡에는 天田에 관한 日迹簿 자료가 많은데, 대개는 일정 기간 동안 담당 구역 내에 사람이나 말이 무단으로 塞나 天田을 넘어 출입한 일이 없다는 내용의 보고 자료다(『居延新簡』(甘肅省文物考古研究所·甘肅省博物館·中國文物研究所·中國社會科學院歷史研究所, 『居延新簡-甲渠候官』, 中華書局, 1994) E.P.T4:62, "…□□南界北盡第廿四 北界毋人馬蘭越塞天田出入"). 天田은 매일 순찰을 해야 할 뿐 아니라 天田의 구획이 분명하도록 관리해야 했고, 候長은 각 部를 순찰하며 天田을 명확하게 획정할 것을 명하기도 했다. 만약 天田에 출입자의 흔적이 확인되었는데도 보고하지 않았을 경우 상부의 조사를 받기도 했다(『居延新簡』 E.P.T5:59, "候長等各循行部嚴告吏卒明晝天田謹 候常"; 『居延新簡』 E.P.T51:411, "日迹行廿三里, 久視天田中, 目玄, 有亡人越塞出入▨/它部界中. 候長·候史直日迹, 卒坐匿不言迹 ▨").

154 『合校』 89.23, "十五日謹□捕廋索, 無陰密□不知何男子賊過留界中者. 敢言之."

155 『合校』 123.60, "從迹入塞及出塞, 各踵迹窮追, 以檄▨" 사람뿐 아니라 騎馬가 塞를 넘어 나간 일이나 낙타가 변새를 출입한 일 등 동물의 변새 및 天田 출입까지 일일이 기록하여 보고했다(『居延新簡』 E.P.T68:27, "革橐一, 盛糒三斗, 米五斗. 騎馬蘭越隧南塞天田出, 西南去. 以此知而"; 『居延新簡』 E.P.T65:59, "▨行可十里所, 槖佗迹從塞外西南來, 入收虜天▨").

156 『居延新簡』 E.P.T5:149, "●甲渠言毋羌人入塞 買兵鐵器者"는 羌人이 塞에 들어와 병기와 철기를 구입한 일이 없었음을 보고한 내용이며, 『居延新簡』 E.P.T68:83, "迺今月十一日辛巳日且入時, 胡虜入甲渠木中."은 무슨 용무인지 모르겠지만 胡虜가 들어온 일시와 장소를 기록한 내용이다.

실을 보고해야 했고,[157] 봉화품약(烽火品約)에 맞추어 흉노의 침입 사실을 봉화로 알려야 했다.[158] 현재 발견된 흉노 침입 시의 봉화품약을 보면, 흉노가 침입한 때와 장소 및 규모에 따라 신호를 구분했고, 새 안으로 들어오지 않았으나 새 위에서 흉노를 관찰할 수 있을 때나[159] 밤에 흉노인이나 말 소리가 들릴 때도 각각 해당 신호가 정해져 있다.[160] 만약 흉노가 새 안으로 들어왔는데 기상 악화로 봉화를 올리지 못할 경우 격문을 작성하여 급행 문서로 알려야 했다.[161] 흉노가 침입한 사실을 격문이나 봉수 신호로 전달받은 후에는 관할 변경 시설을 순행하여 천전(天田)을 분명히 하고 통행을 금지시키는 등의 비상사태에 대비해야 했다.[162]

157 『合校』 163.4, "●匈奴人入塞, 候尉吏以檄言匈奴人入犯入□〼"

158 『合校』 288.7, "匈奴人入塞及金關以北, 塞外亭(燧)見匈奴人, 擧蓬·燔積薪, 五百人以上, □擧二蓬."

159 『居延新簡』 E.P.F16:10, "●塞上亭 見匈奴人在塞外各擧部 如品毋燔薪其誤亟下 滅火候尉吏以檄馳言府"

160 『居延新簡』 E.P.F16:11, "●夜即聞匈奴人及馬聲若日且入時見匈奴人在塞外各擧部 次亭晦不和夜入擧一苣火毋絕盡日夜滅火"

161 『居延新簡』 E.P.F16:16, "●匈奴人入塞天大風風及降雨不具蓬火者亟傳檄告人走馬馳以急疾爲□"

162 『合校』 278.7A, "十二月辛未, 甲渠候長安·候史佪人敢言之. 蚤食時, 臨木隧卒□□□□□□□□□□□□□擧蓬, 燔一積薪. 虜即西北去, 毋所失亡. 敢言之. 十二月辛未, 將兵護民田官居延都尉謂城倉長禹·兼行[丞事](觚)(第一面)廣田以次傳行至望遠止. ▣(第二面上端) 寫移, 疑虜有大眾不去, 欲並入爲寇. 檄到, 循行部界中, 嚴教吏卒, 驚烽火, 明天田, 謹迹候候望, 禁止往來行者, 定蓬火輩送, 便兵戰鬥具, 毋爲虜所萃槧. 已先聞知, 失亡重事, 毋忽, 如律令. 十二月壬申, 殄北·甲[渠](第二面); 『合校』 278.7B, "候長纆·∨未央·候史包·隧長畸等: 疑虜有大眾欲并入爲寇. 檄到, 纆等各循行部界中, 嚴教吏卒, 定蓬火輩送, 便兵戰鬥具, 毋爲虜所萃槧. 已先聞知, 失亡重事, 毋忽, 如律令. (第三面)" 이는 다면체에 흉노 침입 후의 처리문제를 기록한 문서로 비상사태가 발생했을 때 어떤 조치가 취해지는지 자세한 내용을 담고 있다.

이렇게 흉노 및 강족과 대치하고 있던 서북 변경에서는 말과 낙타의 출입까지도 일일이 기록하여 보고할 만큼 변새의 출입을 매우 철저하게 관리했다. 『이년율령』 중 요를 수비하면서 도망자가 해당 지역을 출입했는데도 발각하지 못하면 벌금형에 처한다는 규정처럼[163] 변경 관리들은 처벌을 받지 않기 위해 관할 지역 내의 불법 출입자를 철저히 단속해야 했다. 『주얼서』 안례 8에서 노(奴)인 의(宜)가 새를 넘어 도망갔는데도 당시 수비를 담당하던 수졸·관대부(官大夫)가 체포하지 못하자 결국 속내(贖耐)에 처해졌던 일은[164] 좋은 예다.

사사로운 국외 출입이 제한된 상황에서 국경의 출입은 사신의 사행이나 군대의 출전, 서역도호부(西域都護府)와 같이 변경 밖의 기구와 관계된 업무 등 공적인 출입이 주를 이루었다. 일반적으로 사신으로 가거나 출전할 때는 황제로부터 받은 부·절을 소지했고,[165] 사자가 필요에 의해 재물을 국외로 반출할 때는 반드시 증명 문서를 통해 확인을 받은 후 통행할 수 있었다.

제국에 속한 내부인의 국외 출입이 공적인 임무를 띤 경우에만 한정적으로 허용되었던 것과 마찬가지로 외부인의 국경 출입도 외교 사신과 같이 공적인 목적을 지닌 경우에만 가능했다. 서역 사신들이 돈황에 도착하면 돈황의 태수부(太守府)에서는 그들이 봉헌을 할 수 있도록 관리를 파견하여 행재소(行在所)까지 호송했다. 돈황 현천한간(懸泉

163 『二年律令』「興律」, p.244, "乘徼, 亡人道其署出入, 弗覺, 罰金□☐"(404)

164 『奏讞書』案例 8, p.347, "●北地守, 潚(讞): 奴宜亡, 越塞, 道戍卒官大夫有署出, 弗得. 疑罪. ●廷報: "有當贖耐."

165 大庭脩, 「後漢の將軍と將軍假節」『秦漢法制史の研究』, 創文社, 1982 참조. 한편 출전 시 節 외에 符傳과 같은 통행증을 사용하기도 했는데, 이때 통행증을 하나로 합하기도 했다(『後漢書』 卷23 「竇融列傳」, p.810, "明年(空間認識17年), 復出玉門擊西域, 詔耿秉及騎都尉劉張皆去符傳以屬固.").

漢簡)에는 사자나 특별한 임무를 수행하는 자들이 사용한 전신(傳信)의 사본이 발견되었는데,[166] 전신(傳信) 중에는 다음과 같이 서역인을 호송하는 관리가 사용했던 사례도 포함되어 있다.

> (나)-③: 오봉 4년(B.C.54) 6월 27일,[167] 사주객산기광록대부(使主客散騎光祿大夫) 전부위(田扶韋)가 [제조어사의 명을 받들기를]: '운중태수(雲中太守) 안국(安國)…[의미 불분명]…로 하여금 차사왕(車師王)·오손(烏孫) 제국(諸國)의 객을 호송하게 하며, 군후(軍候)[168] 주충국(周充國)도 함께 선구(先俱)를 싣게 한다. 두 마리 말이 끄는 초전(軺傳)을 발급하며, 두 사람이 함께 타게 한다.' 어사대부 두연년(杜延年)이[169] [명하니] 문서에 따라 순차에 맞게 [수레를] 타게 하고, 전사(傳舍)에 대한 규정은 율령에 따라 처리하라.[170]

166 본서에서 분석한 懸泉漢簡 傳信簡은 胡平生·張德芳 編撰, 『敦煌懸泉漢簡釋粹』, 上海古籍出版社, 2001 및 張德芳, 「懸泉漢簡中的"傳信簡"考述」, 『出土文獻硏究』 7輯, 2005에 소개된 자료다. 이하 張德芳, 「懸泉漢簡中的"傳信簡"考述」은 「張德芳, 2005」로 略稱.

167 '五鳳四年六月丙寅'은 宣帝 五鳳 4년(B.C.54) 6월 27일에 해당한다(『懸泉釋粹』 p.151 註釋1 참고).

168 『後漢書』 「百官志」 將軍, p.3564, "其領軍皆有部曲…部下有曲, 曲有軍候一人, 比六百石."

169 『漢書』 卷19 「百官公卿表」, p.810, "(五鳳3年) 六月辛酉, 西河太守杜延年爲御史大夫, 三年以病賜安車駟馬免."

170 『懸泉釋粹』 II 0113③:122, p.151, "二一五. 五鳳四年六月丙寅, 使主客散騎光祿大夫田扶韋, 制詔御史曰: 使雲中太守安國·故□未央倉龍□衛司馬蘇□武彊, 使送車師王·烏孫諸國客, 與軍候周充國載先俱, 爲駕二封軺傳, 二人共載. 御史大夫延年□□□□承書以次爲駕, 當舍傳舍, 如律令. (前面) 한편 御史大夫延年□□□□ 부분을 「張德芳, 2005」 簡19에서는 御史大夫延年□□□□를 御史大夫延年下扶風廄로 釋讀했다. 그리고 背面의 내용은 前面의 기록과 무관한 것으로 보인다.

(나)-④: 홍가 3년(B.C.18) 정월 임진일에 태수속(太守屬) 전충(田忠)을 보내 스스로 찾아온 선선왕(鄯善王)의 부사 고체(姑彘)와 산왕(山王) 부사 조불전(鳥不滕)을 호송하여 행재소(行在所)에 이르러 봉헌하게 했다. 승전(乘傳) 한 대를 사용한다. 태수의 업무를 대행하는 돈황장사(敦煌長史) 충국(充國)과 승(丞) 안(晏)이 돈황 지역에 보내니 가(駕)를 사용할 수 있게 하고, 전사 및 군의 저(邸)에 관해서는 율령에 따라 처리하라. 6월 신유일 서(西).[171]

(나)-⑤: 건평 5년(B.C.2) 11월 경신일에 졸사 조평(趙平)을 보내 스스로 찾아온 대완(大宛)의 사자 후릉(侯陵)을 호송하여 □□에 이르러 봉헌하도록…[이하 불분명].[172]

(나)-③은 일부 내용이 불분명하지만, 오봉 4년(B.C.54) 6월에 사주객(使主客)인 전부위(田扶韋)가 차사왕·오손 제국(諸國)의 객을 호송하는 데 사용한 전신(傳信)으로, 당시 어사대부였던 두연년이 발급했다. 서역인의 호송을 맡은 사주객은 대홍려의 속관으로서, 주로 '호객(胡客)'의 관리를 담당했다.[173] 현천한간 『강거왕사자책(康居王使者冊)』에서도 사주객이 강거왕과 관련된 사안을 처리하는 데 관여했다.[174] (나)-④는 스스로 찾아온 선선왕의 부사 고체와 산왕 부사 조불전을 호송하여 행재소로 가는 임무를 맡은 태수속 전충이 발급받은 전신으

171 『懸泉釋粹』 II 0214②:78, p.108, "一四三 鴻嘉三年正月壬辰, 遣守屬田忠送自來鄯善王副使姑彘·山王副使鳥不滕, 奉獻詣行在所, 爲駕一乘傳. 敦煌長史充國行太守事·丞晏謂敦煌, 爲駕, 當舍傳舍·郡邸, 如律令. 六月辛酉西."

172 『懸泉釋粹』 II 0114④:57, p.113, "一四八 建平五年十一月庚申, 遣卒史趙平, 送自來大宛使者侯陵奉獻, 詣□□以…"

173 『漢書』 卷68 「金日磾傳」附 金安上傳, p.2963, "上召岑, 拜爲使主客." "(注) 服虔曰, '官名, 屬鴻臚, 主胡客也.'"

174 『懸泉釋粹』 155(II0216②: 877-883) 참조.

로, 서역의 사자들은 돈황태수가 보낸 호송 관리와 함께 행재소에 이르러 봉헌했다. 일부 내용을 확인할 수 없지만, (나)-⑤ 역시 스스로 찾아온 대완의 사자 후릉을 호송하는 졸사 조평이 사용한 전신으로, 대완의 사자는 호송 관리와 함께 봉헌하는 장소로 이동했다. 이처럼 변경에 도착한 서역 사신들은 돈황태수가 파견한 호송 관리와 함께 대지를 이동했다.

그런데 서역에서 오는 사람들이 반드시 공식 사신들과 동행한 것은 아니며, 때로 왕의 사자 없이 '귀인(貴人)'이나[175] '후인(侯人)'만[176] 오기도 했다. 이들의 출입 목적은 알 수 없지만, 일단 왕의 사자가 동행하지 않았다는 점에서 개인적인 방문일 가능성이 높다. 공식 사절단이 아닌 경우에도 위와 같이 관리를 파견하여 호송했던 것으로 보인다. 다음의 예를 보자.

> (나)-⑥: 돈황태수 쾌(快)가 수속(守屬) 충국(充國)으로 하여금 뇌강(牢羌)·□□羌 후인(侯人) 12명을 호송하게 했다. 신작 2년(B.C.60) 11월 계묘 삭일…[불분명]. 령에 따라 승전(乘傳) 2대를 타게 하라. 11월 신미일에 모두 파(罷)한다. 전사를 사용하는 일과 종자(從者)는 율령에 따

175 예를 들어 "一四二 大宛貴人烏莫塞獻槖他一匹, 黃, 乘, 須兩耳, 絜一丈, 死縣(懸)泉置…"(『懸泉釋粹』 II 0214②:53, p.108)은 大宛의 '貴人' 烏莫塞이 바친 낙타에 대한 기록이고, "二一八 出米四升·肉二斤·酒半斗. 以食烏孫貴姑代一食, 西."(『懸泉釋粹』 II 0314②:355, p.154)는 烏孫의 '貴人' 姑代의 식사에 지출된 내역을 기록한 것이다.

176 예를 들어 "二五七 出粟一斗八升, 以食守屬蕭嘉送西罕侯封調, 積六食, 食三升."(『懸泉釋粹』 II 0111①:174, p.174)은 속리 蕭嘉를 시켜 西罕侯 封調를 호송하도록 한 것과 소요된 식사 내역을 기록한 것이다. 여기서 西罕侯는 羌族의 侯로 볼 수 있는데(『懸泉釋粹』, p.174, 注釋 1), 懸泉 漢簡 중 '侯人'은 왕의 使者나 '貴人'과 다르며 서역 각국에 '輔國侯'(『漢書』 卷96上 「西域傳」, pp.3875-3925)가 있었다는 점에서 일종의 관리로 보인다.

라 처리하라.[177]

이는 돈황태수인 쾌가 신작 2년(B.C.60) 11월에 뇌강(牢羌) 등에서 온 '후인(候人)' 12명을 호송하는 수속(守屬) 충국을 위해 발급한 전신이다. 뇌강·낭하강(琅何羌)은 모두 강족의 일종인데, 이들은 사자라는 언급 대신 '후인(候人)'이라고만 표기되어 있다. 비록 이들의 정체를 분명하게 확인할 수 없지만 (나)-⑥은 공식 사자의 신분이 아닌 외부의 '후인(候人)'들 역시 관리의 호송을 받아 이동했음을 보여준다.

성제 때 두흠(杜欽)은 계빈국(罽賓國)의 사신이 돌아갈 때 관리를 파견하여 호송하는 문제에 대해 여러 가지 이유를 들어 반대했다. 특히 그는 계빈국의 사신은 왕의 친속이나 귀인(貴人)은 하나도 없고 헌물을 바치는 자들은 모두 장사하는 미천한 자들로서 물자를 교환하고 장사하려고 할 뿐 헌납은 명분에 지나지 않는다고 했다.[178] 이는 당시 헌납을 바치러 왔던 서역인들이 사실상 상업적인 이익을 추구하는 경우가 많았음을 대변한다. 현천한간 중 「강거왕사자책」은 그 좋은 예다. 이 문서는 영광 5년(B.C.39) 강거왕과 소해왕(蘇蠶王)의 사신과 귀인(貴人)들이 태수부 관리들의 태도에 불만을 품고 항의한 일을 다루고 있다. 내용을 살펴보면, 이들이 항의한 중요한 이유 중 하나는 종래 전식(傳食)을 제공받을 수 있었으나 이번에는 그렇지 못했다는 점이었

177 『懸泉釋粹』 I 0210③:6, p.162, "二三四. 敦煌太守快使守屬充國送牢羌·□□羌候人十二. 神爵二年十一月癸卯朔…琅何羌□□彊藏□□□行在所, 以令爲駕二乘傳, 十一月辛未皆罷. 當舍傳舍, 從者如律令."

178 『漢書』 卷96上 「西域傳」 罽賓國, p.3886, "成帝時, 復遣使獻謝罪, 漢欲遣使者報送其使, 杜欽說大將軍王鳳曰, '…今悔過來, 而無親屬貴人, 奉獻者皆行賈賤人, 欲通貨市買, 以獻為名, 故煩使者送至縣度, 恐失實見欺. …'"

다.[179] 이에 대해 상부에서는 그들에게 전식의 비용을 돌려주라는 명령을 내렸다. 원래 외국 사신이 공식 방문할 경우 그들의 식사는 변경이나 해당 관청에서 제공했는데,[180] 이 문서에 보이는 강거왕·소해왕의 사신이나 귀인(貴人)들에게 식사를 제공하라는 결정은 이들을 공식 사신으로 대우했음을 의미한다. 그런데 이들은 국내에 들어와 돈황 태수부에서 낙타를 바치고 그에 대한 값을 매겨 받았으며, 이후 주천(酒泉)으로 옮겨가 거기서도 낙타를 바치고 값을 매겨 받았다. 이렇게 본다면 서역인들이 '헌납'이라는 명분을 내세워 내지로 들어왔으나 실제는 상업적 이익을 위한 것이라는 두흠의 지적처럼 이들 또한 일종의 '서역 상인'이었다.[181] 즉, 서역에서 온 '상인'일지라도 그들이 황제에게 헌물을 바치러 왔다는 명분을 내세웠을 경우 한에서는 사신으로 대우하여 국경을 출입할 수 있도록 허락했다. 또 (나)-⑥과 같이 호송하는 관리를 파견하여 행재소까지의 여행을 인도해주었고, 여행 중에 전식 역시 제공했다.[182] 이러한 대외 교류의 형식은 서역뿐 아니라 다른

179 「康居王使者冊」에 대한 종래 서독의 오류 수정이나 한대 서역인들의 중국 내지 여행의 사례와 성격에 대해서는 Kim Byung-joon, "Trade and Tribute along the Silk Road before 3C A.D.," *Journal of Central Eurasian Studies* 2, 2010.12, pp.7-20 참조.

180 黎虎, 『漢唐外交制度史』, 蘭州大學出版社, 1998, pp.86-89.

181 康居國이 侍子를 보낸 이유도 사실상 상업적 이익을 꾀하기 위한 것이었다(『漢書』 卷96上 「西域傳」 康居國, p.3893, "何故遣子入侍? 其欲賈市爲好, 辭之詐也.").

182 그렇다고 서역에서 온 모든 자들이 국내로 들어올 수 있었던 것은 아니다. 魏 太和 연간 敦煌太守로 부임한 倉慈은 매일 서역의 상인들이 헌납하러 찾아오자 낙양으로 가고자 하는 자는 통행증[過所]을 발급해주고 敦煌郡에서 돌아가길 원하는 자는 郡에서 값을 매겨 헌납을 받은 후 군의 보유 물건으로 거래하게 했다. 倉慈의 이런 행동은 매일 찾아와 통상을 요구하는 서역 상인들에게 매우 호의적인 것이었다(『三國志』 魏書 卷16, 倉慈, p.512, "倉慈字孝仁, 淮南人也. …又常日西域雜胡欲來貢獻, …胡常怨望, 慈皆勞之. 欲詣洛者,

주변 국가에도 유사하게 적용되었을 것이다. 국방에 위협이 되지 않는 한 주변 국가와의 대외 교역은 헌납이라는 명분하에 생각보다 활발하게 진행되었을 것으로 보인다.

소결

전국시대 이후 국의 공간구조에 보이는 큰 변화는 군현지배의 등장이다. 군현지배의 등장은 이전의 신이 관장한다고 인식했던 국의 공간이 세속 군주의 명령과 법제에 따라 재편성되었음을 의미한다. 군현지배의 등장 이후 국의 내부 공간은 정치적 중심지인 국도(國都) 혹은 경기 지역과 중앙에서 관할하는 군·국 지역이 집적된 형태를 띠었다. 자연히 진한시대 제국의 내부에는 다중의 경계가 존재하게 되었다.

한은 진의 내사를 계승하여 경기 지역을 황제권력의 기반으로 삼아 제후국과의 세력 대결에서 우위에 서고자 했다. 가의는 당시의 제국 통치의 문제점에 대해 여러 지적을 했는데, 문제 때 시행된 '취국령'은 가의가 제안한 제후국 통치정책을 적용한 것으로, 제후 및 열후의 지제(地制)를 확정하고 그들의 영향력을 자신들의 봉국 이내로 한정시키는 결과를 낳았다. 그리고 천하의 관소를 개방하여 종래 관중이나 요지를 막고 있던 제국의 경계를 개방했다. 물론 오초칠국의 난이 발생하면서 다시 관소 개방은 폐지되고 이전의 제도로 돌아갔지만, 소제 때가 되면 무기의 관외 반출도 허용하면서 경기의 경계는 개방되었

爲封過所, 欲從郡還者, 官爲平取, 輒以府見物與共交市, 使吏民護送道路, 由是民夷翕然稱其德惠."). 이 경우에도 서역인들이 국경을 출입하기 위해서는 최소한 헌납한다는 명분이라도 내세워야 했다.

다. 비록 경기 출입에 관한 여러 금령이 폐지된 이후에도 여타 군·현·도 지역과 같이 경기를 출입할 때의 기본적인 검험은 여전히 존재했지만, 경기 지역을 황제권력의 본거지로 독점했던 한초의 상황은 무제 이후 크게 변했다.

무제 이후 율령에 규정되었던 경기의 출입 제한은 많은 부분 해소되었지만, 제후국과의 의례 질서하에서 경기는 여전히 천자의 직할지로서 하나의 경계를 형성했다. 한대 황실과 제후국 간의 왕래는 의례적 원리에 따라 진행되었다. 제후국에서 입조할 때는 벽(璧)을 예물로 들고왔고, 제후가 입조할 때 황제는 사자를 관소로 보내 맞이했다.[183] 벽을 예물로 들고 입조하는 의례나 빈객을 자국의 교(郊)로 나가 맞이하고 전송하는 의례는 서주 및 춘추시대까지의 빙례를 계승한 형식이다. 경제 때 양효왕(梁孝王)은 경제의 노기(怒氣)가 가라앉기를 기다렸다가 조현하기를 청하여 관중에 도착했으나, 자신의 시종들과 수레·말은 관외에 둔 채로 자신만 베로 만든 수레를 이용하여 황궁으로 숨어들어가 황제에게 사죄했고 경제와의 관계가 회복된 후에야 시종들과 수레를 관중으로 들였다.[184] 이는 천자와 제후왕 간의 의례적 질서하에서 경기는 천자의 의례적 지배 공간의 경계이기도 했음을 의미한다. 다만 경제 이후 제후왕의 사자 파견 권한이 박탈되고 경사로의 정기적인 조회마저 속관인 대부가 대신하게 되면서, 제후와 열후는 의례적 질서하에서도 자신의 봉국 내부로 고립되었다. 이는 경기 지역이 천자의 의례적 지배 공간에서도 천자의 직할지로서 특별한 의미를 지니고 있었고, 제후와 열후에 대한 통제는 제국의 의례적 지배 공간에서도 유사하게 진행되었음을 시사한다.

183 『史記』 卷58 「梁孝王世家」, p.2084.
184 『史記』 卷58 「梁孝王世家」, p.2085.

한편 진한시대 관료제와 문서행정에 기초한 제민지배체제는 전국시대 변법이 지향한 토지와 인민에 대한 군주의 일원적 지배의 완성형이었다. 국가에서는 국 내부에 거주하는 민 역시 개별 호(戶) 단위로 파악하여 장부에 등재한 후 그 이동을 관리했다. 최근 발견된 진한시대 간독 자료는 문서행정을 통한 제국 통치가 얼마나 철저했는가를 보여주는 구체적인 증거다. 현·도·후국 등의 경계[界]에 위치한 각종 문과 관·진 및 정 등은 통행자에 대한 실제적인 검문이 진행되었던 주요 경계 지점이었고, 검문을 통과하기 위해서는 개인적인 목적에서 이동하는 민은 물론이고 공무수행을 위해 이동하는 관리까지 자신의 이동 목적과 신분이 명기된 통행증을 소지해야 했다. 이는 제국 내부에 존재한 경기 및 군·현·도·후국 등의 경계가 관할 구역을 표시한 행정상의 구분선임과 동시에 출입하기 위해 일정한 검험 절차를 거쳐야 하는 실제적인 경계이기도 했음을 의미한다.

비록 진한시대 국내외 공간을 통행하기 위한 허가 절차는 신에 대한 통과 절차인 통과의례의 형식에서 관부로부터 통행허가서를 발급받는 제도로 변했지만, 국의 공간을 지배하는 신적 권위를 가진 대상의 허가를 받아 각 경계를 출입하는 원리는 이전 시기와 유사하다. 춘추시대 절(節)은 군주로부터 책명 받은 직위를 상징하는 물건으로서, 신적 권위를 내포하고 있었다. 전국·진한시대 관료제가 정비되면서 서옥(瑞玉)은 군주의 명령을 상징하는 부절, 관리의 신분을 나타내는 인(印) 등 다양한 형태로 전화(轉化)되었다. 전국시대 인(印)에 새(璽)·절(節) 또는 부(符)·부서(符瑞) 등의 칭호가 보이는 점은 전국시대 관인이 서옥에서 점차 분화 발전되었음을 보여준다. 형태 면에서도 전국시대 군주의 명령을 상징하는 부절은 춘추시대까지 신의 권위를 상징했던 서옥의 형태를 계승했다. 초기국가 단계에서 신의 권위를 상징했던 다양한 옥기는 세속 군주의 집권체제가 등장한 이후 군주의 명령과 권위를 상징하는 신물(信物)로 전화되었다. 전국·진한시대 제왕은 이전까지 신의 권위를 대변하는 매개물이었던 서옥을 전유(專有)하고, 그것을 매개로 종래 신의 권위에 속했던 영역을 자신의 새로운 정치적 지배 영역으로 포섭했다. 이런 점에서 진한시대 제국의 국내외 각 경계를 통과하며 타지로 이동하기 위해 증빙으로서 필요했던 관인과 부절은 새로운 신적 권위를 가진 황권의 상징이었다.[185]

아울러 주술적 사유와 전통은 진한시대 국가의 제도와 의례뿐 아니라 민간 풍속 혹은 일상 의례에도 남아 있었다. 예컨대 어사대부였던 설광덕(薛廣德)이 면직되어 패군(沛郡)으로 돌아올 때 패군의 태수는 군의 경계까지 나가서 그를 맞이했다.[186] 외부인을 해당 지역의 경계까지 나가서 맞이함은 환대를 표시하는 일반적인 의례 행위였는데, 군의 경계는 의례의 공간에서 군의 경계에 해당했다. 이는 제후왕이 관중을 출입할 때 왕도의 교(郊)에서 행하는 의례를 행했던 것처럼, 군 역시 행정상의 관할 범위이기도 하지만 당시 사람들의 인식 속에서도 하나의 경계였고 의례의 전통은 현실 생활에 적용되었다. 또한 도성 혹은 군·현성을 떠나 출행할 때는 그 외곽에서 행로의 안전과 무사귀환을 기원하는 길제사를 지냈다. 가령 경제 때 임강왕(臨江王) 영(榮)은 묘(廟)의 담장[壖垣]을 침범하여 궁을 지은 죄로 황제의 소환을 받았을 때 강릉성(江陵城)의 북문에서 길제사를 지냈으며,[187] 무제 때 동곽선생(東郭先生)이 군도위에 임명되어 떠날 때에도, 사람들은 도성 문

185 拙稿, 「秦漢時代 통행 허가와 君命의 상징」, 『中國古中世史硏究』 42, 2016 참조.

186 『漢書』 卷71 「薛廣德傳」, p.3048, "後月餘, 以歲惡民流, 廣德爲御史大夫, 凡十月免. 東歸沛, 太守迎之界上."

187 『史記』 卷59 「五宗世家」, pp.2094-2095, "臨江閔王榮…四年, 坐侵廟壖垣為宮, 上徵榮. 榮行, 祖於江陵北門."

밖에서 길제사를 지내고 그를 전송했다.[188] 길제사는 경계에서 행하는 일종의 통과의례다. 이런 점에서 당시 민간에서 행한 길제사 역시 초기 사회의 주술적 사유에서 발생한 경계의 출입 방법이 민간의 풍속으로 남은 것이라 할 수 있다.[189]

188 『史記』 卷126 「滑稽列傳」, p.3208, "武帝時…詔召東郭先生, 拜以為郡都尉. …及其拜為二千石, 佩青緺出宮門, 行謝主人. 故所以同官待詔者, 等比祖道於都門外."

189 중국 고대 사회에서 출행의식으로서 祖道가 갖는 의미에 대해서는 문정희, 「고대 중국의 출행의식과 여행 금기: '우보(禹步)'의 신화적 메타포」, 김유철 외, 『동아시아 역사 속의 여행』 I, 산처럼, 2008 참조.

제5장 맺음말

지금까지 상주시대에서 진한시대까지 경계의 존재 형태와 경계를 출입하는 절차를 분석하고, 중국 고대 공간 지배의 성격 변화에 대해 살펴보았다. 본 연구는 크게 두 방향으로 나눌 수 있다. 첫째, 중국 고대 경계의 획정 방식과 경계 인식에 대한 분석이다. 둘째, 상주시대부터 진한시대까지 국의 내·외부 경계를 출입하는 사람의 이동 문제에 대한 분석이다. 특히 경계 출입의 성격을 이해하기 위해 경계를 출입하는 방법과 그 형식을 살펴보되, 경계를 출입할 때 행했던 의례나 신의를 확인하는 매개물 및 증빙의 특징을 중심으로 검토했다.

중국 고대 공간 지배의 성격이 변하면서, 경계 출입의 절차와 형식은 전국시대를 기점으로 크게 변했다. 춘추시대까지의 공간 지배는 궁묘(宮廟)를 중심으로 형성된 주술적 권위에 근거했고, 주술적 지배의 한계로 인식되었던 경계를 출입하기 위해서는 제의의 성격을 띤 통과 절차가 필요했다. 전국시대 이후 세속 군주에 의한 군현지배가 등장하면서, 군주의 지배 영역은 관할 범위를 의미하는 다중의 경계로 획정되었고, 경계를 출입하기 위해서는 군주의 명령이나 관부의 허가를 상징하는 증빙이 필요했다. 이는 중국에서 전국시대 이후 법제에 근거한 공간 지배가 시작되어, 지리상에 형성된 배타적 성격의 정치적 경계가 등장했음을 의미한다.

중국 고대 사회에서 자신의 거주지를 벗어나 타지로 여행하는 일은 위험이 컸기 때문에 매우 부담되는 일이었다. 그 때문에 타지로 여행하기 전에는 여행 중의 안전을 위해 '행신(行神)'에 제사를 지냈고[1] 지인들과 수차례 송별 인사를 했다.[2] 최근 발견된 「일서(日書)」에는 자신이 거주하는 성읍을 벗어나기 전 출발 및 귀가 일자의 길흉을 점치는 상세한 내용이 포함되어 있고,[3] 「박국점(博局占)」·「행덕행시(刑德行時)」·「행도길흉(行道吉凶)」 등 공무 출장을 다녔던 관리의 무덤에서 여행 관련 점복서가 발견된 점은[4] 당시 사람들이 타지로의 여행을 어떻게 인식했는지를 대변한다.

상대 후기 문자기록인 갑골문을 보면 상왕과 상 왕실에 속한 자들은 출정·사냥 및 시찰 등의 이유로 상읍을 벗어나 여러 지역으로 이동하며 활동했고, 갑골문 각사(刻辭)에서 보듯이 주변 지역에서는 갑골을 비롯한 주요 물자를 상읍에 공납했다. 다만 상 왕실에서 빈(賓)으로서 접대했던 대상은 극히 일부에 불과하며, 갑골문에 보이는 접빈 의례는 대개 신에 대한 제사 의례에 해당했다. 갑골문의 성격상 대부분 상 왕

1 工藤元男, 「先秦社會の行神信仰と禹」, 『睡虎地秦墓竹簡よりみた秦代の國家と社會』, 創文社, 1998, pp.206-212; 王子今, 「交通民俗翦影」, 『交通與古代社會』, 陝西人民教育出版社, 1993, pp.184-192.

2 馬洪路, 『行路難』, 中華書局, 1990, pp.28-34 참고.

3 日書 자료를 보면 출행·귀가하는 날짜는 물론 시간까지도 길흉을 정하고 있다(工藤元男, 「先秦社會の行神信仰と禹」, pp.212-245).

4 여기서 「博局占」은 여행자의 운명을 점치는 기능이 포함된 것이고, 「刑德行時」는 行時의 길흉을, 「神龜占」은 여행의 豫占을, 「行道吉凶」은 行道의 길흉을 각각 점치는 내용이다. 이것은 기원전 1세기 말 東海郡 屬吏였던 師饒의 墓에서 출토되었는데, 元延 2년(B.C.11)의 공무 여행 일기와 함께 발견되었다는 점에서 묘주가 장거리 출장에 가지고 다니며 사용했던 책으로 볼 수 있다(李成珪, 「前漢末 郡屬吏의 宿所와 旅行: 尹灣漢簡 〈元延二年日記〉 분석」, 『慶北史學』 21, 1998, pp.30-33 참고).

실의 주요 세력에 대한 기록이라는 한계가 있지만, 당시 상 왕실을 정기적으로 방문한 빈객은 매우 드물었던 것으로 보인다.

서주시대 금문에 보이는 사람의 왕래는 주로 왕도와 제후국 간의 왕래이고, 각각 일정한 절차에 따라 빈객을 맞이했다. 제후들이 왕도를 방문하는 경우로는 조근·하사·책명의식을 위한 알현 또는 제사 의례에 참여하는 일이 있었다. 특히 제후가 책명을 받기 위해 주왕을 알현할 때는 우자(右者)의 매개하에 태실(太室)이나 정해진 궁에 들어갈 수 있었고, 제사에 참여할 때는 예주(醴酒)·울창주를 사용하여 관례(祼禮)를 행한 후에 궁으로 들어갔다. 주왕 역시 왕도를 벗어나 여러 지역으로 이동했지만, 왕도에서 제후국으로 이동했던 이들은 대개 주왕이 파견한 사자였다. 서주 시기 주왕의 사자에게 향례를 베풀기 위해 종묘에서 사용하는 청동기를 별도로 제작했던 것처럼 주왕의 사자는 제후국의 주요 빈객이었다. 금문에 보이는 향례(饗禮)의 대상은 상대에는 주로 조상신에 한정되었으나, 서주 초기에는 조상신 이외 일족인 붕우(朋友)나 왕의 사자도 추가되고 친척이나 동료까지 그 범위가 점차 확장되었다. 제후국에서 접빈했던 장소는 조령(祖靈)을 모신 종묘였고, 접빈의례는 조령(祖靈)까지 포함한 씨족 공동체가 빈객을 맞이하는 절차에 해당했다. 빈객에 대해 술을 사용한 향례를 행하거나 예물을 교환하는 행위 등은 사실 신에 대한 의례가 외부인에게 적용된 것이었고, 이는 빈객의 방문이 한편으로 빈객이 속한 공동체의 신 역시 동행한 것으로 여겼음을 의미한다. 즉, 신에 대한 의례가 적용된 빈례는 사실상 빈객과 동행한 그들의 신에 대한 의례 역시 포함한 통과의례의 성격을 띠고 있었다.

춘추시대 열국 간의 왕래는 더욱 활발하게 진행되었다. 각국 간에 상시적인 사신뿐 아니라 조근·빙문·회맹·향연 등을 위한 사절단이 끊임없이 왕래했다. 공적인 왕래 이외 혼인·장례 등의 경조사에 참여하는 등의 사적인 목적에서 타국을 방문하기도 했다. 그러나 “천자는 덕의(德義)를 선양하는 일이 아니면 순수(巡狩)하지 않고, 제후는 민사(民事)가 아니면 출행하지 않으며, 경은 군명(君命)이 아니면 경(境)을 나가지 않는다”는 표현처럼 천자·제후·경 등의 출행과 귀환은 정해진 절차가 있었다. 자국인의 출행과 귀환 절차의 시작과 끝은 종묘와 사(社)에 고하는 의례로 이루어졌고, 타국인이 빙문하여 도성을 출입하는 경우에도 종묘는 접빈과 전송 절차가 진행되는 주된 공간이었다. 이는 당시 사람들이 춘추시대 제후의 조상신 역시 국의 중요한 일원으로 여기고 조령의 보호가 미치는 도성을 성역으로 인식했기 때문에 생긴 결과다. 즉, 자국인은 부정한 상태로 도성의 내부로 들어오기를 꺼렸으며, 타국인이 도성을 들어올 때는 빙문을 위한 옥기와 예물을 준비해야 했다. 춘추시대에는 ‘경(境)-교(郊)-도성-종묘’의 각 공간에 따른 의례 절차가 각각 달랐는데, 이는 각 경계를 지나기 위한 의례가 제도적으로 정해졌음을 의미한다. 비록 『의례』에 반영된 빙례 절차와 동일하지 않지만, 『춘추좌전』에 보이는 빙문 절차는 서주시대 빈례를 기본으로 하되 장소와 대상에 따라 상이할 뿐 아니라 각 절차에 대해 열국 간에 공인하고 있는 일종의 사회적 규범에 해당했다. 가령 가도(假道)의 예를 지키지 않은 국을 공격하거나 빙문할 때 의례 절차를 지키는지 여부가 열국 간의 관계나 인물 평가의 주요 요소였던 점은 이를 보여준다.

비록 춘추시대 각국 간의 왕래가 이전에 비해 증가했지만, 타국으로 출행하는 자들은 주로 대부 이상의 지배층이었고, 기타 사례는 정(鄭)의 상인 현고(弦高)처럼 극히 일부만이 확인된다. 물론 『춘추좌전』의 자료 성격상 주요 정치세력을 그 대상으로 삼았겠지만, 노 소공이 초 지역으로 가기 전 생전에 초에 다녀온 경험이 있는 양공의 도움을 받아 출행을 결심할 수 있었던 일화에서 보듯이 당시 제후들 역시 초라는 '비중원(非中原)' 지역으로의 출행은 두려운 일이었고 낯선 땅으로의 여행을 위해 선조의 인도와 보호에 의지했다. 주 왕실의 지배 질서에 속하지 않은 세력들이 각지에 산재한 상황에서 지리 인식의 한계는 타지로의 여행을 기피한 중요한 원인으로 작용했을 것이다.

그러나 춘추시대 국의 봉강 사이에 존재했던 극지(隙地)의 '택(澤)'을 중심으로 경작지와 신 취락이 형성되고, 이 취락에 '도(盜)'라 지칭된 읍을 이탈한 소농민이 거주했던 점을 상기하면,[5] 춘추시대 국을 벗어나는 민의 이주도 많았을 것으로 짐작된다. 춘추시대 봉강이 국의 경계로 인식되긴 했지만 사람의 이동을 통제하는 실질적 경계는 아니었기 때문에, '국경'에서 국외로의 정치적 망명이나 민의 이탈은 사실상 금지되지 않았고 민의 국외로의 왕래 역시 외부적인 제재는 없었다. 그렇다면 민의 이주는 결국 타지에서의 생존 가능 여부에 달린 문제였다고 볼 수 있다.

전국시대 사료에 보이는 각국의 왕래 양상은 사적인 목적에서 여행하는 경우가 증가했다는 점에서 이전 시기와 차이가 있다. 즉, 군주의 명령을 받은 사신 이외에 관록(官祿)을 구하거나 선생을 찾아 움직였던 사인(士人)이나 상인과 같이 사적인 목적으로 원거리를 이동하는 사람들이 확인된다. 향리와 국을 떠나 유명한 선생의 문하로 모인 자들은 자신이 여행한 지역의 지리·풍속에 대한 견문을 넓히거나 각지에서 모인 동학(同學)을 통해 각지의 정보를 교환할 수 있었을 것인데,[6] 이런 점은 시를 옮겨 다니며 장사했던 상인들 역시 마찬가지였다.

5 李成珪, 『中國古代帝國成立史硏究: 秦國齊民支配體制의 形成』, 一潮閣, 1984, pp.40-46.

6 李成珪, 「戰國時代 秦의 外交政策」, 서울大學校 東洋史學硏究室 編, 『古代中國의 理解』 2, 지식산업사, 1995, pp.68-73.

춘추시대 여러 국이 소위 '전국 7웅'에 의해 병합되면서 전국시대에는 일국의 범위가 확대되었고, 사인·상인들의 경험을 통해 타지에 대한 정보를 얻게 되면서 사람들은 자국의 범위를 넘어서는 지리 인식을 가질 수 있게 되었다. 나아가 이런 지리 인식의 변화는 이전 시기 노 소공이 가졌던 타국에 대한 막연한 두려움을 극복할 수 있는 중요한 근거를 제공해주었을 것이다.

한대에 이르면 개인적인 목적에서 타지로 이동하는 다양한 사례를 확인할 수 있다. 예컨대 타지로의 이사는 쉽지는 않았지만 일정한 조건하에 공식적으로 허용되었고, 곽해(郭解)와 같은 유협(游俠)은 주변 군·국을 넘나들며 활동했다.[7] 특히 전한 시기 지방 군의 장리(長吏) 약 25%가 해마다 군 외로 출장했고,[8] 일반 민도 1년 단위로 위사(衛士)로서 제국의 수도인 장안에 가거나 수졸로서 제국의 변경으로 장거리 여행을 했다. 이런 여행 기회는 지방의 군현 및 향리에 속했던 관리나 민에게 거대한 제국의 강역을 확인하고 자신이 제국의 일원이라는 '제국의식'을 갖게 되는 기회를 제공했을 뿐 아니라,[9] 인구 약 5~6천만 명의 사회에서 해마다 변경을 오가는 약 8~9만 명의 수졸과 약 1만 5천 명의 위사(衛士)들의 경험은 그 주변 사람들의 지리 인식의 범위까지 확대시켜주었을 것이다. 그러나 향리의 민은 요역·병역으로 징발되거나 강제 사민되는 등 부득이한 경우가 아니면 대개는 자신이 속한

7 『史記』 卷124 「游俠列傳」, p.3187, "解執恭敬, …之旁郡國, 爲人請求事, 事可出, 出之."

8 이는 尹灣漢簡, 「東海郡下轄長吏不在署名籍」을 분석한 李成珪, 「前漢末 地方資源의 動員과 配分: 尹灣漢簡〈東海郡下轄長吏不在署名籍〉의 分析」, 『釜大史學』 23, 1999 참조.

9 李成珪, 「中國 古代 帝國의 統合性 提高와 그 機制: 民·官의 移動과 '帝國意識'의 형성을 중심으로」, 『中國古代史研究』 11, 2004, pp.38-66 참고.

향 내부에서 생활했다.[10] 풍속이 다른 타지로의 이주는 생활상의 불편뿐 아니라 조상의 분묘(墳墓)를 떠나야 하는 일이었기 때문에 일반적으로 변군으로 사민되는 것을 형벌을 받는 것보다 더 꺼렸다.[11] 원제 때 능읍(陵邑) 사민을 폐지하면서 그 이유를 천사민(遷徙民)들이 조상의 분묘와 친척을 떠나와서 그리움과 불안한 마음을 갖게 되기 때문이라 한 점은 고향을 벗어나기 꺼려했던 당시 사람들의 심정을 잘 반영하고 있다.[12]

그러나 이동성이 생명인 상인은 이익을 위해 위험 부담을 감수하고 이동하기 마련이었다. 상주시대에도 제한된 범위에서 교역이 이루어졌지만, 전문적으로 상거래에 종사하는 상인의 존재를 확인하기는 어렵다. 『춘추좌전』 중 정의 상인 현고의 기록과 같이 춘추시대에 타지로 이동하며 활동했던 상인이 존재했고, 전국시대 여불위와 같은 대상인들이 등장했다. 최대 이익을 꾀하는 상인에게 전국시대 관세의 장벽은 활동을 저애하는 걸림돌이었고, 변관에서의 화물 적법 검사 역시

10 秦王政 24년(B.C.219) 한 병사가 보낸 편지에 本家 식구의 안부 외에 혼인한 고모와 누이의 안부가 포함되어 있다는 사실은 당시 향리 주변 지역에 고모와 누이가 出嫁하여 살고 있었음을 보여준다(尹在碩, 「秦簡 『日書』에 나타난 "室"의 構造와 性格: 戰國期 秦의 家族類型 고찰을 위한 시론」, 『東洋史學硏究』 44, 1993, pp.50-51). 특별한 이유가 없는 한 자신이 속한 향리 혹은 그 주변 지역으로 출가했을 것이다.

11 『潛夫論』「實邊」第24, "且夫士重遷, 戀慕墳墓, 賢不肖之所同也. 民之於徙, 甚於伏法. 伏法不過家一人死爾. 諸亡失財貨, 奪土遠移, 不習風俗, 不便水土, 類多滅門, 少能還者."

12 『漢書』 卷9 「元帝紀」 永光4年, p.291, "冬十月乙丑, 罷祖宗廟在郡國者. …詔曰, '安土重遷, 黎民之性. 骨肉相附, 人情所願也. 頃者有司緣臣子之義, 奏徙郡國民以奉園陵, 令百姓遠棄先祖墳墓, 破業失產, 親戚別離, 人懷思慕之心, 家有不安之意. …今所為初陵者, 勿置縣邑, 使天下咸安土樂業, 亡有動搖之心. …'"

특수 물자를 거래하는 자들에게는 불리한 규제였다.[13] 여불위가 한단에 장사하러 다녀와서 그의 부친에게 농사의 이익과 상업의 이익에 대해 질문하자, 그의 부친이 농업은 10배, 상업은 100배의 이익이 있다고 답했는데,[14] 이 일화는 당시 상업을 통한 이익이 얼마나 컸는가를 대변한다. 이런 이익은 관·진의 규제나 도적의 위험에도 불구하고 상인이 각지를 이동하며 장사했던[15] 동인으로 작용했다. 진한시대 상인 중에는 자신의 향리에서 활동하는 소상인도 있었지만, 수백 대의 수레를 갖추고 전국을 단위로 활동했던[16] 대상인도 존재했다.

주지하듯이 전국시대 각국의 개혁은 민을 호적에 등록하여 지배하는 방향으로 진행되었고, 상앙의 변법을 반영한 진율이나 초의 사법문서 중 도망자의 처벌 내용은 이를 반영한 결과다. 편호제민을 통한 지배체제는 기본적으로 본적지에 거주하는 농민을 통치 대상으로 하며 본적지를 벗어나는 민의 이동은 관의 허락하에 허용되었다. 전국시대 각국의 상황을 일괄적으로 설명할 수는 없지만, 소속 민의 안정적

13 예컨대 秦律에는 珠玉의 국외 반출을 금하여 위반했을 경우 처벌하는 규정이 있다(『睡虎地秦墓竹簡』「法律答問」, p.126, "盜出朱(珠)玉邦關及買(賣)於客者, 上朱(珠)玉內史, 內史材鼠(予)購."). 이런 화물 통과 규정은 상인들의 자유로운 상거래에 걸림돌이 되었을 것이다.

14 『戰國策』卷7「秦」5, pp.449-450, "濮陽人呂不韋賈於邯鄲, 見秦質子異人, 歸而謂父曰, 耕田之利幾倍? 曰十倍. 珠玉之贏幾倍? 曰百倍." 물론 이것은 농업에 비해 상업의 이익이 크다는 사실을 비유적으로 표현한 말이지만, 실제 자료를 근거로 추산한 농업의 이익이 種子 5石으로 63石의 결실을 얻을 수 있다는 점(李成珪, 「戰國時代 私富抑制의 理念과 實際」, 『震檀學報』 50, 1980, p.105, 각주105 참고)을 고려하면 당시 현실을 어느 정도 반영한 비유임을 알 수 있다.

15 『墨子』「貴義」, p.447, "商人之四方, 市賈信徙, 雖有關梁之難, 盜賊之危, 必爲之."

16 『史記』卷129「貨殖列傳」, p.3279, "周人既纖, 而師史尤甚, 轉轂以百數, 賈郡國, 無所不至."

인 지배 방법을 강구했던 각국의 제도 개혁 속에서 일반 민의 타국으로의 이동은 점차 통제되고 국외 이동은 관의 승인을 받은 경우로 한정되었을 것이다. 다만 전국시대 각국을 넘나들었던 상인이나 유세객의 활동을 보면 당시 각국에서 외지인의 왕래를 금지했다고 볼 수 없고, 일정한 검문을 거친 후 국문의 출입을 허용했던 것으로 보인다. 전국시대 인문(印文)에 '부(符)·절(節)·서(瑞)'라는 명칭이 보이는데, 이는 사신들의 부절과 같이 당시 신분을 증명하기 위해 다양한 형태의 인(印)을 사용했음을 의미하며, 상인·유세객 역시 이런 인(印)을 이용하여 자신의 신분을 증명했을 것으로 보인다. 전국시대 이전에도 도성의 외곽에는 국에 속한 읍과 토지가 존재했고, 국의 외연에는 봉강이 있어 일종의 국경으로 인식되었다. 하지만 봉강은 요지에 관리를 두어 치안을 유지하는 곳이었을 뿐 봉강에서 사람들의 이동을 일일이 통제하지는 않았다. 이런 점에서 전국시대 변경 출입 관리의 변화는 봉강이 인적 이동을 통제하는 실질적 경계의 성격을 띠게 되었음을 의미한다.

진한시대 제국의 내지를 이동하는 경우 부(符)·전(傳) 혹은 과소(過所)라 칭한 통행증을 소지해야 했고, 관·진은 물론 성문이나 정에서는 관리가 통행자의 신분을 확인했다. 그러나 당시 통행증은 현을 단위로 관리되었고, 통행증 제도는 관리들에 의해 불법으로 운영될 여지가 많았다. 예컨대 무제 때 영성이 통행증을 위조하여 함곡관을 통과했고,[17] 전한 말 남양군(南陽郡) 양현(穰縣) 사람 곽단(郭丹)은 완현(宛縣)의 진조(陳洮)에게 통행증[符]을 사서 함곡관을 통하여 관중으로 들어갈 수 있었다.[18]

17 『史記』 卷122 「酷吏列傳」, p.3135, "而成極刑, 自以爲不復收, 於是解脫, 詐刻傳出關歸家."

18 『後漢書』 卷27 「郭丹傳」, p.940, "郭丹字少卿, 南陽穰人也. 父稚, 成帝時爲廬

비록 제국의 통치 방침은 통행증을 통해 민의 사사로운 이동을 통제하는 것이었지만, 국가에서 통행증 없이 이동하는 자들을 모두 통제할 수는 없었다. 유협들은 자신의 현에서 자유롭게 이동했을 뿐 아니라 군·국의 범위를 넘어 활동했으며,[19] 유협들의 이런 활동은 불법이었음에도 불구하고 용인되었다.[20] 아울러 재난이 발생했을 때 특별 조칙을 내려 관소를 개방하여 취식(就食)을 허용했다.

한편 전한 말부터 집단 이산 현상이 광범위하게 나타나면서 제민지배체제의 원형이었던 폐쇄적인 향리 조직은 형해화될 수밖에 없었다. 즉, 후한 시기 자연 촌락의 증가로 성문을 기준으로 형성되었던 향리의 경계는 다른 형태로 변했고, 민의 이동 문제 역시 이전과는 다른 형태로 관리되었다. 다만 현재 발견된 통행증의 실례나 율령 규정은 전한 시기에 집중되어 있기 때문에 후한 시기 향리 조직의 변화에 따

江太守, 有淸名. 丹七歲而孤, 小心孝順, 後母哀憐之, 爲鬻衣裝, 買産業. 後從師長安, 買符入函谷關," "(注2) 東觀記曰, '丹從宛人陳洮買入關符, 旣入關, 封符乞人'也."

19 예컨대 秦代 項梁은 櫟陽에 갇혔을 때 蘄의 獄掾였던 曹咎를 통해 櫟陽의 獄掾인 司馬欣에게 서신을 보내 풀려날 수 있었다. 이는 원거리에 떨어져 있는 游俠들 사이에도 일정한 인적 유대가 형성되었음을 의미한다(鄭夏賢, 「戰國末-漢初의 鄕村사회와 豪傑」, 서울大學校 東洋史學硏究室 編, 『古代中國의 理解』 3, 지식산업사, 1997, p.170 참고).

20 전국시대 이래 씨족을 중심으로 한 공동체 질서가 무너지면서 그 대신 유협을 중심으로 하는 任俠的 관계가 새로운 민간 질서로 등장했음을 인정하더라도(增淵龍夫, 「戰國秦漢社會の構造とその性格」, 『(新版)中國古代の社會と國家』, 岩波書店, 1996), 당시 사회에서 游俠의 활동을 허용했던 실제적인 이유를 명확하게 설명하기는 어렵다. 游俠의 활동은 국가 공권력과 상대되는 사적인 관계에 기반을 둔 것이었지만, 전쟁 시와 같은 비상시에는 국가에서 이들의 역량을 활용할 필요가 있었고, 이는 游俠의 행동이 비록 불법적이더라도 용인했던 중요한 사회적 배경으로 작용했던 것으로 보인다(鄭夏賢, 「戰國末-漢初의 鄕村사회와 豪傑」, pp.171-199 참고).

른 민의 이동 관리 문제는 향후 과제로 남겨두고자 한다.

진한시대 제국의 외부 경계의 경우, 전국시대 각국 간의 이동이 허용되었던 국경과 달리 서북 변경의 출입은 비교적 엄격하게 통제되었다. 일반 민은 사사로이 국경을 출입할 수 없었고, 사자나 공무 수행을 위한 관리들은 절(節)과 부(符)를 소지하고 국문을 출입했다. 국외에서 오는 외국 사자들의 내지 통행은 변경 태수의 승인하에 호송 관리가 파견되었고, 외국 사자들은 호송 관리와 함께 이동했다. 한대 서역 제국(諸國)에 속한 자들 중 후인(侯人)·귀인(貴人)들이 '봉헌'을 위해 스스로 찾아오기도 했는데, 이들은 사실상 헌납의 명분을 빌어 사신으로 가장한 일종의 서역 상인이었다.

최근 한간이 대량 발견되면서 한대 서북 변경의 국내외 출입 관리 문제는 비교적 자세하게 알 수 있게 되었지만, 현재 동남부 변경의 왕래 절차는 구체적으로 확인하기 어렵다. 전한 시기 남월과의 통교 이후 군왕(郡王)의 인(印)을 사여하고 상호 부(符)를 나누어 가졌다는 기록이나, 귀의(歸義)한 주변 군장들에게 서로 다른 인(印)을 사여했던 점을 고려하면 주변 국가에서 보낸 사신들이 한의 변경을 출입할 때도 특정한 신표가 있었을 것으로 보이지만 현재로서는 분명치 않다. 사실 지리상의 경계는 일부 지점에 방어선을 설치하여 가시적인 형태를 띠기도 하지만, 일반적으로 정치적 경계는 관할 권역을 자연지형을 포함한 특정 표지를 기준으로 나눈 한계이기 때문에 반드시 방어선과 같은 가시적인 형태를 띠지는 않는다. 이 때문에 정치적 경계는 때로 경계지대에 거주하는 사람들에게 별다른 효력을 미치지 못한다. 즉, 서북 변경의 장성이 설치된 지역과 달리 다른 변경 지역 거주민들에게 국경은 넘어서는 안 될 가시적인 경계는 아니었다. 다만 서남이 지역에 있는 '내경(內境)'이나 한반도와 접하는 요동 지역에도 요(徼)를 설치하여 치안을 관리했기 때문에 요(徼)의 관리가 통행자를 엄격하게 검색하여 경계를 기준으로 상호 간의 왕래가 철저하게 통제될 경우, 요(徼)가 설치된 국경 역시 실질적 경계의 성격을 지녔을 것이다.

한편 춘추시대까지 사제의 성격을 지닌 군주가 주술과 제의를 근거로 지배했던 초기국가는 전국시대를 기점으로 세속 군주가 법치와 행정을 기반으로 지배하는 고대 국가로 점차 전환되었다. 전국시대 이후 경계를 출입하기 위해서는 기본적으로 군주의 명령과 허가를 증빙하는 부(符)·절(節)이나 관인이 찍힌 통행허가증을 소지해야 했다. 여기서 부(符)·절(節)은 군주로부터 직접 명령을 받았음을 상징하는 증빙이었고, 관인이 찍힌 통행허가증서는 군주의 권한을 위임받아 법제를 운영하는 관리의 허가를 상징하는 증빙이었다. 춘추시대 절(節)은 책명된 직위를 상징하는 물건으로서, 신적 권위를 내포하고 있었다. 전국시대 관료제가 정비되면서 서옥(瑞玉)은 군주의 명령을 상징하는 부(符)·절(節), 관리의 신분을 나타내는 인(印) 등 다양한 형태로 전화되었다. 전국시대 인(印)에 새(璽)·절(節) 또는 부(符)·부서(符瑞) 등의 칭호가 보이는 점은 전국시대 관인이 서옥에서 분화 발전되었음을 보여준다. 형태 면에서도 전국시대 군주의 명령을 상징하는 부(符)·절(節)은 춘추시대까지 신의 권위를 상징했던 서옥의 형태를 계승했다. 이렇게 초기국가 단계에서 신의 권위를 상징했던 다양한 옥기는 세속 군주의 집권체제가 등장한 이후 군주의 명령과 권위를 상징하는 신물(信物)로 전화되었다. 이는 전국시대 세속 군주가 이전까지 신의 권위를 대변하는 매개물이었던 서옥을 전유(專有)하고, 그것을 매개로 종래 신의 권위에 속했던 영역을 자신의 새로운 정치적 지배 영역으로 포섭했음을 의미한다.

끝으로 향후 연구 과제로서 다음의 두 가지를 제시할 수 있다. 첫째, 사후 세계에 대한 관념과 사자(死者)의 사후 세계 출입에 대한 인식 문제다. 본 연구에서 분석한 정치적 경계는 당연히 현세의 경계다. 다만 중국 고대 사회에서 내세는 현세의 연장으로 인식되었고, 사자(死者)의 사후 세계 출입 역시 현실 세계의 여행과 유사한 방식으로 인식되었다. 예컨대 한대 묘장 문물 중 고지책(告地策)과 같이 지하의 관리에게 사자(死者)의 출입을 알리는 행정문서나, 사후 세계에서의 토지 소유 증명을 위한 매지권(買地券)을 사자(死者)와 함께 매장한 점 등은 당시 사람들의 내세관을 잘 보여준다.

고대 중국인들이 사후 세계 역시 현실 세계의 연장선에서 인식했다면, 사자(死者)의 사후 세계 출입에 관한 문제는 현세와 내세를 나누는 경계의 성격을 파악할 수 있는 소재가 될 수 있다. 종래 사자(死者)의 사후 세계 출입 문제는 묘장 출토 자료 중 사후 세계 관리에게 보낸 문서의 고석(考釋) 및 성격 분석이나,[21] 기타 매장품의 의미 분석을 통한 당시 사후 세계에 대한 인식 고찰 등 다양한 방식의 접근이 이루어졌다. 다만 매장 문물의 성격 분석에 집중한 연구들의 경우 사후 세계 인식 방법에 대한 단편적인 정보를 제공하지만, 중국 고대 사회의 사후 세계에 대한 전반적인 인식 방법이나 현실 세계의 구체적 반영으로서의 사자(死者)의 사후 세계 출입 문제에 대한 종합적인 고찰은 여전히 부족한 상태다. 고대인의 사후 세계 인식을 살펴보기 위해서는 사후 세계에 대한 문헌상의 기록이나 묘장 물건의 종류와 성격 등 묘장 문화에 대한 종합적인 분석이 필요하다.[22] 향후 중국 고대 사회의 사후

21 종래 買地券·鎭墓文에 대해서는 지금까지 출토된 買地券·鎭墓文 자료를 종합하여 정리·분석한 黃景春, 「早期買地券·鎭墓文整理與硏究」, 華東師範大學 博士學位論文, 2004 참조.

22 이런 점에서 包山楚墓에서 출토된 여러 부장품과 묘주와 관련된 楚簡 내용 분석을 통해, 당시 사회에서 死者의 冥界로의 여행을 준비하는 형태나 인식 등에 대해 구체적으로 분석한 연구는 주목할 만하다(Constance A. Cook, *Death in Ancient China: The tale of one man's journey*, Brill, 2006). 다만 이 연구는 包山楚墓의 묘주인 邵佗의 冥界 여행을 분석한 사례 연구에 해당한다.

세계 출입에 대한 종합적인 고찰이 이루어진다면, 현세의 경계 인식과 경계 출입의 형식이 내세에는 어떻게 적용되었는지 비교 검토할 수 있을 것이다.

둘째, 중국 고대 경계의 성격에 대한 이해를 기초로 동아시아 고대 국가의 경계의식과 경계관리 문제를 비교하여 살펴볼 필요가 있다. 즉, 중국 고대 경계의 성격 변화를 고대 일본사회의 경계 인식 및 관리 형태와 비교하여 동아시아 고대 국가에서 '국경'의 성격이 어떠했으며, 외국 사자의 출입에 대해 어떻게 관리했는가에 대한 비교연구가 필요하다.

중국 고대 의례를 설명한 『의례』의 빙례 절차를 보면, 빙문하는 사절단이 출행하여 타국의 경계[境]를 통과한 후에는 떠나기 전에 신 앞에서 일정한 서약의식을 행했다. 또 빙문을 마치고 자국으로 돌아와 입국하기 전에 양제(禳祭)와 같은 일종의 불제(祓除) 의식을 행했다. 이는 초기국가 단계의 경계를 출입하는 방법인 통과의례의 특징을 반영한다. 흥미롭게도 일본 고대 사회에서도 이와 유사한 형태를 확인할 수 있다. 즉, 일본 고대 경계와 '경계제사'에 대한 연구를 살펴보면, 10세기 고대 일본의 경우 외국 사신이 도착하여 경(京)에 들어가기 전에 물이 흐르는 곳에서 불제(祓除) 의례를 하거나 도성 교외에서 장신제(障神祭)를 지내야 했다.[23] 이런 '경계제사'는 타국의 악한 영(靈)이 국내로 침입하는 것을 방지하기 위한 불제 의식으로서, 당시 도성을 중심으로 형성된 국 내부 공간에 대한 인식을 보여준다. 고대 일본의 '경계제사' 관련 연구에 영향을 받아 한반도 고대 국가에 보이는 경계제

23 中村英重, 「畿內制と境界祭祀」, 『史流』 24, 1983; 中野高行, 「新羅使に對する給酒と入境儀禮」, 『ヒストリア』 150, 1994; 前田晴人, 『日本古代の道と衢』, 吉川弘文館, 1996(『飛鳥時代の政治と王權』, 淸文堂出版社, 2005 所載).

사 유지에 대한 연구가 진행되었고, 한반도의 고대 국가에서도 일본 고대 국가와 유사하게 국경 혹은 지역 경계에 대해 인식했음을 알 수 있게 되었다.[24]

이렇게 경계 공간에서 이루어지는 일종의 '경계 의례'는 고대 동아시아 사회에서 공통적으로 보이는 점으로, 고대 사회의 공간 관념이나 외부 세계와의 교류 문제를 다룰 때 중요하게 살펴보아야 하는 부분이다. 본 연구는 중국 고대 사회를 대상으로 했지만 향후 한반도와 일본 고대 사회를 비교 연구한다면, 동아시아 고대 국가의 공간 관념은 물론 교류 형태를 이해하는 데도 도움이 될 것이라 기대한다.

24 구효선, 「신라의 境界와 제사」, 『先史와 古代』 28, 한국고대학회, 2008.

참고문헌

1. 자료

(1) 사료

『史記』(中華書局 標點校勘本)

『漢書』(中華書局 標點校勘本)

『後漢書』(中華書局 標點校勘本)

『詩經』(李學勤 主編, 『毛詩正義』, 北京大學出版社, 1999

『周禮』(李學勤 主編, 『周禮注疏』, 北京大學出版社, 1999)

『儀禮』(李學勤 主編, 『儀禮注疏』, 北京大學出版社, 1999)

『春秋左傳』(楊伯峻 編著, 『春秋左傳注』, 中華書局, 1981)

『國語』(上海師範大學古籍整理研究所 校點, 上海古籍出版社, 1988)

『戰國策』([西漢]劉向 集錄, 范祥雍 箋證, 范邦瑾 協校, 『戰國策箋證』, 上海古籍出版社, 2006)

『呂氏春秋』(陳奇猷 校釋, 『呂氏春秋校釋』, 學林出版社, 1984; 정하현 옮김, 『여씨춘추』, 소명출판, 2011)

『孟子』([清]焦循 撰, 沈文倬 點校, 『孟子正義』, 中華書局, 1987)

『墨子』(孫詒讓 撰·孫啓治 點校, 『墨子閒詁』, 中華書局, 2001)

『韓非子』([清]王先愼 撰, 鍾哲 點校, 『韓非子集解』, 中華書局, 1998)

『管子』(黎翔鳳 撰, 『管子校注』, 中華書局, 2004)

『荀子』([清] 王先謙 撰, 沈嘯寰·王星賢 點校, 『荀子集解』, 中華書局, 1988)

『商君書』(蔣禮鴻 撰, 『商君書錐指』, 中華書局, 1986)

『新書』([漢]賈誼 撰, 閻振益·鍾夏 校注, 『新書校注』, 中華書局, 2000)

『鹽鐵論』(王利器 校注, 『鹽鐵論校注』, 中華書局, 1992)

『論衡』(黃暉 撰, 『論衡校釋』, 中華書局, 1990)

『抱朴子內篇』(王明 著, 『抱朴子內篇校釋』(增訂本), 中華書局, 1985)

『九章算術』(劉徽 注·李淳風 注釋, 中華書局, 1985)

『說文解字』(許愼 撰, 段玉裁 注, 『說文解字注』, 上海古籍出版社, 1981)

(2) 갑골·금문·간백 자료
『甲骨文合集』(胡厚宣 主編, 中國社會科學出版社, 1999)
『甲骨文合集譯文』(胡厚宣 主編, 中國社會科學出版社, 1999)
『殷墟甲骨刻辭類纂』(姚孝遂 主編, 中華書局, 1989)
『殷周金文集成』(中國社會科學院考古研究所 編, 中華書局, 1984)
『近出殷周金文集錄』(劉雨·盧岩 編著, 中華書局, 2002)
『殷周金文集成: 修訂增補本』(中國社會科學院考古研究所 編, 中華書局, 2007)
『商周金文摹釋總集』(張桂光 主編, 中華書局, 2010)
『商周青銅器銘文選』 3·4冊(馬承源 主編, 文物出版社, 1990)
『金文今譯類檢: 殷商西周卷』(編寫組編寫, 廣西教育出版社, 2003)
『張家山漢墓竹簡』(張家山二四七號漢墓竹簡整理小組, 文物出版社, 2001)
『二年律令與奏讞書』(彭浩·陳偉·工藤元男 主編, 上海古籍出版社, 2007)
『睡虎地秦墓竹簡』(睡虎地秦墓竹簡整理小組 編, 文物出版社, 1990)
『里耶秦簡(壹)』(湖南省文物考古研究所 編著, 文物出版社, 2012)
『里耶秦簡牘校釋』(陳偉 主編, 第1卷, 武漢大學出版社, 2012)
『居延漢簡釋文合校』(謝桂華·李均明·朱國炤, 文物出版社, 1987)
『敦煌懸泉漢簡釋粹』(胡平生·張德芳 編撰, 上海古籍出版社, 2001)
『居延新簡-甲渠候官』(甘肅省文物考古研究所·甘肅省博物館·中國文物研究所·中國社會科學院歷史研究所, 中華書局, 1994)
『肩水金關漢簡(壹)』(甘肅簡帛保護研究中心·甘肅省文物考古研究所·甘肅省博物館 外 編, 中西書局, 2011)
『龍崗秦簡』(中國文物研究所·湖北省文物考古研究所 編, 中華書局, 2001)
『敦煌漢簡』(甘肅省文物考古研究所 編, 中華書局, 1991)
『散見簡牘合輯』(李均明·何雙全 編, 文物出版社, 1990)
『尹灣漢墓竹簡』(連雲港市博物館 外 編, 中華書局, 1997)
『敦煌懸泉月令詔條』(中國文物研究所·甘肅省文物考古研究所 編, 中華書局, 2001)
『(中華五千年文物集刊)帛書篇(一)』(吳哲夫·吳昌廉 主編, 中華五千年文物集刊編輯委員會, 1984)

(3) 기타
宋鎮豪·段志洪 主編, 『甲骨文獻集成』, 四川大學出版社, 2001.
劉慶柱·段志洪 主編, 『金文文獻集成』, 香港明石文化國際出版, 2004.
中國社會科學院考古研究所 編著, 『中國考古學: 商周卷』, 中國社會科學出版社, 2003.
中國社會科學院考古研究所 編著, 『中國考古學: 兩周卷』, 中國社會科學出版社, 2004.
湖北省荊州博物館 編著, 『荊州高臺秦漢墓』, 科學出版社, 2000.

天長市文物管理所·天長市博物館,「安徽天長西漢墓發掘簡報」,『文物』2006-11.
孫亮·周屹·薛連·徐廣峰,「連雲港市東連島東海琅邪郡界域刻石調查報告」,『文物』2001-8.
瞿中溶 著, 劉承幹 校,『漢武梁祠畫像考』, 北京圖書館出版社, 2004.
曹婉如 外 編,『中國古代地圖集』(戰國-元), 文物出版社, 1990.
羅福頤 編,『漢印文字徵』, 文物出版社, 1978.
故宮博物院,『古璽彙編』, 文物出版社, 1981.
羅福頤 主編,『秦漢南北朝官印徵存』, 文物出版社, 1987.
高明 編著,『古陶文彙編』, 中華書局, 1990.
曹錦炎,『古璽通論』, 上海書畫出版社, 1996.
徐　暢,『先秦璽印圖說』, 文物出版社, 2009.
瀧川龜太郎,『史記會注考證』, 宏業書局, 1974.
本田二郎,『周禮通釋』上·下, 秀英出版, 1977.
馬文吉 編著,『地理學大辭典』, 博英文化社, 1991.

2. 연구서

金秉駿,『中國古代 地域文化와 郡縣支配』, 一潮閣, 1997.
金翰奎,『古代中國的 世界秩序研究』, 一潮閣, 1982.
김홍철,『국경론』, 민음사, 1997.
박원규·최남규,『中國古代 金文의 이해』, 신아사, 2009.
李成九,『中國古代의 呪術的 思惟와 帝王統治』, 一潮閣, 1997.
李成珪,『中國古代帝國成立史研究: 秦國齊民支配體制의 形成』, 一潮閣, 1984.

顧德融·朱順龍,『春秋史』, 上海人民出版社, 2001.
郭善兵,『中國古代帝王宗廟禮制研究』, 人民出版社, 2007.
馬洪路,『行路難』, 中華書局, 1990.
徐杰令,『春秋邦交研究』, 中國社會科學出版社, 2004.
孫慶偉,『周代用玉制度研究』, 上海古籍出版社, 2008.
孫　機,『漢代物質文化資料圖說』, 上海古籍出版社, 2008.
安作璋·熊鐵基 著,『秦漢官制史稿』, 齊魯書社, 2007(2版).
楊　建,『西漢初期津關制度研究』, 上海古籍出版社, 2010.
楊　寬,『戰國史』, 上海人民出版社, 1998(增訂本).
______,『西周史』, 上海人民出版社, 1999.
嚴耕望,『中國地方行政制度史』上編, 中央研究院歷史語言研究所, 1963.
王　健,『西周政治地理結構研究』, 中州古籍出版社, 2004.

王子今,『交通與古代社會』, 陝西人民教育出版社, 1993.

______,『門祭與門神崇拜』, 陝西人民出版社, 2006.

王廷洽,『中國古代印章史』, 上海人民出版社, 2006.

劉　源,『商周祭祖禮研究』, 商務印書館, 2004.

李均明,『秦漢簡牘文書分類輯解』, 文物出版社, 2009.

李雪山,『商代分封制度研究』, 中國社會科學出版社, 2004.

李朝遠,『西周土地關係論』, 上海人民出版社, 1997.

李天虹,『居延漢簡簿籍分類研究』, 科學出版社, 2003.

李學勤,『殷代地理簡論』, 科學出版社, 1959.

鄭杰祥,『商代地理概論』, 中州古籍出版社, 1994.

張　經,『西周土地關係研究』, 中國大百科全書出版社, 2006.

朱鳳瀚,『商周家族形態研究(增訂本)』, 天津古籍出版社, 2004.

朱鳳瀚 主編,『新出金文與西周歷史』, 上海古籍出版社, 2011.

州紹侯 主編,『中國古代治安制度史』, 河南大學出版社, 1994.

中國社會科學院考古研究所漢長安城工作隊·西安市漢長安城遺址保管所 編,『漢長安城遺址研究』, 科學出版社, 2006.

陳光田,『戰國璽印分域研究』, 岳麓書社, 2009.

陳夢家,『殷墟卜辭綜述』, 中華書局, 1988.

______,『(陳夢家著作集) 西周銅器斷代』(上冊), 中華書局, 2004.

陳　偉,『包山楚簡初探』, 武漢大學出版社, 1996.

______,『新出楚簡研讀』, 武漢大學出版社, 2010.

郝樹聲·張德芳,『懸泉漢簡研究』, 甘肅文化出版社, 2008.

許　宏,『先秦城市考古學研究』, 北京燕山出版社, 2000.

許倬雲,『西周史(增補本)』, 三聯書店, 2001.

黎　虎,『漢唐外交制度史』, 蘭州大學出版社, 1998.

郝樹聲·張德芳,『懸泉漢簡研究』, 甘肅文化出版社, 2008.

后曉榮,『秦代政區地理』, 社會科學文獻出版社, 2009.

江村治樹,『戰國秦漢時代の都市と國家: 考古學と文獻史學からのアプローチ』, 白帝社, 2005.

堀敏一,『中國古代の家と集落』, 汲古書院, 1996.

宮本一夫,『(中國の歷史) 神話から歷史へ: 神話時代·夏王朝』, 講談社, 2005.

大庭脩,『秦漢法制史の研究』, 創文社, 1982.

______,『漢簡研究』, 同明舍出版, 1992.

藤田勝久,『中國古代國家と郡縣社會』, 汲古書院, 2005.

白川靜,『白川靜著作集 別卷: 金文通釋』, 平凡社, 2004.
富谷至 編,『邊境出土木簡の硏究』, 朋友書店, 2003.
______,『江陵張家山二四七號墓出土漢律令の硏究』, 朋友書店, 2006.
相田 洋,『異人と市: 境界の中國古代史』, 硏文出版, 1997.
松井嘉德,『周代國制の硏究』, 汲古書院, 2002.
永田英正,『居延漢簡の硏究』, 同朋舍刊, 1989.
五井直弘,『中國古代の城郭都市と地域支配』, 名著刊行會, 2002.
宇都宮淸吉,『漢代社會經濟史硏究』, 弘文堂, 1955.
林巳奈夫,『中國古玉器總說』, 吉川弘文館, 1999.
栗原朋信,『秦漢史の硏究』, 吉川弘文館, 1960.
赤塚忠,『中國古代の宗教と文化: 殷王朝の祭祀』, 硏文社, 1990.
前田晴人,『日本古代の道と衢』, 吉川弘文館, 1996.
竹田和夫 編,『古代·中世の境界意識と文化交流』, 勉誠出版, 2011.
佐竹靖彦,『中國古代の田制と邑制』, 岩波書店, 2006.
佐原康夫,『漢代都市機構の硏究』, 汲古書院, 2002.
增淵龍夫,『(新版)中國古代の社會と國家』, 岩波書店, 1996.
池田雄一,『中國古代の聚落と地方行政』, 汲古書院, 2002.
池田雄一 編,『奏讞書: 中國古代の裁判記錄』, 刀水書房, 2002.
土口史記,『先秦時代の領域 支配』, 京都大學學術出版會, 2011.
豊島靜英,『中國における國家の起源: 國家發生史のアジアの道』, 汲古書院, 1999.
好竝隆司,『商君書硏究』, 溪水社, 1992.

Chang, Kwang-chih, *Art, Myth and Ritual: The path to political authority in ancient China*, Harvard University Press, 1983.
Cook, Constance A., *Death in Ancient China: The tale of one man's journey*, Brill, 2006.
Cosmo, Nicola di and Wyatt, Don J., eds., *Political Frontiers, Ethnic Boundaries, and Human Geographies in Chinese History*, Routledge Curzon, 2003.
Hsu, Cho-yun, *Ancient China in Transition: An analysis of social mobility, 722-222 B.C.*, Stanford University Press, 1965.
Keightley, David N., *Sources of Shang History: The Oracle-Bone Inscriptions of Bronze Age China*, University of California Press, 1978.
______, *The Ancestral Landscape: Time, space, and community in late Shang China (ca. 1200-1045 B.C.)*, China Research Monograph 53, Institute of East Asian Studies, University of California, 2000(데이비드 N. 키틀리,『갑골의 세계: 상대 중국의 시간, 공간, 공동체』, 민후기 옮김, 학연문화사, 2008).

Li, Feng, *Bureaucracy and the State in Early China: Governing the Western Zhou*, Cambridge University Press, 2008.

Li, Liu & Xingcan, Chen, *State Formation in Early China*, Duckworth, 2003(Li Liu & Xingcan Chen, 『중국 고대국가의 형성』, 심재훈 옮김, 학연문화사, 2006).

Loewe, Michael, ed., *Early Chinese Texts: A bibliographical guide*, Society for the Study of Early China and Institute of East Asian Studies, University of California Press, 1993.

Loewe, Michael and Shaughnessy, Edward L., eds., *The Cambridge History of Ancient China: From the origins of civilization to 221 B.C.*, Cambridge University Press, 1999.

Shaughnessy, Edward L., *Sources of Western Zhou History: Inscribed bronze vessels*, University of California Press, 1991.

Wu, Hung, *Monumentality in Early Chinese Art and Architecture*, Stanford University Press, 1995(우훙, 『순간과 영원: 중국고대의 미술과 건축』, 김병준 옮김, 아카넷, 2003).

3. 연구논문

구효선, 「신라의 境界와 제사」, 『先史와 古代』 28, 한국고대학회, 2008.

金秉駿, 「後漢時代 里父老와 國家權力: 〈漢侍廷里父老僤買田約束石券〉의 분석을 중심으로」, 『東洋史學硏究』 35, 1991.

______, 「樂浪郡 初期의 編戶過程과 '胡漢稍別': 〈樂浪郡初元四年郡別戶口多少□□〉 木簡을 단서로」, 『木簡과 文字』, 創刊號, 2008.

______, 「古代中國의 西方 전래문물과 崑崙山 神話」, 『古代中國의 理解』 5, 2001.

______, 「국가의 성립과 발전」, 동북아시아재단 엮음, 『동북아시아의 역사 I(자연환경-국제관계』, 2011.

金錫佑, 「先秦時期 國家의 '政'의 범위와 판도」, 金錫佑 외, 『中國歷代版圖形成與邊疆』, 한신대학교출판부, 2008.

문정희, 「고대 중국의 출행의식과 여행 금기: '우보(禹步)'의 신화적 메타포」, 김유철 외 지음, 『동아시아 역사 속의 여행』 I, 산처럼, 2008.

閔斗基, 「前漢의 陵邑徙民策: 疆幹弱枝策으로서의 그 具體的 內容에 對한 試攷」, 『歷史學報』 9, 1957.

______, 「前漢의 京畿統治策」, 『東洋史學硏究』 3, 1969.

朴俸住, 「戰國時代 楚國 統治體制 硏究: '縣邑' 支配體制의 展開와 楚文化」, 서울大學校 大學院 博士學位論文, 2000.

심재훈, 「商周시대 移民과 국가: 동서 융합을 통한 절반의 중국 형성」, 『東洋史學硏究』 103, 2008.

______, 「상쟁하는 고대사 서술과 대안모색: 『詩經』 "韓奕"편 다시 읽기」, 『東方學志』

137, 2007.

王明珂 지음, 「邊境 종족의 화하화 과정: 오태백의 고사」, 이경룡 옮김, 『중국 화하 변경과 중화민족』, 동북아역사재단, 2008.

尹在碩, 「秦簡 『日書』에 나타난 "室"의 構造와 性格: 戰國期 秦의 家族類型 고찰을 위한 시론」, 『東洋史學硏究』 44, 1993.

李成九, 「中國古代의 市의 觀念과 機能」, 『東洋史學硏究』 36, 1991.

______, 「王莽의 禪讓革命과 正統性」, 서울大學校 東洋史學科硏究室 編, 『古代中國의 理解』 3, 지식산업사, 1997.

______, 「중화문명탐원공정 예연구와 제1단계의 '취락형태에 반영된 사회구조' 과제에 대한 연구」, 박양진 외, 『중국 문명탐원공정과 선사고고학 연구현황 분석』, 동북아역사재단, 2008.

李成珪, 「戰國時代 統一論의 形成과 그 背景」, 『東洋史學硏究』 8·9(合), 1975.

______, 「戰國時代 私富抑制의 理念과 實際」, 『震檀學報』 50, 1980.

______, 「秦의 身分秩序構造」, 『東洋史學硏究』 23, 1986.

______, 「秦의 地方行政組織과 그 性格: 縣의 組織과 그 活動을 中心으로」, 『東洋史學硏究』 31, 1989.

______, 「戰國時代 秦의 外交政策」, 서울大學校 東洋史學硏究室 編, 『古代中國의 理解』 2, 지식산업사, 1995.

______, 「張儀의 '挾天子'論과 戰國時代의 周王」, 『金文經敎授停年退任紀念 동아시아사 연구논총』, 혜안, 1996.

______, 「中國 古代 抑商政策의 社會史的 배경: 賈와 祭儀의 관계를 중심으로」, 서울大學校 東洋史學硏究室 編, 『古代中國의 理解』 3, 지식산업사, 1997.

______, 「前漢末 郡屬吏의 宿所와 旅行: 尹灣漢簡〈元延二年日記〉 분석」, 『慶北史學』 21, 1998.

______, 「前漢末 地方資源의 動員과 配分: 尹灣漢簡〈東海郡下轄長吏不在署名籍〉의 分析」, 『釜大史學』 23, 1999.

______, 「漢 武帝의 西域遠征封禪黃河治水와 禹西王母神話」, 『東洋史學硏究』 72, 2000.

______, 「漢帝國 中央 武庫 收藏目錄의 발견: 尹灣漢簡〈武庫永始四年兵車器集簿〉의 正體」, 『歷史學報』 170, 2001.

______, 「中國 古代 帝國의 統合性 提高와 그 機制: 民·官의 移動과 '帝國意識'의 형성을 중심으로」, 『中國古代史硏究』 11, 2004.

______, 「中華帝國의 팽창과 축소: 그 이념과 실제」, 『歷史學報』 186, 2005.

______, 「先秦·秦漢史 硏究」, 『한국의 학술연구(역사학)』, 대한민국학술원, 2006.

______, 「고대 동아시아 교류의 열림과 닫힘」, 한림대학교 아시아문화연구소, 『동아시

아 경제문화 네트워크』, 태학사, 2007.
______,「里耶秦簡 南陽戶人 戶籍과 秦의 遷徙政策」,『中國學報』57, 2008.
______,「'帳簿上의 帝國'과 '帝國의 現實': 前漢 前期 南郡의 編戶齊民 支配와 그 限界: 湖北 荊州 紀南 松柏漢墓出土 簿冊類 簡牘의 分析을 중심으로」,『中國古中世史研究』22, 2009.
______,「前漢 更卒의 徵集과 服役 方式: 松柏木牘 47호의 분석을 중심으로」,『東洋史學研究』109, 2009.
______,「前近代 동아시아 상호 교류의 열림(開)과 막힘(塞): 10세기 이후를 중심으로」, 대한민국학술원,『국제학술교류보고서』제2집, 2011.
이유성,「秦漢의 版圖 形成과 邊疆 管理 體制에 대하여」, 金錫佑 외,『中國歷代版圖形成與邊疆』, 한신대학교출판부, 2008.
鄭夏賢,「秦始皇의 巡行에 對한 一檢討: 封禪과 祭儀 문제를 중심으로」,『(邊太燮博士華甲紀念) 史學論叢』, 1985.
______,「戰國末-漢初의 鄕村사회와 豪傑」, 서울大學校 東洋史學研究室 編,『古代中國의 理解』3, 지식산업사, 1997.
崔珍烈,「漢初 內史의 기능과 성격」,『中國古中世史研究』11, 2004.
______,「漢初 郡國制와 지방통치책」,『東洋史學研究』89, 2004.

柯鶴立(Constance A. Cook),「古代中國的齋戒儀式與神性空間概念」,『第四屆國際中國古文字學研討會論文集』, Chinese University of Hong Kong, 2003.
谷口滿,「鄂君啓節鄂地探索」,『歷史』89, 東北史學會, 1997.
曲柄睿,「釋"郎騎": 兼論西漢郎吏"私馬從軍"現象」,『南都學壇』2008-2.
龔留柱,「論張家山漢簡《津關令》之"禁馬出關": 兼與陳偉先生商榷」,『史學月刊』2004-11.
丘光明,「試論戰國容量制度」,『文物』1981-10.
______,「試論戰國衡制」,『考古』1982-5.
裘錫圭,「釋殷墟卜辭中與建築有關的兩個詞: "門塾"與"㠯"」,『出土文獻研究續集』文物出版社, 1989(宋鎮豪·段志洪 主編,『甲骨文獻集成』13冊, 四川大學出版社, 2001 所收).
______,「"諸侯之旅"等印考釋」,『文物研究』6, 1990.
郭沫若,「關于鄂君啓節的研究」,『文物參考資料』1958-4.
郭子直,「戰國秦封宗邑瓦書銘文新釋」,『古文字研究』14, 1986(2005年 重刊本).
勞 榦(鄭志民 譯),「早期中國符契的使用」,『簡牘學報』7, 1980.
譚其驤,「鄂君啓節銘文釋地」,『中華文史論叢』2, 1962.
______,「再論鄂君啓節地理答黃盛璋同志」,『中華文史論叢』5, 1964.

董平均,「《津關令》與漢初關禁制度論考」,『中華文化論壇』2007-3.
杜正勝,「周秦城市的發展與特質」,『歷史語言研究所集刊』51-4, 1980.
謝　劍,「匈奴宗教信仰及其流變」,『歷史語言研究所集刊』42-4, 1971.
商承祚,「鄂君啓節考」,『文物精華』2, 1963.
尙志儒,「秦封宗邑瓦書的幾個問題」,『文博』1986-6.
孫慶偉,「西周玉圭及相關問題的初步研究」,『文物世界』2000-2.
______,「出土資料所見的西周禮儀用玉」,『南方文物』2007-1.
______,「尚盂铭文與周代的聘禮」, 復旦大學出土文獻與古文字研究中心網站論文(http://www.gwz.fudan.edu.cn/SrcShow.asp?Src_ID=1763), 2012年 1月 1日.
辛德勇,「陰山高闕與陽山高闕辨析: 並論秦始皇萬里長城西段走向以及長城之起源諸問題」,『文史』2005-3.
______,「漢武帝"廣關"與西漢時期地域拱制的變遷」,『中國歷史地理論叢』23-2, 2008.
沈建華,「卜辭所見商代的封疆與貢納」,『中國史研究』2004-4.
楊小英,「『鄂君啓節』所見楚史三題研究」,『江漢論壇』2004-4.
楊升南,「商代的 財政制度」,『歷史研究』1992-5.
連劭名,「《二年律令》與漢初傳驛制度」,『四川文物』2004-4.
閻步克,「論張家山漢簡《二年律令》中的"宦皇帝"」,『中國史研究』2003-3.
于省吾,「鄂君啓節考釋」,『文物』1963-8.
于振波,「秦律中的甲盾比價及相關問題」,『史學集刊』2010-5.
劉和惠,「鄂君啓節新探」,『考古與文物』1982-5.
王子今,「秦漢長城與北邊交通」,『歷史研究』1988-6.
______,「秦漢時期的私營運輸業」,『中國史研究』1989-1.
______,「漢代河西長城與西北邊地貿易」, 中國長城學會 編,『長城國際學術研討會論文集』, 吉林人民出版社, 1995.
______,「秦漢區域地理學的"大關中"概念」,『人文雜志』2003-1.
王子今·劉華祝,「說張家山漢簡《二年律令·津關令》所見五關」,『中國歷史文物』2003-1.
李家浩,「傳賃龍節銘文考釋: 戰國符節銘文研究之三」,『考古學報』1998-1.
李均明,「漢簡所反映的關津制度」,『歷史研究』2002-3.
李祥仁,「蘇馬灣界域刻石新探」,『中國歷史文物』2000-2.
李學勤,「戰國題銘概述(上)」,『文物』1959-7.
______,「談"張掖都尉棨信"」,『文物』1978-1.
______,「翼城大河口尙盂銘文試釋」,『文物』2011-9.
張德芳,「懸泉漢簡中的"傳信簡"考述」,『出土文獻研究』7, 2005.
張俊民,「簡牘文書所見"長安"資料輯考」, 武漢大學簡帛研究中心『簡帛網』2007年 12月 8日(http://www.bsm.org.cn/show_article.php?id=757).

______,「《肩水金關漢簡(壹)》释文」, 武漢大學簡帛研究中心,『簡帛網』2011年 9月 23日 (http://www.bsm.org.cn/show_article.php?id=1555).
臧知非,「張家山漢簡所見漢初馬政及相關問題」,『史林』2004-6.
臧知非,「論漢文帝"除關無用傳": 西漢前期中央與諸侯王國關系的演變」,『史學月刊』2010-7.
陳　槃,「春秋列國的交通」,『歷史語言研究所集刊』37下, 1967.
陳昭容,「戰國至秦的符節: 以實物資料爲主」,『中央研究院歷史語言研究所集刊』66-1, 1995.
陳　偉,「張家山漢簡《津關令》涉馬諸令研究」,『考古學報』2003-1.
______,「張家山漢簡《津關令》"越塞闌關"諸令考釋」, 卜憲群·楊振紅 主編,『簡帛研究 2006』, 廣西師範大學出版社, 2006.
鄒芙都·江娟麗,「從出土文物看楚國的商業與商品經濟」,『衡陽師範學院學報』(社科版) 2003-4.
韓自强·韓朝,「安徽阜陽出土的楚國官璽」,『古文字研究』22, 2000.
邢義田,「論馬王堆漢墓"駐軍圖"應正名爲"箭道封域圖"」,『湖南大學學報(社會科學版)』21-5, 2007.
彭　浩,「《津關令》的頒行年代與文書格式」,『鄭州大學學報(哲學社會科學版)』2002-3.
黃景春,「早期買地券·鎭墓文整理與研究」, 華東師範大學 博士學位論文, 2004.
黃盛璋,「關於鄂君啓節交通路綫的復原問題」,『中華文史論叢』5, 1964.
______,「秦封宗邑瓦書及其相關問題考辨」,『考古與文物』1991-3.

江村治樹,「春秋·戰國·秦漢時代の都市の規模と分布」,『(名古屋大學文學部研究論集) 史學』43, 1999.
高木智見,「春秋時代の軍禮について」, 名古屋大學文學部 東洋史研究室,『名古屋大學東洋史研究報告』11, 1986.
______,「春秋時代の聘禮について」,『東洋史研究』47-4, 1989.
______,「夢にみる春秋時代の祖先神」, 名古屋大學文學部 東洋史研究室,『名古屋大學東洋史研究報告』14, 1989.
______,「春秋時代の神·人共同体について」, 東大中國學會,『中國: 社會と文化』5, 1990.
工藤元男,「戰國の會盟と符: 馬王堆漢墓帛書『戰國縱橫家書』二○章をめぐって」,『東洋史研究』53-1, 1994.
堀敏一,「漢代の七科讁身分とその起源: 商人身分その他」,『中國古代の身分制: 良と賤』, 汲古書院, 1987.
金秉駿,「中國古代南方地域の水運」, 藤田勝久·松原弘宣 編,『東アジア出土資料と情報傳達』, 汲古書院, 2011.
船越昭生,「鄂君啓節について」,『東方學報』43, 1972.
富谷至,「漢代邊境の關所: 玉門關の所在をめぐって」,『東洋史研究』48-4, 1990.
小林伸二,「春秋時代の會盟地について(一)」, 中國古代史研究會 編,『中國古代史研究』7, 研文出版, 1997.
手塚隆義,「馬弩關考」,『史苑』41-2, 1982.
______,「帰義考: 投降匈奴の封侯について」,『盈虚集』1, 1984.
呂　靜,「盟誓における載書についての一考察」,『東洋文化』81, 2001.
影山剛,「中國古代帝國における手工業·商業と身分および階級關係」,『中國古代の商工業と專賣制』, 東京大學出版會, 1984.
熊谷滋三,「後漢の異民族統治における官爵授與について」,『東方學』80, 1990.
______,「前漢における屬國制の形成: 〈五屬國〉の問題を中心として」,『史觀』134, 1998.
李開元,「秦末漢初の盟誓: 封爵の誓と白馬の盟めをぐって」,『東方學』96, 1998.
林英樹,「前漢高祖の商人支配: 商賈の律と韓王信·陳豨の亂」,『東洋學報』79-1, 1997.
齋藤道子,「春秋時代における統治權と宗廟」, 伊藤淸司先生退官記念論文集編輯委員會 編,『中國の歷史と民俗』, 第一書房, 1991.
______,「春秋時代の'國': '國'空間の性質とその範圍」,『東海大學紀要』99-9, 2000.
______,「春秋時代の境界空間と秩序」, 東海大學史學會,『東海史學』35, 2001.
專修大學『二年律令』研究會,「張家山漢簡『二年律令』譯注(12): 津關令」,『專修史學』46, 2009.
中野高行,「新羅使に對する給酒と入境儀禮」,『ヒストリア』150, 1994.
中村英重,「畿內制と境界祭祀」,『史流』24, 1983.
佐原康夫,「居延漢簡に見える物資の輸送について」,『東洋史研究』50-1, 1991.
紙屋正和,「前漢時代の關と馬弩關」,『福岡大學人文論叢』10-2, 1978.
池澤優,「宗教學理論における新出土資料: 聖俗論と仲介者概念を中心に」, 中國出土資料研究會,『中國出土資料研究』6, 2002.
片野竜太郎,「漢代邊境の都尉府と防衛線: 長城防衛線遺構の基礎的研究」, 籾山明·佐藤信,『文獻と遺物の境界: 中國出土簡牘史料の生態的研究』, 東京外國語大學 アジア·アフリカ言語文化研究所, 2011.
豊田久,「成周王朝と〈賓〉(1): 西周靑銅器銘文に現れた〈賓〉について」,『鳥取大學教育學部研究報告(人文·社會科學)』43-2, 1992.
______,「成周王朝と〈賓〉(2): 甲骨文に見える賓について」,『鳥取大學教育學部研究報告(人文·社會科學)』44-1, 1993.

Cook, Constance A., "Ritual, Politics, and the Issue of feng(封)," 武漢大學歷史地理研究所 編, 『石泉先生九十誕辰紀念文集』, 湖北人民出版社, 2007.

Falkenhausen, Lothar Von, "The E Jun Qi Metal Tallies: Inscribed Texts and Ritual Contexts," Martin Kern, ed., *Text and Ritual in Early China*, University of Washington Press, 2005.

Keightley, David N., "The Late Shang State: When, Where, and What?" David N. Keightley, ed., *The Origins of Chinese Civilization*, University of California Press, 1983.

Keightley, David N., "The Shang State as Seen in the Oracle-Bone Inscription," *Early China* 5, 1979-1980.

Kern, Martin, "Shi jing Songs as Performance Texts: A Case Study of 'Chu ci' ('Thorny Caltrop')," *Early China* 25, 2000.

Khayutina, Maria, "The Sacred Space of an Aristocratic Clan in Zhou China (11th-3rd Centuries B.C.) under Transformation: An Attempt at Interpretation," *Göttinger Beiträge zur Asienforschung* 2-3, 2003.

Kim, Byung-joon, "Trade and Tribute along the Silk Road before 3C A.D.," *Journal of Central Eurasian Studies* 2, 2010.

Kominami Ichirô, "Rituals for the Earth," J. Lagerwey and M. Kalinowski, eds., *Early Chinese Religion, Part One: Shang through Han (1250 BC-220 AD)*, Koninklijke Brill NV, 2009.

Liu, Qingzhu, "Archaeological Discovery and Research into the Layout of the Palaces and Ancestral Shrines of Han Dynasty Chang'an: A Comparative Essay on the Capital Cities of Ancient Chinese Kingdoms and Empires," *Early China* 31, 2007.

Wu, Hung, "From Temple to Tomb: Ancient Chinese Art and Religion in Transition," *Early China* 13, 1988.

찾아보기

발간사

아시아의 시대가 열렸고, 동시에 아시아연구의 전성시대가 도래했습니다. 서울대학교 아시아연구소는 2009년 9월 출범한 이래 '지역과 주제를 결합한 아시아 연구의 글로벌 허브'를 목표로 아시아 연구 기반 구축 및 기초연구 활성화를 위해 노력해 왔습니다. 아시아연구소는 지난 10년의 활동을 겸허히 돌아보며 '아시아의 미래, 교류와 협력, 그리고 지역 정보 공유'를 키워드로 '아시아와 세계를 잇고, 새로운 미래를 빚는 세계적 아시아 연구 플랫폼'이 되고자 합니다.

물론 아시아의 시대가 온다고 해서 아시아 사람들이 잘살고 평화롭게 협력하는 공동체가 이루어진다는 것은 아닙니다. 아시아 지역 혹은 국가 사람들이 어떤 공동체를 만들어 가고 싶은가, 아시아 공동체가 인류에게 어떤 도움이 되는 것인가를 꾸준히 질문하고 이에 대한 답을 찾아야 합니다. 서구 식민지 경험 이후 아시아 각국은 지속적인 내부 갈등과 적대, 민족주의와 인종차별, 혐오가 심해지고 있는 상황입니다. 아시아를 중심으로 교역, 이동, 그리고 협력이 꾸준히 증가하고 있음에도 불구하고 갈등 요인은 오히려 확대되고 있습니다. 이런 견지에서 서울대학교 아시아연구소는 아시아를 둘러싼 다양한 이슈와 도전 과제에 대한 이론적 연구는 물론 실천 및 정책적 대안을 제시하여 아시아 공동체를 형성하는 데 기여하고자 합니다.

서울대학교 아시아연구소는 이미 시작된 4차 산업혁명에 부응하는 지식의 생산과 공유, 그리고 후속세대 양성에도 책임을 다하고자 합니다. 이를 위해 이론적으로는 학문 간 융합, 교류, 미래 창발적 지식 창출에 힘을 다하며, 실천적으로는 아시아의 교류와 상호작용에 주목하고, 정책적으로는 아시아 지역 정보의 수집과 공유를 통해 적합한 정책 대안을 발굴하는 데 초점을 맞추고자 합니다.

이러한 연구 및 학술 활동 과정의 결실이 서울대학교 아시아연구소총서입니다. 지난 10년의 연구 축적을 토대로 서울대학교 아시아연구소는 국내외 연구자 간 연구 협력을 적극적으로 지원하여, 여기서 양산된 우수한 연구 성과 및 결과물을 지속적으로 발간해 나갈 것입니다. 아시아연구소총서가 아시아의 새로운 미래와 아시아 공동체를 이루어 가는 데 중요한 밑거름이 되기를 기대합니다.

서울대학교 아시아연구소